KB060994

막스 베버

종교사회학 선집

나남
nanam

역자 약력

전 성 우
서울대학교 독문과 졸업. 독일 괴팅겐대학 사회학 박사.
전 한양대학교 정보사회학과 교수.

주요 저서 및 논문
Max Webers Stadtkonzeption, 《막스 베버 역사사회학 연구》
《막스 베버 사회학의 쟁점들》(공저)
《탈주술화 과정과 근대》(역), 《막스 베버 사회과학방법론 I》(역)
《막스 베버의 고대 중세 연구》(역)
"막스 베버의 근대사회론", "막스 베버 지배사회학 연구"
"Der Mythos Max Weber" 등 다수

나남신서 1339

막스 베버
종교사회학 선집

2008년 11월 10일 발행
2021년 3월 25일 3쇄

지은이_ 막스 베버
옮긴이_ 전성우
발행자_ 趙相浩
발행처_ (주) 나남
주소_ 10881 경기도 파주시 회동길 193
전화_ 031) 955-4601 (代)
FAX_ 031) 955-4555
등록_ 제 1-71호(79. 5. 12)
홈페이지_ www.nanam.net
전자우편_ post@nanam.net

ISBN 978-89-300-8339-3
ISBN 978-89-300-8001-9 (세트)

책값은 뒤표지에 있습니다.

나남신서 1339

막스 베버
종교사회학 선집

전성우 옮김

이 책은 독일 사회학자 막스 베버(1864~1920)의 종교사회학적 저작 중 베버 사상의 이론적 정수를 엿볼 수 있는 4편의 논문을 싣고 있다. 주지하다시피 막스 베버는 칼 맑스, 에밀 뒤르케임 등과 함께 현대 사회학의 창시자 중 한 사람으로 간주된다. 40여 권에 달하는 그의 저작은 사회과학의 거의 전 영역 -정치, 경제, 방법론, 문화, 종교 등-을 포괄하고 있으며 이 중 상당부분은 해당분야의 '고전'으로 평가받고 있다. 그런데 고전사회학자로서 베버가 가진 이러한 막중한 위상의 출발점이자 중심축은 다름 아니라 그의 종교사회학적 연구였다. 실제로 베버의 그 방대한 저작 가운데 가장 유명한 저작을 꼽으라면 그것은 《개신교 윤리와 자본주의 정신》[1] (이하 《개신교 논문》)일 것이다. 그의 학문활동 초기인 1904~1905에 발표된 이 논문의 배경에는 다음과 같은 베버의 질문이 깔려 있다. 즉 현대인을 지배하는 '가장 숙명적 힘'(베버)인 근대 자본

---

1) 《개신교 논문》의 경우 현재 3종의 국역본이 있으며 역자도 지금 이 논문의 새로운 국역작업을 진행중이다.(이하 '원주' 표시 없으면 모두 역주)

주의가 왜 하필, 중국, 중동 등 그 당시 고도 문명권에 비할 때 '후진성'을 면치 못하고 있던 16~17세기 서유럽에서 발생하게 되었는가? 베버는 그 중요한 요인 중 하나가 바로 개신교의 특수한 성격이었다는 명제를 위 논문에서 전개하고 있다. 부언하자면, 근대 자본주의 특유의 노동윤리, 기업가윤리, 생활태도 등의 형성에는 개신교, 특히 칼뱅교의 금욕주의적 윤리가 중요한 역할을 했다는 것이다. 이 논문은 발표 이래 종교에 대한 사회학적 분석의 가장 중요한 전범 중 하나로 간주되었다.

베버는 《개신교 논문》을 필두로 하여 그의 생애 마지막까지 자신의 종교사회학적 인식지평을 지속적으로 확대·심화해 갔다. 우선 분석대상 차원에서 보면, 그는 기독교라는 유럽종교를 넘어서 유교, 도교, 불교, 힌두교, 유대교 등 중요 고등종교(베버는 '세계종교'라고 부른다) 전반으로 관심의 폭을 확대하였다.

그 다음 분석방법 차원에서 보면, 《개신교 논문》이 보여준 바와 같은 일방향적 분석시각, 즉 '종교적' 현상(개신교)이 '사회적' 현상(자본주의)에 미친 영향을 주로 보는 시각에서 벗어나 '종교'와 '사회'의 쌍방향적 상호작용관계의 분석에 주력하게 된다. 그 결과 베버는 가령 단순히 유교론이 아니라 〈유교사회론〉 내지 〈유교문명론〉, 힌두교론이 아니라 힌두교 문명론 등을 전개하게 되며, 이 과정에서 각 문명권의 종교와 계층구조, 정치적 지배구조, 경제적 생산구조의 상관관계 전반이 분석대상이 된다. 더 나아가 베버는 이러한 분석을 체계적인 비교방법론을 채용하여 수행하고 있다. 여기서 비교의 준거는 일차적으로 그가 《개신교 논문》에서 제기한 문제, 즉 '왜 하필 서유럽에서 근대 자본주의가 발생했는가'라는 문제인바, 따라서 베버는 여기서 비서구 고등종교들의 기본성격 및 그 종교가 처한 복합적인 전체 사회적 맥락이, 개신교와는 달리, 어떻게 근대 자본주의적 경제윤리의 발전을 저해했는가를 추적하고 있다. 그러나 앞서 언급했듯이, 베버는 비단 경제윤리 문제뿐 아니라 비교분석의 시각을 문명론적 차원으로 심화·확대하고 있다.

끝으로 이론적 차원에서 베버는 이러한 고등종교들의 세계상적 구조를 '합리주의'라는 잣대에 의거하여 체계적으로 분석하고 있다. 여기서 베버는 상기한 고등종교들은 모두 고도의 합리적 교리체계와 수행체계를 가지고 있으며 이들은 인간정신이 가진 보편적 합리성의 다양한 표출형태들이라는 전제에서 출발한다. 그런데, 해당종교와 해당사회의 어떤 영역이 그리고 어떤 방향으로 합리화되는가는 그 종교의 발생과 발전을 주도하는 사회계층(예컨대 실천적 행동가 계층으로서 서민 내지 천민, 관료, 무사 등 그리고 이론적 성찰자 계층으로서 선비, 지식인층 등)의 관념적 그리고 현실적 이해관계에 의해 지대한 영향을 받는다는 것이 베버의 입장이다. 그리고 종교내적 합리주의의 방향을 결정하는 가장 중요한 기준은 '현세'와 '내세'의 관계를 어떻게 규정하는가 라는 점이다. 이를 근거로 베버는 고등종교들의 합리주의를 '현세 적응적', '현세 도피적' 그리고 '현세 개조적-정복적' 합리주의로 유형화하고 있다.

베버가 방대한 역사적 신학적 자료들을 섭렵하면서 진행한 이런 작업의 결과물이《종교사회학 논문집》전 3권이며 또한 현대사회학의 기념비적 고전으로 간주되는 그의 주저《경제와 사회》내의 종교사회학 관련 장들이다.

여기 번역된 네 편의 논문 중 〈서론〉(Einleitung), 〈중간고찰〉(Zwischenbetrachtung), 〈서언〉(Vorbemerkung) 등 세 편은《종교사회학 논문집》제 1권에서 베버가 자신이 세계종교 분석에 깔고 있는 이론적 방법론적 기본전제들을 체계적으로 서술하는 글들이며, 나머지 한 편인〈신분집단, 계급 그리고 종교〉(Staende, Klassen und Religion)는《경제와 사회》의 제 2부 제 5장 〈종교사회학〉 중 제 7절에 수록된 글이다.[2] 각 논

---

2) 이 가운데 〈서론〉과 〈중간고찰〉은 현재 절판된 역자의 역서《막스 베버 사상 선집 I: 탈주술화 과정과 근대》(나남출판, 2000)에 수록된 글들을 개정한 것들이며, 나머지 두 편인 〈서언〉과 〈신분집단, 계급 그리고 종교〉는 이 책에 새로이 추가된 글들이다.

문의 저술배경은 해당 번역문 앞에 간략히 서술해 놓았다.

　종교는 과연 미성숙하고 비과학적인 인간들의 '미몽'에 불과한가? 서구 근대가 시작된 18세기 계몽주의 시대 이래 대다수 '계몽된' 사회과학자들은 이 질문에 대해 한결같이 '그렇다' 라고 답했다. 맑스의 '종교는 인민의 아편'이라는 규정, 또는 니체의 '신의 사망선고' 등으로 압축되는 이 진단에 따르면 문화적 근대화란 종교적 '미몽'에서 과학적 '계몽'으로 이행하는 과정이며, 따라서 이른바 '세속화'는 근대의 필연적 운명이다. 그런데 이런 진단과 처방이 내려진 지 근 3백 년이 지난 21세기 벽두의 상황은 어떠한가? 종교 전문학자이건 일반인이건 간에, '헷갈린다'라는 말이 아마도 이 상황에 대한 실감나는 일상적 표현일 것이다. 한편으로는 계몽주의적 종교비판의 전통은 여전히 계승되고 있을 뿐 아니라 그 어느 때보다도 활발히 진행되고 있다. 그래서 과학적 합리성의 시대에 맞게 엄밀한 진화론적 논증과 자료에 의거해 신은 인간에 의해 〈만들어진〉 망상에 불과하다는 주장을 펴는 책들이 세계적 베스트셀러 반열에 오르고 있다. 다른 한편, 우리는 바로 과학적 합리주의와 계몽주의의 최선봉에 서 있는 나라로 간주되는 미국 국민의 종교에 대한 다음과 같은 태도에 놀라움을 금치 못한다. 다양한 여론조사에 따르면 70%를 넘는 미국인이 성서의 창조이야기를 믿고, 성서에 기록된 기적들이 실제로 일어났다고 믿으며, 천사와 악마가 존재한다고 믿으며, 천당과 지옥이라는 사후세계가 존재할 것이라고 믿는다. 그에 반해 다윈의 진화론이 "지구상에 출현한 인간의 기원을 가장 적절히 설명하는 이론"이라고 믿는 미국인은 소수(15% 내외)이다.[3] 과학적 합리성과 계몽의 최선봉에 서 있는 미국인이 그럴진대, 현존 인류의 80%가 '힌두교도', '이슬람교도', '기독교도', '유대교도'로 태어나고 또 대부분 평생 신도로 머무른다

---

3) 스티븐 핑거, 〈빈 서판〉, 2004, 27쪽 참조

는 사실은 조금도 놀랄 일이 아니다. 한국은 어떤가? 개신교, 가톨릭, 불교 등 기성종교와 무교(巫敎, 샤머니즘)까지 포함하면 우리 국민의 80%가 종교인이다. 한국의 경우 흥미로운 것은, 적어도 '현세지향성'을 기준으로 볼 때 고등종교들 중 아마도 가장 세속적(그리고 이런 의미에서는 '근대적') 윤리체계를 가진 유교를 통해 진작부터 '계몽'되어 온 우리 한국 국민들 중 현재 근 30%가 넘은 사람들이 가장 내세지향적인 종교인 기독교의 신봉자들이라는 사실이다(참고로, 우리와 비교할 수 있는 유교 문화권의 국가들 중 중국은 3% 내외, 일본은 1% 미만의 국민만이 기독교도 이다). 따라서 우리가 종교를 무엇이라고 규정하든, 그리고 종교적 신앙의 동기와 배경이 무엇이든 간에, 종교는 현존하는 인류의 절대 다수에게 여전히 크나큰 호소력을 발휘하고 있는 정신적 힘이라는 점만은 분명하다.

　'과학적 합리성'의 시대에 살고 있다는 우리의 자의식을 무색케 하는 이런 역설적 상황에 대해 베버 종교사회학은 어떤 함의를 가지는가? 이 책에 실린 네 편의 글을 관통하는 베버의 분석시각을 보면, 아마도 베버는 이 상황을 '역설적'이라고 평가하지는 않을 것이다. 왜냐하면 베버에게는 종교가 과학을 대체할 수 없다는 사실이 진부한 만큼 과학이 종교를 대체할 수 없다는 사실 역시 명백하기 때문이다. 베버의 입장을 역자 나름대로 요약·정리해 보면 다음과 같다. 문화적 존재로서의 인간(베버의 용어로는 '문화인간'[Kulturmensch])은 삶의 궁극적 의미와 가치를 찾고자 하는 실존적 욕구를 가지고 있는바, 이것을 우리는 권력과 부를 중심으로 한 적나라한 '이해관계'(interest) 영역에서의 물리적 생존욕구와 구분하여 '정신적' 생존욕구 또는 '구원'욕구라고 부를 수 있을 것이다.[4] 달리 표현하자면, 인간은 비단 경제적 '잉여가치'뿐 아니라 문화적

---

4) 물론 이 두 가지 욕구는 상호작용한다. 이는 앞서 지적한 대로 베버가 종교

'잉여의미'를 생산하고 소비하고자 하는 실존적 욕구를 가진 존재이다. 종교, 특히 고등종교는 인간의 문화적 본성에 내재하는 이러한 구원욕구를 충족시켜 주는 고도로 정교한 의미체계이다. 그런데 베버가 반복해서 지적하고 있듯이, 과학적 합리주의는 이러한 의미창출 능력이 없고 따라서 인간의 구원욕구를 충족시킬 수 없다. 오히려 과학은 기존의 다양한 종교적·윤리적 가치체계를 무력화시키려 든다. 물론 과학의 이러한 시도는 많은 경우 설득력이 있다. 그러나 문제는 과연 과학은 스스로 파괴한 이러한 의미와 가치들에 대해 대안을 제시할 수 있는가 하는 점이다. 다시 말해, 과학은 과학적 지식과 인식이 그 자체로서 '구원'의 의미가 있다는 것을 과학내적 수단으로 입증해 낼 수 있는가 라는 점이다. 그렇지 못하다는 것이 베버의 입장이다. 왜냐하면 과학적 지식이 '알 가치가 있다'는 판단의 궁극적 기준은 '과학외적' 가치영역-특히 종교와 윤리-에서 오기 때문이다. 즉 과학은 자연세계에 대한 인식과 인간의 물리적·생물학적 생존의 문제에 관해 권위를 가질 수는 있지만, '정신적 생존'의 문제는 해결할 능력이 없는 것이다. 이런 이유에서 베버는 근대적 세계상이 아무리 과학화·탈주술화되더라도 다수의 사람들이 "옛 교회의 품"으로 돌아가고 싶은 욕구를 가지게 되는 것은 당연하고 또 정당한 것이라고 본다.

만약 베버의 이러한 입장이 타당하다면, 종교를 단순히 과학적 합리성의 잣대로 재단하면서 '비합리'의 영역으로 몰아넣는 것은, 종교의 본질과 인간의 본성에 대한 지극히 피상적인 단견의 결과일 것이다. 오히려 우리는, 베버가 보여주듯이, 인간의 합리적 잠재력을 일차원적-가령 과학적 또는 이해관계적 '도구적' 합리성의 차원-으로 축소시킬 것이 아

의 유형과 그 주도세력의 사회계층적 이해관계간의 긴밀한 상호연관성을 집중적으로 분석하고 있다는 점에서도 잘 드러난다. 그러나 다른 한편, 베버는 구원욕구의 영역은 현실적 이해관계 차원으로 온전히 환원되어 버릴 수 없는 일정한 독자적 발전논리와 작동기제를 가지고 있다고 본다.

니라 다차원적으로 파악해야 할 것이며 여기에는 비단 과학적·인지적 지향성뿐 아니라 윤리적 그리고 종교적 지향성-베버는 이것을 '가치합리성'이라고 부른다-도 포함된다는 것을 통찰해야 할 것이다. 이런 통찰에서 베버는, 앞서 언급한 대로, 자신의 종교사회학적 성찰의 첫 출발점부터 고등종교들을 '비합리' 영역으로 간주한 것이 아니라 그들의 출현을 인간 정신의 합리화 과정의 중요한 전환점으로 이해하고 있는 것이다.

역자는 베버의 이러한 복합적 인간론에 동감하는바, 이에 근거하여 우리는 각각의 종교가 가진 합리적 핵심을 인간의 보편적 합리성 잠재력의 역사적 표출로 보고 상호인정하면서 관용하는 노력을 해야 할 것이다. 다시 말해, 우리가 역사에서 확인하고 또 지금도 목도하는 종교의 참혹한 폐해-종교의 이름으로 정당화되고 있는 수많은 유혈 분쟁과 종교적 근본주의에 기반한 테러리즘 등-에도 불구하고 이것을 단순히 종교의 과학적 '해체' 또는 특정 종교의 정치적 배척의 근거로만 삼을 것이 아니라 종교의 본질적 기능에 더 주목하면서 각 종교의 내적 합리화-여기에는 무엇보다도 지배요소의 최소화가 포함된다는 점은 두말할 나위도 없다-의 가능성을 추구하고 공론화해야 할 것이다. 베버 종교사회학은 이런 시도에 많은 영감을 제공하는 지적 보고라고 역자는 믿는다.

2008년 가을
전 성 우

막스 베버
종교사회학 선집

차 례

신분집단, 계급 그리고 종교

| 원 제 |

Staende, Klassen und Religion

| 출 처 |

Wirtschaft und Gesellschaft,

제 5 판, 1976, J.C.B. Mohr, 285~314쪽

〈신분집단, 계급 그리고 종교〉는 베버의 주저인 《경제와 사회》 중 제7절에 수록된 글이다. 여기서 베버는 다양한 사회계층의 물질적 그리고 관념적 이해관계가 한 종교의 특성을 어떻게 각인시키는지를 집중적으로 분석하고 있다.* 이 글의 주제는 이 책의 제2장인 〈세계종교와 경제윤리〉에 대한 〈서론〉과 일정부분 겹치지만, 베버는 여기서 '사회과학적 개념의 건축학'이라고 불리기도 하는 그의 주저 《경제와 사회》의 기본 틀에 맞게 〈서론〉에서보다 더 일관되고 면밀하게 개념적 체계화 작업을 수행하고 있다. 또한 베버는 《경제와 사회》의 종교사회학 부분과 〈세계종교와 경제윤리〉는 상호 보완관계에 있음을 명시적으로 강조하고 있다.[1])

---

* 참고로 《경제와 사회》 제5장 "종교사회학"에서 다루는 다른 주제들은 다음과 같다. ① 종교의 발생, ② 주술사-사제, ③ 신개념, 종교적 윤리, 금기, ④ '예언자', ⑤ 교단, ⑥ 신성한 지식, 설교, 목회, ⑦ 신분집단, 계급 그리고 종교, ⑧ 신정론의 문제, ⑨ 구원과 재생, ⑩ 구원의 길과 이것의 생활영위양식에 대한 영향, ⑪ 종교적 윤리와 '현세', ⑫ 문화종교와 '현세'.

1. 농민층의 종교성

농민의 운명은 철저히 자연에 예속되어 있고, 유기적 과정과 자연현상들에 의존하고 있으며 또 농민에게는 경제적으로도 스스로 합리적 체계화를 수행할 자세가 결여되어 있다. 그결과 농민층이 어떤 종교의 담지자가 되는 경우란, 일반적으로 볼 때, 이 계층이 내부적 (재정 정책적 또는 장원 영주적) 세력 또는 외부적 (정치적) 세력에 의해 노예화 또는 프롤레타리아화될 위험에 처하게 되는 경우뿐이다. 예를 들어 고대 이스라엘 종교의 경우에는 이 두 가지 위험이 다 주어졌다. 즉 처음에는 외부적 위험과 그 다음에는 영주세력 ─ 이 세력은, 고대에는 늘 그랬듯이, 동시에 도시거주세력이었다 ─ 과의 갈등이 그것이다. 이스라엘의 가장 오래된 문헌들, 그 중에서도 특히 드보라가(歌)[1]가 보여주고 있듯이, 주로 농민들인 서약공동체 동지들의 투쟁대상은 블레셋[2]과 가나안[3]의 영주들, 철제

---

1) 《구약성서》제7권 〈판관기 (判官記)〉 〔또는 〈사사기〉 (士師記, The book of judges)〕 제5장에 실린 여성 예언자 드보라의 노래로서, 이스라엘 최고 (最古) 의 시가 중의 하나인 전쟁승리가 (BC 1, 100년경).

2) BC 11세기경 팔레스타인 지역의 강국. 블레셋은 거인 골리앗을 앞세워 이스라엘을 침공하였다. 이때 사울왕국의 이스라엘측 양치기 소년인 다윗이 맨손으로 골리앗과의 1대 1의 단판싸움에 나서, 물맷돌을 던져 그의 이마에 적중시킴으로써 그를 쓰러뜨리고 승리한다. 구약성서 〈사무엘 상〉 17장에 수록.

전차를 타고 싸우는 기사들, 훈련받은 '어릴 때부터의 전사들'(골리앗은 이렇게 묘사되고 있다) 이었는데, 왜냐하면 이들은 '젖과 꿀이 흐르는' 산등성이의 농민들에게 지대를 징수하고자 했기 때문이다(이러한 농민-서약공동체는 아이톨러인,[4] 삼니트인[5] 그리고 스위스인과 비교할 수 있는데, 특히 스위스인과는 다음과 같은 점에서 비교될 수 있다. 즉 이집트에서 유프라데스까지에 이르는 거대한, 고대 이스라엘을 관통하는 대상업로는 스위스의 '통로국가' 성격과 유사한 상황 — 다시 말하여 일찍부터 시작된 화폐경제와 문화접촉 상황 — 을 형성했다는 점이 그것이다).

그런데 매우 중요한 점은, 이 투쟁 및 모세시대의 신분통합과 세력확장은 흔히 여호와 종교의 여러 구세주들의 영도 하에 진행되었다는 점이다(이 당시 이른바 '판관'인 기-돈[6] 및 그와 유사한 자들은 메시아 — Maschiach, Messias[7] — 라고 불렸다). 구

---

3) 가나안은 팔레스타인 요르단강 서쪽 지역의 고대 명칭이다. 가나안 족은 BC 3천 년경 아라비아에서 이주해온 샘족 계열로서, 주로 농경 문화였으며 풍양신 바알을 섬겼다. 이스라엘 민족은 신으로부터 약속 받은 이 "젖과 꿀이 흐르는" 가나안 지역을 동경했는데, BC 13세기 말 무렵 이스라엘 민족은 가나안 지역을 거의 정복했다.

4) BC 4세기에서 2세기경에 걸쳐 마케도니아 지방에 거주한, 일시 강대했던 민족.

5) BC 5세기에서 3세기경에 걸쳐 활약하던 이탈리아 지방의 부족 연대.

6) '판관'이란 고대 이스라엘(BC 1,200~1,020년경에 걸쳐)에서 신으로부터 계시를 받아 이스라엘 민족을 외적으로부터 보호하는 역할을 수행한 군사적 그리고 정치적 지도자를 일컫는다. 기-돈(Giddon)은 그 중 하나로 그의 치적은 구약성서 〈판관기〉에 서술되어 있다.

세주들과의 이러한 관계를 통해 이스라엘 농민층은 우리가 농민들에게서 흔히 관찰하는 일반적인 숭배의례의 수준을 넘어서는 종교적 행동양식을 자신들의 전통적 농민 경건심에 진작부터 도입하였던 것이다. 그런데 모세의 사회율법과 결합된 여호와숭배는 도시국가인 예루살렘을 기반으로 하여 비로소 최종적으로 하나의 윤리적 종교가 된다. 그러나, 〔구세주들의〕 예언의 서민 지향성이 보여 주듯이, 여기서도 다시금 도시거주 대지주 및 화폐소유자에 저항하는 농경-시민층[8]의 사회도덕주의[9]가 작용하고 있으며, 이 사회도덕주의는 모세가 이룩한 신분화해의 사회적 규정들을 이러한 저항의 근거로 제시하고 있다.

그러나 어쨌든 예언적 종교성이 특별히 농민층으로부터 영향을 받은 것은 아니다. 공식적인 그리스 문헌에 나타나는 최초의 그리고 유일한 신학자인 헤시오도스[10]가 제시한 도덕주

---

7) '메시아'는 히브리어로 원래 〈기름 부음 받은 자〉라는 뜻이며 왕에 대한 존칭으로 사용되었다. 고대 동방에서는 왕이나 사제가 즉위할 때 머리에 기름을 바르는 의식이 행해지고 있었으며 이 의식은 그가 신의 선택을 받은 자임을 표현한다. 고대 이스라엘 왕조도 이 관습을 받아들였다. 그리스어로는 크리스토스(*Christos*, 그리스도)로 번역되었고, 그 뒤 〈구세주〉를 나타내는 말로 쓰이게 되었다.

8) ackerbürgerlich의 역어. 즉 반농-반도시시민적(半農-半都市市民的).

9) Sozialmoralismus의 역어이다. 문맥상 이 개념은 개인의 도덕성보다는 사회적 계층간의 갈등해소를 각별히 지향하는 도덕체계를 뜻하는 것으로 보인다.

10) BC 740~BC 670년 무렵에 활동한 것으로 알려진 고대 그리스 서사시인. 보이오티아 출생. 호메로스와 쌍벽을 이루는 2대 서사시인으로

의의 근거 중 하나가 그의 전형적 평민운명이었던 것은 사실이다. 그러나 그 역시 결코 전형적인 '농부'는 아니었다. 한 문화의 발전이 농민 지향적이면 지향적일수록 ─ 가령 서양에서는 로마, 원동(遠東)에서는 인도, 근동에서는 이집트 등 ─, 바로 이 농민층은 전통의 편에 서며, 그래서 적어도 민중종교성은 더욱더 윤리적 합리화를 결여하게 된다. 후기 유대교 및 기독교의 발전에서도 농민층은 합리적-윤리적 운동의 담지자로는 전혀 등장하지 않거나 유대교에서와 같이 아주 부정적으로 등장하거나, 기독교에서와 같이 예외적으로 등장하는바, 이 예외적 등장의 경우에는 공산주의-혁명적 형태로 등장한다. 물론, 토지축적이 가장 극심했던 로마령 아프리카의 금욕적 도나티스트-종파[11]는 농민층에 매우 널리 퍼져 있었던 것 같지만, 그러나 이것은 고대에서 유일한 경우이다. 농민층 출신의 〔급진 후스[12] 교파인〕 타보르파, 그리고 독일 농민전쟁에서의 '신의 법'이라는 포교, 영국의 급진적 소농민적 공산주의

서 〈그리스 교훈시의 아버지〉로 알려져 있다. 자유분방하고 화려한 작품을 가진 호메로스와는 대조적으로, 헤시오도스의 작품들은 강한 종교적-교훈적 성향을 보여주고 있다.

11) 기원 4~5세기경 북아프리카에서 융성했던 가톨릭 내의 한 분파.

12) 후스(Jan Hus: 1369~1415)는 보헤미아 종교개혁가. 당시 보헤미아에 전파됐던 J. 위클리프의 교설(敎說)을 받아들이고 교회의 토지소유와 세속화를 비난하였다. 1414년 콘스탄츠종교회의에 소환되어 1415년 이단선고를 받고 화형에 처해졌다. 그의 교리는 독일인과 교회의 핍박을 받고 있던 체코인의 민족의식과 결합하여 개혁운동을 일으키게 했다.

자들 그리고 무엇보다도 러시아의 농민종파주의자 등은 대부분 다소간 정착된 경작 공동체적 제도 하의 농업공산주의자들이었으며, 프롤레타리아화할 위험에 처해 있었다. 또한 이 운동들은 공식교회에 대해 저항하는바, 왜냐하면 일차적으로는 교회가 십일조 수령기관이기 때문이며, 그 외에 교회가 재정권력 및 영주권력의 기둥이기 때문이기도 하다. 그런데 이 운동들은 하나의 윤리적 종교성, 즉 혁명적 **자연법**에 대한 접목점으로 작용할 수 있는 그러한 특정한 약속들을 내포한 윤리적 종교성이 이미 존재하는 곳에서만 상기한 방식으로 종교적 요구와 연계를 맺을 수 있었다. 이 점에 대해서는 다른 곳에서 이야기하겠다. 그런데, 아시아 지역에서는 이런 현상이 일어날 수 없었는데, 왜냐하면 여기서는 종교적 예언과 혁명적 운동의 결합이 (가령 중국에서는) 진정한 농민운동으로 나타나는 것이 아니라 전혀 다른 방식으로 나타났기 때문이다.

그런데 농민들이 비주술적 종교성을 처음부터 주도적으로 담당한 경우는 매우 드물다. 물론 자라투스트라[13])의 예언은 외양적으로는 농민의 잘 짜여진 노동과 목축의 (상대적) 합리주의에 호소하고 있으며, 거짓 예언자들의 동물학대적인 광란종교성에 저항하고 있다(추측컨대, 이 광란종교성은, 모세가 배척했던 광란숭배제식의 경우와 같이, 만취 상태에서 소를 갈기갈기

---

13) 자라투스트라(Zarathushtra)는 고대 페르시아 종교인 조로아스터교의 창시자(BC 1,200년경). 자라투스트라는 조로아스터의 페르시아어 이름. 조로아스터교에 대해서는 다음 역주 참조.

찢는 것과 연계된다). 조로아스터교[14]는 경작된 토지만을 주술적으로 '정결하다'고 여겼고, 따라서 농경을 절대적으로 신의 뜻에 맞는 일로 여겼다. 그렇기 때문에 조로아스터교는, 최초의 예언시대와는 달리, 이미 일상의 개혁에 활발히 착수한 이후에도 뚜렷이 농경적 특성을 유지했고, 따라서 이 종교의 사회 윤리적 규칙들은 뚜렷이 반경제시민적 특성을 지니고 있었다. 그러나 자라투스트라의 예언이 경제적 이해관계와 연계되어 있는 한, 이 이해관계는 원래 군주와 장원영주들이 자기 농부들의 조세납부능력에 대해 가진 이해관계였지, 농부들 자신의 이해관계였던 것 같지는 않다. 통상적으로 농민층은 기상(氣象) 주술과 정령주의적 주술 또는 의례주의에 경도되나, 만약 농민층이 윤리적 종교성을 수용할 경우에 이들은 신과 사제에 대해 엄격히 형식주의적 윤리, 즉 〈이익을 서로 교환한다〉라는 형식주의적 윤리를 고수한다.

---

14) 불을 신성시하고 유일신을 예배하던 고대 페르시아의 종교. 한자로는 배화교(拜火敎), 당나라 시기 중국에서는 현교(祆敎)라고 하여 삼이교(三夷敎)의 하나로 꼽혔다. 조로아스터교는 이원론적 일신교(一神敎)로, 고대 인도-이란 또는 인도-게르만의 종교적 공유재산에 근원을 둔 신들이나 제령(諸靈)을 최고신 아후라 마즈다 아래 통괄하고, 우주를 선과 악의 두 원리로 설명한다.

2. 초기 기독교의 도시적 성격

농민이야말로 신이 총애하는 경건한 인간의 전형이라는 견해는 전적으로 근대적 견해이다. 물론, 위에서 보았듯이, 과거에 조로아스터교가 농민 지향적이었고 또한 가부장적-봉건적 문인들 또는 주지주의적-염세주의적 문인들이 도시문화와 이 문화의 결과들에 대한 반감에서 농민을 찬양한 몇몇 경우가 있었지만, 이런 것은 예외적인 것이다. 비교적 중요한 동아시아 구원종교들 중 어느 종교에서도 이러한 농민찬양은 존재하지 않는다. 인도의 구원종교, 그리고 가장 일관된 형태로는 불교적 구원종교에서는 농민은 종교적으로 신뢰할 수 없다고 여겨졌거나 또는 노골적으로 경멸 대상이 되었다(이것은 절대적 살생금지 계명 때문에 그러하다). 예언자 이전 시대의 이스라엘 종교는 아직도 다분히 농민종교이었다. 그러나 바빌론-유배 이후 시기에 교양인과 가부장주의자들이 보인 경향, 즉 농경을 신의 뜻에 합당한 것으로 미화하는 경향은 어디까지나 시민적 발전에 대해 이들이 가진 반감에서 나온 것이다[즉, 농경 내지 농민 자체에 대한 찬미에서 나온 것은 아니다]. 실제적으로 유대교는 이미 그 당시에도 다른 견해를 가지고 있었으며, 이것은 후에 바리새인 시대에 오면 더욱더 분명해진다. 후기 유대교 바리새파(派)[15]의 교단경건성에 이르면 '농부'와 '무신앙'은 완전히 동일한 것으로 간주되며, 비(非) 도시인은 정치적으로

나 종교적으로나 2급 유대인으로 취급된다. 왜냐하면 불교와 힌두교의 경우와 마찬가지로 유대교의 의례법칙에서도 농부로서 진정으로 이 법칙에 맞게 생활한다는 것은 실질적으로 불가능하기 때문이다. 유배 이후의 신학 그리고 특히 탈무드적[16] 랍비-신학은 그 실질적 결과를 두고 볼 때 농업에는 지극히 불리한 신학이었다. 가령 시오니스트들[17]의 팔레스타인 이주 작업은 오늘날까지도 안식년 ── 이것은 후기 유대교 신학자들의 산물이다 ── 이라는 절대적 방해물에 봉착하게 되었는바, 이 방해물의 제거를 위해 (독일 정통파의 교조주의와는 달리) 동유럽의 랍비들은 이 정착지가 특별히 신의 뜻에 부합한다는 것을 근거로 (안식년으로부터의) 면제권을 만들어내어야만 했다.

초기 기독교에서는 이방인이란 곧 농민을 뜻했다. 중세교회까지도 공식적 교리(토마스 아퀴나스)에서 농민을 원칙적으로 열등한 기독교인으로 취급하거나 아무튼 지극히 낮게 평가하고 있다. 농민의 종교적 미화 및 그의 경건성이 가진 매우 특별한

---

15) 바리새파(派)는 일상생활의 모든 국면에서 율법의 엄격한 준수를 주장한 유대교의 한 분파.

16) 탈무드는 유대교의 구전율법과 그에 대한 주석들을 집대성한 것으로, 유대 민족에게는 《모세 5경(五經, 토라)》 다음으로 권위를 지니고 있다. 탈무드는 생활상의 모든 문제를 망라하여 논하고 있으므로 유랑민족인 유대인들은 탈무드를 중요한 생활지침서로 삼아 왔다.

17) 19세기 말 유럽에서 시작된 유대인 국가 건설을 목표로 한 사상 및 운동. 구약성서에 나오는 〈신오의 땅〉은 성지 예루살렘 남동쪽에 있는 언덕 이름이며, 유대민족의 궁극적 그리고 국가적 정착지로 희구되어 왔다. 주지하다시피, 1948년 이스라엘국이 수립되어 시오니스트들은 그 목적을 달성했다.

가치에 대한 믿음은 매우 근대적 발전의 산물에 지나지 않는다. 이런 미화는 우선 루터교의 특징이고 — 이것은 칼뱅주의와 다른 대부분의 프로테스탄트 종파들과는 상당히 눈에 띄는 차이점이다 —, 그 다음 슬라브 문화의 영향을 받은 러시아 종교성의 특징이다. 다시 말하여 상기한 농민미화는, 조직의 성격상 군주 및 귀족의 권력적 이해관계와 특히 강하게 연계되어 있고 또 이것에 의존하는 교회 공동체들의 특징이다. 예컨대 근대화된 루터교의 주된 관심사는 — 그러나 루터 자신은 아직 이런 입장을 가지고 있지 않았다 — 주지주의적 합리주의와 정치적 자유주의에 대한 투쟁이었으며, 슬라브 문화와 친화적인 종교적 농민이데올로기의 주된 관심사는 자본주의 및 근대 사회주의에 대한 투쟁이었다. 그에 반해 〈나로드니키〉[18] 가 러시아 종파주의를 미화하는 의도는 지식인층의 반합리주의적 저항과, 지배권력에 봉사하는 관료교회에 대한 프롤레타리아화된 농민층의 봉기를 서로 연결시키고 이를 통해 둘 다를 종교적으로 승화시키고자 하는 것이다. 요컨대, 위에서 언급된 모든 경우들은 대부분, 도시가 주도한 것으로 보이는 근대적 합리주의의 발전이 퇴보한 경우들이다. 그러나 이 예들에서 나타나는 농민찬양 현상이 암시하는 것과는 정반대로, 과거에는 도시가

---

18) 19세기 후반의 러시아 혁명운동에서 주도적 역할을 한 인텔리겐치아를 지칭하며 원어는 러시아어의 나로드(narod, 인민)에서 유래하며 인민주의자로 번역된다. 특히 농민의 이해를 대변하고 전제(專制)와 농노제를 비판했다.

경건성의 본산인 것으로 생각되었으며, 17세기에만 해도 가령 박스터[19] 는 키더민스터의 직물공들이 가내공업의 발전을 통해 대도시 런던과 맺게 된 관계가 분명히 이 직공들의 경건함을 촉진하는 것이라고 이해했다. 실제로 초기 기독교의 종교성은 도시적 종교성이며, 하르낙[20] 이 설득력 있게 보여주었듯이, 다른 조건들이 동일할 경우 기독교의 중요성은 도시의 크기에 따라 증대한다. 그리고 중세에는 교회에 대한 충성과 종파적 종교성은 특별히 도시지역에서 발전했다. 초기 기독교가 후에 실제로 이룩한 것과 같은 그러한 형태의 교단종교성[21] 은 서양적 의미에서의 '도시적' 교단생활 이외의 영역에서는 도저히 발전할 수 없었을 것이다. 왜냐하면 이 교단종교성은 다음과 같은 전제조건들을 가지고 있기 때문이다. 즉, 씨족들간의 금기적 장벽의 파괴, 관직개념, 교단을 '공법기관'으로 보는 견해, 즉 객관적 목적에 봉사하는 법인체적 조직으로 보는 견해 등과 같은 전제조건들. 물론 위의 교단종교성은 그 자신 다시금 이러한 법인체적 조직의 보편적 확산을 조장하였고, 서구 중세에

---

19) 박스터(Richard Baxter : 1615~1691) 는 영국 청교도 목사로서 노동자를 위한 전도활동으로 큰 성과를 거둔 사람이다. 주지하다시피, 박스터는 베버가 〈신교윤리와 자본주의 정신〉에서 핵심준거로 활용하고 있는 인물이다.

20) 하르낙(Adolf Harnack : 1851~1930) 은 독일의 저명한 신학자로서 역사주의를 대표하는 사상가이다.

21) Gemeindereligioesitaet의 역어. 베버가 기독교의 가장 중요한 특성 중의 하나로 강조하는 요소이다. 여기서 교단이란 공법기관적 조직과 성직의 위계질서 등을 갖춘 교회공동체이다.

시작하는 도시발전이 법인체적 조직을 다시 도입하는 것을 매우 용이하게 해주기는 했지만, 다른 한편으로 상기한 요소들이 이미 개념들로 존재했기 때문에 교단종교성이 가능했던 것이다. 그런데 이러한 개념들은 세계 역사상 유일하게 지중해 문화권, 특히 그리스의 도시법 그리고 종국적으로는 로마의 도시법의 토양에서만 진정으로 완전히 개발되었다. 그러나 윤리적 구원종교로서 그리고 개인적 경건성의 기초로서 기독교가 가진 독특한 속성들도 도시의 토양에서 비로소 본격적으로 성숙되었으며, 이 속성들은 봉건적 세력의 우위(優位)를 통해 촉진되던 의례주의적, 주술적 또는 형식주의적 기독교-재해석에 저항하면서 도시에서 항상 새로운 추진력을 얻었다.

3. 귀족과 종교성 : 기사적 신앙전사(騎士的 信仰戰士)

일반적으로, 군사귀족과 봉건적 세력— 이 세력이 어떤 유형이든 간에 — 이 합리적 종교윤리의 담지자가 되는 것은 쉽지 않다. 전사(戰士) 의 생활양식은 자비로운 섭리라는 관념, 또는 어떤 초월적 신의 체계적·윤리적 요구라는 관념과는 선택적 친화력을 가지고 있지 않다. 일반적으로, '죄', '구원', 종교적 '순종'과 같은 개념들은 모든 정치적 지배계층의 품위의식, 특히 군사귀족의 품위의식과는 거리가 멀 뿐 아니라 이 품위의식을 직접적으로 침해하는 것이 상례이다. 상기한 개념들을 가지고 활동하는 종교를 받아드리고 예언자 또는 사제 앞에 무릎을 꿇는다는 것은 전쟁영웅 또는 상류층 — 타키투스 시대의 로마귀족이나 유교의 고관 — 에게는 고상하지 못하고 품위가 없는 것으로 보일 수밖에 없다. 죽음과 인간운명의 비합리성을 내적으로 참아내는 것은 전사에게는 일상적인 일이다. 또한 이 세상에서의 가능성과 모험이 그의 삶을 너무나 지배하기 때문에, 그가 종교로부터 요구하는 것이라고는 단지 사악한 마술로부터의 보호, 신분적 품위의식에 걸맞으면서 신분관습을 구성하는 의전적 의례들의 제공, 그리고 필요한 경우에는 사제가 전승(戰勝) 을 위해 또는 영웅들을 천상으로 인도하는 행복한 죽음을 위해 기도해주는 것일 뿐이며, 그 외의 것들은 마지못해서 수용할 뿐이다. 이미 다른 맥락에서 언급했듯이, 교양 있는 그리스인은, 적어도 이념상으로는, 항상 전사(戰士)로 남아 있었다. 소박한 정령주의적 혼령신앙에서는 사후(死後)의 존재방식은 전적으로 불확실한 것으로 간주되고, 결국에는 사후세계 자체가 전적으로 불확실한 것으로 간주되지만, 어쨌든 이 세상에서의 삶이 아무리 궁핍해도 저승에 있는 왕국보다는 낫다는 확신이 여기에 깔려 있는데, 이러한 소박한 혼령신앙은 그리스인에게는 완전한 탈정치화의 시기에 이르기까지도 하나의 일상적 믿음이었다. 단지 밀의(密儀) 종교22) 들만이 의례의 준수를 통해 현세와 내세에서의 운명을 개선할 수 있는 수단을 제공해 줌으로써 이러한 소박한 혼령신앙의 단계를 어느 정도 넘어서며, 밀교 중 단지 오르페우스23) 교단종교성의 영혼윤회설만이 이 단계를 철저히 극복한다. 그러나 강력한 예언적 또는 개혁적 종교열정의 시기는 귀족층도, 그리고 흔히는 바로 이 귀족층을 예언적·윤리적 종교이념의 도가니 속으로 몰아넣는다. 왜냐하면 이 종교이념이야말로 모든 신분집단과 계급 간의 경계를 무너뜨리기 때문이며, 또한 귀족층은 평신도형성 운동의 첫 담지자가 되는 경향이 있기 때

---

22) Mysterien의 역어. 밀의 종교는 특히 신비적 의의를 가지고 집행되는 의례를 가지는 종교를 뜻한다. 줄여서 밀교 또는 비교(秘教) 라고도 한다. '밀의'란 정확하게는 비밀의례 또는 신비의례를 가리킨다.

23) 오르페우스가 신의 계시에 따라 창시하였다고 전해지는 고대 그리스의 비교(秘教). 오르피즘이라고도 한다. BC 7세기경 디오니소스 숭배에서 파생된 것으로 보이나, BC 6세기에는 아테네를 중심으로 하여 그리스 본토와 남이탈리아 각지로 퍼졌다.

문이다. 그러나 예언적 종교의 일상화는 매우 단시일 내에 귀족집단을 종교적 열광-계층에서 다시 분리시키는 경향이 있다. 예컨대 이미 프랑스의 종교전쟁 시기부터 윤리적 문제에 대해 위그노 교회[24] 와 가령 콩데[25] 같은 지도자 간에 윤리적 갈등이 발생하기 시작했다. 스코틀랜드, 영국 및 프랑스의 귀족층 내지 적어도 그들 중 일부는 칼뱅주의적 종교이념에서 초기에는 주목할 만한 역할을 했지만 결국에는 이 종교이념에서 거의 완전히 떨어져 나왔다.

예언적 종교이념이 기사적 신분의식과 결합할 수 있는 경우는, 당연한 이야기지만, 이 종교이념이 신앙투사에게 종교적 약속을 제공하는 경우이다. 신앙투사라는 종교적 발상은 유일세계신의 배타성과 이 신의 적인 비신도들의 도덕적 타락성을 전제하는데, 이 발상에 의하면 이 적들이 무사안일하다는 것 자체가 신의 정당한 분노를 불러일으키는 것이다. 따라서 이러한 종교이념은 서양의 고대에도 부재하고, 자라투스트라를 제외하면 모든 아시아적 종교이념에도 부재한다. 그러나 자라투스트라에 있어서도 아직 무신앙(無信仰)에 대한 투쟁과 종교적 약속과의 직접적 연관성은 결여되어 있다. 이 연관성을 제일 먼저 창출한 것은 이슬람교이다. 이에 대한 전 단계이자

---

24) 칼뱅의 전통을 잇는 프랑스 프로테스탄트 교회의 별칭.

25) 콩데(Louis Condé: 1530∼1569). 프랑스 부르봉가에서 파생된 콩데가(家)의 귀족으로서, 프랑스의 가톨릭과 신교(위그노) 간의 종교전쟁인 위그노 전쟁에서 한때 신교파의 우두머리 역할을 했으나, 후에는 신교 탄압파로 돌아섰다.

아마도 그 기초가 되는 것은 유대 신이 자기의 민족에게 한 약속, 물론 모하메드가 이해하고 재해석한 바대로의 약속이다. 모하메드는 메카의 경건주의적 비밀집회의 지도자에서 야스립 -메디나의 시장이 된 이후, 그리고 유대인들로부터 예언자로 거부된 이후 이 재해석 작업을 수행했다. 또한 이스라엘의 서약동지공동체가 여호와의 예언자들의 영도 하에 수행한 옛 전쟁들은 '성전'(聖戰)으로 전해져 내려왔다. 이것 외에도 성전, 다시 말하여 어떤 신성모독에 대해 특별히 속죄하도록 하기 위해 신의 이름으로 수행되는 전쟁, 추방과 모든 적 및 그들의 모든 재산의 절대적 괴멸이라는 결과를 낳는 전쟁이라는 의미에서의 성전은 고대, 특히 고대 그리스에게는 생소한 것이 아니었다. 그러나 이스라엘의 성전이 가진 특이성은, 여호와의 민족이 여호와의 특별한 교단으로서 그의 영광을 그의 적들에게 보여준다는 것이다. 그래서 여호와가 보편신이 된 이후, 예언서와 잠언에서는 약속된 나라의 소유 대신에 그보다 더 많은 약속, 즉 여호와의 민족인 이스라엘을 다른 민족들보다 더 높이 세운다는 약속이 제공되었다. 즉, 다른 모든 민족들은 앞으로 언젠가 여호와를 섬기게 될 것이며 이스라엘의 발밑에 무릎 꿇게 되리라는 것이다. 이로부터 모하메드는 성전(聖戰)의 계명을 도출했고, 이 성전은 비신도들을 신도들의 정치적 권력과 공납 지배권 하에 복속시키고자 했다. 그런데 비신도 들이 '경전종교'를 믿는 집단일 경우, 이들의 말살은 요구되지 않았고, 오히려 정반대로 재정을 위해서라도 이들을 조심해서 다룰 필요가 있었다.

그러나 아우구스티누스식의 '강제로 개종시킨다'라는 표어 하에 성전이 치러진 것은 기독교의 성전이 처음이다. 즉, 이때부터 비신도 또는 이단자는 개종을 하거나 아니면 섬멸되는 것 중 하나를 선택해야 한다. 이슬람교의 성전은 십자군 성전보다 더욱더 그리고 더 명시적으로 영주(領主)용 토지점유를 목적으로 한, 주로 봉건적 지대이해관계에 준거한 전쟁이었다. 물론 우르바노 교황[26]도 십자군 원정 기사들에게 후진을 위한 봉토 확보를 위해 세력팽창이 불가피하다는 것을 강하게 주지시키는 것을 게을리 하지 않았지만 말이다. 성전참여는 터키의 봉토법의 기병(騎兵)-봉록 수여에 대한 규칙에서까지도 우선권 청구에 대한 중요한 자격요건이었다. 앞으로 지배민족이 될 것이라는 약속을 제외한 그 외의 약속들은 심지어 이슬람교에서도 전쟁선전과 연계되었는데, 특히 성전에서의 전사에 대한 보상으로 주어지는 이슬람교적 천국의 약속 등이 그러하다. 따라서 이 약속들은 원래적 의미에서의 구원의 약속들이 아니며 이것은 북구신화인 발할라[27]의 약속들, 인도의 전사하는 크샤트리아에게 약속되는 영웅천국 또는 장수하는 전쟁영웅에게 약속되는 영웅천국 또는 다른 어떤 영웅천국에 대한 약속들

---

26) 우르바노 2세(Urbanus II)는 1088~1099년까지 재위한 개혁적 로마 교황.

27) 발할라(Valholl)는 고대 북유럽의 주신(主神) 오딘이 영웅적으로 전사한 용사들의 안식처로 약속한 〈전사자의 전당〉.

이 구원의 약속이 아닌 것과 마찬가지이다. 그리고 이슬람교가 전쟁종교로 남아 있는 한, 초기 이슬람교의 종교적 요소들 중 윤리적 구원종교의 성격을 가진 요소들은 당연히 매우 뒷전으로 밀렸다. 그러나 십자군 원정 시기에 창출된 중세의 독신자 기사단들 — 이들은 이슬람교 기사단에 상응하며 처음에는 이슬람교권 정벌을 위해 조직되었다 — 이나, 특히 템플 기사단원들, 시-크교28)의 기사단 — 이 기사단은 이슬람교적 이념이, 초기에는 엄격히 평화주의적이던 힌두교와 결합한 결과로 생겨났으며 박해를 통해 본의 아니게 무자비한 성전의 모델이 되어버린 기사단이다 —, 그리고 마지막으로 일본의 한동안 정치적으로 중요했던 호전적 불교승려들의 기사단 등 이 모든 기사단들 역시 '구원종교성'과는 대체로 단지 형식적으로만 연계를 가지고 있었다. 심지어 이들의 공식적 정통 교리조차도 흔히 그 신빙성이 의심스러웠다.

이렇듯, 기사단 형태의 전사신분계층이 구원종교와 교단종교성에 대해 거의 일관되게 부정적 관계를 가지고 있다면, '상비군'의 경우, 즉 주로 관료적으로 조직된 '장교' 중심의 직업군대의 경우 이 관계는 좀 다르다. 물론 중국군대는, 다른 직업과 마찬가지로, 그 자신의 특수 신, 즉 국가가 전범(典範)으로 만든 영웅을 가지고 있다. 그리고 비잔틴 군대가 열정적으로

---

28) 시크(Sikh)교는 힌두교에서 파생된 종교로서, 힌두교와 이슬람교를 비판적으로 통합하는 것을 목표로 하였다. 인도의 이슬람교 정권인 무굴 왕조에 의해 가혹한 탄압을 받았다.

우상파괴파의 편을 든 것은 어떤 금욕적 원칙에서가 아니라, 단지 군대 징집지역의 주민들이 이슬람교의 영향으로 인해 그러한 태도를 취하게 된 결과였을 뿐이다. 그러나 초기 제정(帝政)의 로마군대에서는, 몇몇 다른 제의(祭儀, 컬트: 이 제의들은 우리의 관심의 대상이 아니다)도 신봉되었지만, 특히 기원 후 2세기 이래 기독교의 경쟁자였던 미트라의 교단종교[29]가 내세 약속을 통해 매우 중요한 역할을 했다. 이것은 특히 100인 대장층(그러나 여기서만은 아니다), 즉 제대 후 부양청구권을 가진 하위 장교층에서 그러했다. 다만 미트라-밀의종교의 윤리적 요구는 단순했고 또한 매우 일반적이었다. 미트라-밀의종교는 본질적으로 의례주의적 정결(淨潔) 종교이고 기독교와는 달리 여성이 배제된 철저한 남성종교이며, 전반적으로 가장 남성적인 구원종교 중 하나이다. 이 종교는 성직수여와 종교적 지위체계가 위계적으로 등급화되어 있으며, 기독교와는 달리 타 제의와 밀교에의 참여에 관해 배타적이지 않으며, 실제로 타 밀교에 참여하는 경우가 가끔 있었다. 그래서 이 종교는 최초로 성직서품을 받은 콤모두스 황제[30] 이래 (이것은 마치

---

29) 북유럽 신화에 나오는 광명(光明)의 신 미트라를 신앙한 밀의(密儀) 종교. BC 1세기 전반 기독교의 유럽 침투 이전에 로마제국(帝國)에 널리 유포되어 있어서 새 종교인 기독교와는 유력한 경쟁적 종교였다. 특히 군인층에 널리 유포되었다. 그러나 콘스탄티누스 대제(大帝)가 기독교로 개종(改宗)을 하고 기독교가 공인된 이후 점차 모습이 사라져 갔다.

30) 콤모두스(Lucius A. A. Commodus)는 로마황제(180~192)로서, 마르쿠스 아우렐리우스 황제의 아들이다.

예전에 프러시아 왕이 프리메이슨[31] 비밀결사 회원이 되는 것과 유사하다) 이 종교의 마지막 열렬한 지지자인 율리아누스 황제에 이르기까지 황제들에 의해 보호받았다. 장교들이 미트라교에 대해 호감을 가지게 되는 데는 이 종교가 제공하는 현세에 대한 약속들 — 이것은 항상 그렇듯이 여기서도 내세에 대한 약속들과 연계되지만 — 이외에도 미트라교의 은총수여가 가진 본질적으로 주술적-성사적(聖事的) 성격과 서품에서의 위계적 승진도 일정한 역할을 했음이 분명하다.

---

31) 프리메이슨(Freemason)은 18세기 초 영국에서 결성된 국제적 우애 비밀결사단체이다. 프리메이슨은 자유-평등-박애를 구호로 내세운 자유주의적 결사체였으며, 이 정신은 후에 프랑스 혁명이념으로 이용되기도 했다.

4. 관료층과 종교성

위에서 언급한 것과 동일한 이유에서 비군사적 **관료들**도 미트라교에 분명히 호감을 가졌고 또 이 종교를 선호했다. 그 외에도 관료층이 특정한 구원종교성에 경도되었다는 증거가 있기는 하다. 경건주의적 독일관료들이나 간혹이기는 하지만 18세기와 19세기에 등장하는 진정으로 '경건한' 프러시아 장군들이 그 예이다. 그런데 독일관료층이 경건주의에 경도된 이유는, 독일에서는 '시민계층' 특유의 생활양식이 표현되는 시민적-금욕주의적 경건성을 수용할 만한 시민〔부르주아지〕-기업가층이 아직 형성되어 있지 않았으며, 금욕주의적 경건성을 수용할 수 있는 계층이라고는 관료층밖에 없었기 때문이다. 그러나 지배관료들이 일반적으로 구원종교를 선호하는 것은 아니다. 지배관료는 항상 한편으로는 포괄적이고 냉철한 합리주의의 담지자이며, 다른 한편으로 통제된 '질서'와 안정을 절대적 가치기준으로 보는 이념의 담지자이다. 모든 비합리적 종교성에 대한 깊은 경멸이 관료계층의 일반적 특성이지만, 그러나 이 경멸은 비합리적 종교성이 순치수단으로서 가진 유용성에 대한 통찰과 결합되어 있다. 이것은 이미 고대 로마관료들부터 그러했다. 또한 오늘날 민간관료나 군대관료도 그러하다. 32) 관료제가 종교적 사안에 대해 취한 태도의 고전적 예를 우리는 유교에서 찾을 수 있다. 유교에는 어떤 종류의 '구원욕구'도 없으며, 윤리의 현세 초월적 근거도 전혀 존재하지 않는다. 유교의 윤리는 그런 것 대신에 관료적 신분관습주의의 인위적 교리에 근거한다. 이 교리는 그 내용을 보면 순수하게 편의주의적-공리주의적이다. 그러나 심미적으로는 우아하다. 또한 여기서는 전통적 귀신신앙을 넘어서는 모든 감정적, 비합리적인 개별적 종교성이 배척되며, 그 대신 조상숭배 및 자녀의 효성은 순종의 보편적 근거로서 보존된다. 또한 계몽된 관료는 주술적 귀신 다루기를 경멸하고 '귀신들로부터 거리'를 유지하지만, 미신적 관료는, 서구에서 강신술이 행해지는 것과 유사하게 주술적 귀신 다루기에 동참한다. 대체로 관료들은 경멸과 무관심에서 주술적 귀신 다루기와 강신술 모두를 민중종교로서 번성하게 내버려두지만, 그러나 만약 이런 주술들이 공인된 국가의례에 반영되는 경우에는, 이들을 신분적-관습적 의무의 일부로 보고 존중한다. 여기서 주술의 지속적 유지, 특히 순종의 보장책인 조상숭배의 지속적 유지를 통해 관료는 독자적 교회의 발전과 모든 교단종교성의 태동을 완벽하

---

32) 원주: 내가 체험한 바에 의하면, [1890년에 정통 기독교 교리에 대한 공격을 발표한 후 면직당한] 예비역 중령인 에기디(Egidy) 씨가 처음 등장했을 때 장교클럽은 일정 정도 다음과 같은 기대를 품고 있었다. 즉, 정통교리에 대한 동료의 이러한 비판의 권리는 너무나 자명하므로, 황제가 이제부터는 군대예배에서 어떤 정직한 장병도 믿지 않는 그런 옛날 어린이 동화들이 설교되지 않도록 하는 조치를 취할 것이라는 기대. 그러나 물론 이런 조치는 취해지지 않았고, 그 결과 사람들은, 교회의 정통교리가 신병들에게는 여전히 가장 좋은 교육소재라고 여기게 되었다.

게 저지할 수 있었다. 유럽의 관료층은, 평균적으로는, 모든 진지한 종교성을 유교에서와 거의 유사하게 경멸하지만, 대중 순치를 위해 기존의 교회적 종교성을 공식적으로 존중하지 않을 수 없었다.

5. 시민계층의 종교성

일반적으로 가장 많은 특권을 누리는 계층, 즉 귀족층과 관료층의 종교에 대한 입장이 그 모든 매우 큰 차이들에도 불구하고 일정 정도 동질적 경향을 보여준다면, 원래적 의미에서의 〈시민적〉 계층들은 이 점에서 서로 지극히 큰 대조를 이룬다. 이것은 시민적 계층들 내에 존재하는 매우 큰 신분적 차이는 도외시하더라도 그러하다. 신분적 차이와 관련해 우선 '상인'의 경우를 보면, 이들은 때로는 최고 특권층에 속하기도 하면서— 가령 고대(로마)의 도시 세습귀족 —, 때로는, 가령 재산이 없는 유랑상인들같이, 천민에 속하기도 한다. 또한 상인은 특권층이긴 하나 신분적으로 귀족 또는 관료층 밑에 위치한 계층인 경우도 있으며, 특권이 없거나 부정적으로 특권화[33]된, 그러나 실질적으로는 막강한 계층인 경우도 있다. 가령 로마의 '기사층', 그리스의 피보호 이방인, 중세의 의상판매업자 및 이와 유사한 상인계층들, 그 외에 바벨의 금융업자와 대상

---

33) 'negativ privilegierte'의 역어. 베버 특유의 개념으로서 이에 대응하는 개념은 '긍정적으로 특권화된'(*positiv privilegierte*)이다. '부정적으로 특권화되었다'는 것은 단순히 특권이 없는 정도가 아니라 차별, 억압, 착취 등을 '당할 특권'(그래서 '부정적' 특권)을 가졌다는 의미이다. 역자는 베버 고유의 어감을 살리기 위해 우리말로서는 어색한 이 직역을 대부분 고수했다. 그러나 맥락에 따라서는 '열악한 사회적 지위'라고 의역하기도 했음을 밝혀 둔다.

인들, 중국과 인도의 상인들, 그리고 끝으로 근세 초기의 '부르주아지' 등이 그 사례이다.

도시에 거주하는 세습 귀족적 상인들이 종교에 대해 가진 태도는, 상기한 위상의 차이들과는 무관하게, 각 시대마다 매우 대조적인 모습을 보여준다. 물론 전반적으로 이들은 지극히 세속적인 인생관을 가지고 있으며 따라서 원래 예언적 또는 윤리적 종교성에는 호감을 가지지 않는 것이 보통이다. 고대와 중세의 대상인은 '우연한 기회를 활용하는', 비지속적이고 비기업적인 특수한 영업형태의 담지자였으며, 자본이 없는 유랑 상인들에게 자본을 대주는 자였다. 이들의 출신을 보면, 과거에 원래 지주적 기반을 가지고 있으면서 상기한 영업을 통해 부유해진 도시거주 귀족이거나 또는 반대로 상인신분계층이 토지를 소유하게 된 경우일 수 있는바, 아무튼 이 대상인들은 귀족가문으로 상승하는 경향을 가지고 있었다. 거기에 더하여 국가재정적 수요가 화폐 경제적으로 충족되기 시작함에 따라 국가조달과 국가대출을 지향하는 자본주의 및 식민지 자본주의 — 이런 자본주의는 모든 역사적 시기에 존재했다 — 를 대표하는 자들이 등장하였다. 그러나 이 모든 계층들은 어디서도 윤리적 종교 또는 구원종교의 일차적 담지자가 된 적이 없다. 상인층의 위상이 특권적이면 특권적일수록 이 계층의 내세종교 발전에 대한 관심은 더욱더 적어진다. 페니키아 귀족층의 금권주의적 상인도시들은 순수하게 현세 지향적이며, 지금까지 알려진 바로는, 전적으로 비예언적이다. 그러나 이 계층이 가진 종교성의 밀도와 이들이 음울한 표정의 신에 대해 가지는 공포는 매우 크다. 그에 반해 고대 그리스의 전투적 해양귀족 — 이들은 반은 해적이고 반은 상인이다 — 은 자기들이 선호하는 바가 무엇인지를 알리는 종교적 문헌으로 오디세이를 남겼지만, 이 문헌은 신들에 대해 전혀 존경심을 보이지 않고 있다. 중국 도교의 부의 신 — 이 신은 상인층이 거의 보편적으로 경외한다 — 은 어떤 윤리적 속성도 가지고 있지 않으며 순수하게 주술적 성격이다. 그리스의 부(富)의 신 플루토스[34] — 물론 이 신은 주로 농업적 부의 신이다 — 에 대한 숭배도 엘레우시스의 비교의식(秘敎儀式)의 일부분으로서 이 비교의식은 의례적 순결성과 살인 금지를 제외하면 어떤 윤리적 요구도 하지 않고 있다. 로마 황제 아우구스투스는 궁정어용 상인제사 참가자격의 제정 등과 같은 특징적인 정책을 통해 노예신분에서 해방된 높은 자본력을 가진 계층을 황제숭배의 특별한 담지자로 만들려고 시도했다. 그러나 그 외에는 이 계층은 자신만의 고유한 성격의 종교적 관심을 보여주고 있지는 않다. 인도의 상인계층 중 힌두교를 신봉하는 자들, 특히 국가자본주의적 금융업자 또는 대상인 출신들은 대개 발라바차리스-파의 지지자, 즉 발라바 스바미[35]의 힌두교 개혁작업의 산물

---

34) 그리스 신화에 나오는 부와 풍요의 신.

35) Vallabha(1479~1531)는 힌두교 2대 종파 중의 하나인 비슈누파의 한 분파의 지도자이다. 비슈누는 창조신 브라흐마 및 파괴신 시바와 함께 힌두교 3대 최고신의 하나이다. 힌두교의 가장 강력한 종파인 비슈누파에서는 우주만물이 모두 이 신의 발현이라고 믿는데, 크리슈나

인 고쿠라스타 고사인에 속한 비슈누 사제층의 지지자로서 어느 정도 에로틱한 색채를 띤 크리슈나[36] 와 라-다[37] 숭배를 주도했는데, 구세주를 기리기 위한 예배의 숭배회식은 호사한 만찬으로 잘 장식되어 진행되었다. 중세의 교황당 도시[38] 의 대상인층 — 가령 피렌체의 모직물 상인 길드 — 은 정치에서는 다분히 교황에 우호적이었지만, 흔히 상당히 기계적이고 정말 조롱같이 보이는 수단들을 통해 교회의 고리대금금지 조항과 타협을 했다. 개신교적 네덜란드의 상류신분의 대상인들은 아르미니아파[39] 로서 종교에 관해서는 각별히 현실정치적 입장을 취했으며, 칼뱅주의의 윤리적 엄격주의에 대한 주된 반대자였다. 아무튼, 종교에 대한 대상인 및 대금융업자들의 입장은 어디서나 회의와 무관심인 경우가 매우 흔했다.

또는 라마 등이 비슈누 화신의 대표적 사례이다.

36) 힌두교 신화에 나오는 영웅신.

37) 인도 신화에 나오는 크리슈나의 연인.

38) 교황당(*gelfi*)은 중세 말기 이탈리아에서 형성된 것으로, 로마교황과 (독일의) 신성로마제국 황제 간의 대립상황에서 로마교황을 지지한 도시들에 대한 총칭.

39) 아르미니우스(Jacobus Arminius: 1560~1609)는 네덜란드의 개혁파 신학자로서 처음에는 칼뱅의 예정설을 옹호하였으나 이에 회의를 느끼고 후에는 보편적 구원과 인간의 자유의지를 강조하였다.

6. 경제적 합리주의와 종교적-윤리적 합리주의

그런데 지금까지 서술한 현상들이 쉽게 이해될 수 있는 현상들이라면, 앞으로 논의할 현상은 그렇게 간단치가 않다. 과거에는, 소유화폐를 이윤창출을 위해 기업방식에 따라 지속적-합리적으로 활용하여 자본을 형성하는 과정, 그 중에서도 특히 근대 특유의 자본 형태인 산업자본의 새로운 형성과정은 이 과정을 주도하는 계층의 합리적·윤리적 교단종교성과 매우 흔히 그리고 아주 독특한 방식으로 연계되어 있었다. 이미 인도의 상업만 해도 (지리적으로 볼 때) 두 파(派)로 양분된다. 첫 번째 파는, 의례주의적 정결 계명을 위생적 규칙으로 해석할 정도로 근대화되었음에도 윤리적 차원에서는, 무조건적 진리계명에 기초하여 엄격주의를 주창하던 조로아스터교를 특히 지지하였다(그런데 조로아스터교는 원래 농업만을 신의 뜻에 합당한 것으로 인정하고 모든 시민적 영리행위를 기피했었다). 두 번째 파는 인도의 가장 전형적인 금욕주의적 종교이념이었던 자이나-종파[40] 와 이미 언급한 발라바차리스-파(이들은 숭배의식의 그 모든 비합리적 성격에도 불구하고 교단종교성에 기반한 구원

---

40) BC 6~5세기 무렵 인도에서 마하비라가 창설한 종파. 불상생(不殺生, 아힘사)의 계율을 기반으로 하는 엄격한 금욕주의로 알려져 있다. 그 결과, 자연을 다루는 직업의 속성상 이 계율을 어길 수밖에 없는 생산업 종사자들보다는 상업 및 금융업 종사자들이 신도의 절대 다수를 점하게 되었다.

교리였다) 이다. 이슬람계 상인계층의 종교성이 매우 흔히 수도
사적 종교성이었다는 것이 옳은지 여부를 나는 검증할 수 없지
만, 그 개연성은 높다. 윤리적으로 합리적인 유대 교단-종교
는 이미 고대에서부터 상인 및 대금업자 종교였다. 이 보다는
덜 하지만, 그러나 주목할 만한 정도로 중세 기독교의 이단적-
종파주의적 교단종교성 또는 종파성에 근접하는 교단종교성은
상인적 종교성은 아니었지만 '시민적' 종교성이었으며, 이것은
이 종교성이 윤리적으로 합리적이면 합리적일수록 더욱더 그
러했다. 그러나 무엇보다도 서유럽 및 동유럽의 모든 형태의
금욕적 프로테스탄티즘과 종파주의는, 서로 매우 다른 방식이
긴 하지만 전반적으로 볼 때, 경제적으로 합리적인 발전 및 ―
경제적 여건이 주어진 곳이었으면 ― 자본주의적 발전과 지극
히 밀접하게 연계되어 있었다. 예를 들면, 쯔빙글리주의자,
칼뱅주의자, 개신파, 침례주의자, 재세례파, 퀘이커교도, 개
혁파 경건주의자 및, 그 정도가 덜하기는 하지만, 루터파 경건
주의자, 감리교파, 러시아의 분열주의적 그리고 이단적 종파
들 및 특히 합리적인 경건주의 종파들, 이들 중에서도 특히 성
서숭배독회파[41]와 거세파[42] 등이 그러하다.

　일반적으로 볼 때, 윤리적으로 합리적인 교단종교성에 대한

---

41) 성서숭배독회파(Stundisten)는 1820년대 우크라이나 지역의 농민들
　　이 신봉한 복음주의적 경건파이다.

42) 거세파(Skopzen)는 제리바노프(K. Seliwanoff)에 의해 18세기에 창
　　시된 신비주의적-금욕주의적 소종파로서, 신도들에게 금욕을 위한 거
　　세를 요구했기 때문에 붙여진 이름이다.

어떤 계층의 지지성향은 이 계층이 정치적 자본주의의 담지자 계층 — 이런 계층은 함무라비 시대 이래 세금조차권, 국가조달이윤, 전쟁, 해적, 고리채, 식민지화가 있는 곳이면 어디서나 존재했다 — 으로부터 멀어질수록, 그리고 근대의 합리적 기업경제의 담지자 계층, 다시 말하여 (나중에 설명할 의미에서의) 부르주아적 경제 계급적 성격을 가진 계층에 가까워질수록 더욱더 강해진다. 어떤 종류의 자본주의든 간에 '자본주의'의 단순한 존재 그 자체가 스스로 하나의 통일된 윤리, 더더구나 하나의 윤리적인 교단종교를 창출해 낼 수는 없다는 것은 분명하다. 실제로, 자본주의의 존재 그 자체가 끼치는 영향은 그렇게 명백하지 않다. 그런데, 합리적 종교윤리와 특별한 종류의 상업적 합리주의 사이에 인과관계가 존재할 경우 이 인과관계의 성격이 무엇인가 라는 문제는 여기서는 당분간 논외로 하기로 하고 우선은 단지 다음과 같은 점만을 지적해 두고자 한다. 즉, 우리는 경제적 합리주의의 본거지인 서구 내에서는 명백히, 그것도 우리가 경제적 합리주의의 고전적 담지자층에 접근하면 할수록 더욱더 명백히, 한편으로는 경제적 합리주의와 다른 한편으로는 특정한 종류의 (나중에 설명하겠지만) 윤리적-엄격주의적 종교 간에 선택적 친화력을 관찰할 수 있는 반면에, 서구 이외의 지역에서는 단지 간헐적으로만 이런 연관관계를 관찰할 수 있다.

7. 소시민층의 매우 다양한 종교적 태도 :
수공업자층의 종교성

사회적 또는 경제적 특권층을 벗어나면, 종교적 태도의 다양성은 더욱더 커지는 듯이 보인다. 우리는 비특권층 중에서도 소시민 계층 내에서, 특히 수공업자층 내에서 가장 큰 차이들이 병존하고 있음을 확인할 수 있다. 〔소시민 계층이 신봉했던 종교가 얼마나 다양했는지를 한번 살펴보자.〕가령 인도에서의 카스트-금기와 주술적 또는 비교(秘敎)적 비적(秘蹟) 종교 또는 광란종교, 중국의 애니미즘, 이슬람교의 수도사적 종교, 고대 기독교의, 특히 로마제국 동부의 영적-열광적 교단종교, 고대 그리스의 악령숭배와 디오니소스-광란, 고대 대도시 유대교에서 바리새인들이 보여준 율법에 대한 충성, 중세의 본질적으로 우상숭배적인 기독교 및 모든 종류의 종파적 종교성, 그리고 근세 초기의 모든 종류의 프로테스탄티즘 등등, 이것들은 모두 서로 더할 수 없이 큰 대조를 이루는 현상들인 것이다. 다만, 원시기독교는 처음부터 특수한 수공업자 종교였다. 기독교의 구세주는 지방도시의 수공업자였고, 그의 전도사들은 유랑하는 수공업 견습생들이었으며, 전도사들 중 가장 위대한 자(바울)는 천막포 제조업 장인이었다. 그는 이미 너무나 농촌과는 멀어져서 자신의 사도 서간 중 한 곳에서 식물의 접목(接木) 분야에서 취한 비유 하나를 명백히 잘못 사용하고 있을 정도이다. 끝으로, 이미 우리가 보았듯이, 고대의 교단들은 매우 각별하게 도시적이었으며 주로 자유 수공업자 및 비자유 수공업자들로 충원되었다. 그리고 중세에도 소시민층은 가장 경건한 계층이었다. 물론 이들이 가장 정통주의적이었던 것은 아니지만 말이다.

그러나 기독교내에서도 소시민층의 종교성은 매우 복합적이다. 즉, 소시민층 내부를 들여다보면 이 계층에서 ─ 일견 한결같이 ─ 매우 확고한 기반을 얻었던 종교성은 지극히 다양하다. 가령 한편으로는 고대의, 악령들을 몰아내는 영적 예언, 절대적으로 정통적인 (제도 교회적) 중세의 종교성 및 탁발 수도단 뿐만 아니라 중세의 종파적 종교성의 특정한 종류들, 오랫동안 이단의 의혹을 받았던 북이탈리아의 겸허파 종단, 또한 모든 뉘앙스의 세례파, 또 다른 한편으로는 다양한 ─ 루터교회를 포함한 ─ 개혁교회들의 경건성 등 이렇게 서로 이질적인 종교들이 모두 소시민층의 지지를 받았던 것이다. 이 지극히 현란한 다양성은 적어도 한 가지 사실을, 즉 수공업층의 종교성이 명백히 경제적으로만 규정된 적은 결코 없었다는 사실을 증명하고 있다. 그렇지만 소시민층이, 농민층과 비교할 때, 교단종교성과 구원종교성 쪽으로, 그리고 합리적·윤리적 종교성 쪽으로도 각별히 경도되었다는 것은 아주 분명하다. 그러나 특별히 강조해야 할 것은, 여기서도 (소시민층과 농민 간의) 이 차이점은 그렇게 명백히 결정되어 있는 것은 결코 아니라는 점이다. 이것은 가령 세례파적 교단종교의 확산지역이 처음에는 상당부분 특히 농촌(프리스란트) 지역에 있었고, 이 종교가 사회혁명적 방향을 취하고 난 후에야 비로소 도시(뮌스터)에 자리 잡았다는 점에서도 드러난다.

그런데 유독 서구에서는 교단종교성과 중-하위 도시 시민계층 간에 밀접한 상호 연계성이 성립되는 경향이 있었는데, 이것의 자연스러운 이유는 우선 서양 도시 내에서 진행된 혈연조직의, 특히 씨족43)의 상대적 쇠퇴에서 찾을 수 있다.44) 〔혈연조직의 쇠퇴에 직면한〕 서구의 개개인은 혈연집단과 씨족에 대한 대용물을 직업집단에서뿐만 아니라 — 직업집단은 서구에서도, 다른 곳에서와 마찬가지로, 제의적(祭儀的) 의미를 가지고 있었지만 금기적(터부)45) 의미는 더 이상 가지고 있지 않았다 — 자유로이 형성된 종교적 공동체 관계에서도 찾았다. 그러나 이 후자의 연관성〔즉 종교적 공동체가 혈연집단을 대체하는 과정〕을 결정하는 것은 단순히 도시생활의 경제적 특성 그 자체가 아니다. 오히려 이 인과관계가 정반대로 나타나는 경

---

43) Sippe의 역어. Sippe는 광의의 혈연조직 가운데 특히 가까운 가족 내지 일가친척을 일컫는다.

44) 《경제와 사회》의 편집자 Johannes Winckelmann의 주석: 이 점에 관해서는 《경제와 사회》의 제9장 제7절 〈도시유형론〉 참조.

45) tabusitisch의 역어. 주지하다시피, 터-부란 미개사회에서 신성(神聖)한 것과 속된 것, 깨끗한 것과 부정(不淨)한 것을 구별하여 그것에 대한 접근이나 접촉을 금하고, 그것을 범하면 초자연적 제재(制裁)가 가해진다고 믿는 습속이다. 본문의 맥락에서 보면 예컨대 카스트 제도하의 직업집단간의 관계는 금기주의적이라고 할 수 있을 것이다. 금기주의의 일반적 의미에 대해서는 앞장의 역주 참조.

우가 매우 흔한데, 이것은 쉽게 납득할 수 있는 일이다. 중국에서는 조상숭배의 배타적 중요성과 씨족 외(外) 혼인으로 인해 개개 도시거주자가 지속적으로 씨족 및 고향촌락과 확고히 연결되어 있다. 인도에서는 종교적 카스트-금기가 구원론적 교단종교성의 발생을 어렵게 하거나 이 종교성의 의의를 제한하며, 이것은 도시 주거지나 농촌 할 것 없이 마찬가지이다. 그리고 상기한 요소들로 인해 중국과 인도에서는, 우리가 보았듯이, 촌락이 '교단'으로 발전하는 것보다 도시가 '교단'으로 발전하는 것이 훨씬 더 어려웠다.

그렇지만 소시민층은 — 그들의 경제적 생활양식으로 인해 — 상대적으로 강하게 합리적 윤리적 종교에 — 만약 이 종교의 발생에 필요한 조건들이 주어져 있을 경우 — 경도되는데, 이것은 이해할 수 있는 일이다. 명백한 것은, 소시민, 특히 도시 수공업자와 소상인의 삶은 농민과 비교할 때 자연의 구속으로부터 훨씬 더 많이 해방되어 있다는 점이다. 그 결과 비합리적 자연정령들의 주술적 영향에 대한 의존도가 농민의 경우보다 약하며, 그들의 경제적 생존조건은 주술 의존적이라기보다는 오히려 정반대로 훨씬 더 합리적 성격을 가지고 있다. 여기서 더 합리적이란 말은 계산가능성과 목적합리성의 영향에 더 개방되어 있다는 뜻이다. 더 나아가 그의 경제적 존재방식으로 인해 특히 수공업자는, 그러나 일정한 특수조건 하에서는 상인도, 다음과 같은 생각을 가지게 된다. 즉, 정직성이 자신에게 이롭다는 생각, 성실한 노동과 의무의 완수에는 '대가'가

따르며 또 노동은 정당한 대가를 받을 '가치'가 있다는 생각을 가지게 된다. 다시 말하여 그는 보상윤리라는 의미에서의 하나의 합리적 세계관을 가지게 되는데, 이 보상윤리는, 앞으로 논의하겠지만, 그렇지 않아도 모든 비특권계층과는 원래부터 밀접한 관계를 가진 윤리관이다. 아무튼 이런 윤리관이 농민보다는 수공업자와 비할 수 없으리만치 더 밀접한 관계를 가진 것은 사실이다. 왜냐하면 어디서나 농민은 다른 세력들〔가령 예언, 구원종교 세력 등〕이 주술을 근절하고 난 후에야 '윤리적' 보상에 대한 신앙에 관심을 기울이는 데 반해, 수공업자는 이러한 주술의 근절 자체를 매우 흔히 적극적으로 함께 수행하기 때문이다. 수공업자는 더욱이 무사 또는 전쟁과 정치적 권력 확대에서 경제적 이득을 추구하는 대금융업자 — 그런데 이들이야말로 한 종교의 윤리적 합리성-요소들에 대해 가장 관심이 적은 계층이다 — 와는 비교할 수 없을 만큼 보상윤리와 더 밀접한 관계가 있다.

물론, 특히 수공업자가 직업분화 초기에는 주술적 제약조건들에 아주 깊이 구속되었던 것은 사실이다. 왜냐하면 일상적이지 않고, 널리 퍼지지 않은 모든 전문화된 '기능'은 개인의 주술적 카리스마 또는 대부분의 경우 세습된 주술적 카리스마로 간주되었고, 이 카리스마의 획득과 유지는 주술적 수단을 통해 보장되었기 때문이다. 이 카리스마로 인해 그것의 담지자는 터-부를 통해, 때로는 토템적으로, 일상인〔농민들〕의 공동체에서 격리되며, 흔히 토지소유로부터 배제당했다. 또한 이 카리스마는 자연자원을 가진 오래된 종족들 — 이들은 처음에는 '방해자'로, 그 다음에는 개별적으로 정착한 외국인으로서 자신의 기술을 제공하였다 — 이 관장하던 수공업을 천민 카스트에 묶어 두었으며, 수공업자의 작업도, 즉 그의 기술도 주술적으로 고정화(스테레오타입화)시켰다. 그러나 이런 초기 상황이 일단 한번 와해된 곳이면 어디서나 — 그리고 이런 와해는 새로운 도시적 정주지들에서 가장 용이하게 진행되었다 — 수공업자와 소상인의 원래적 속성이 그 진가를 발휘하기 시작하는 것이다. 즉, 〔생존을 위해〕 이들은 — 전자의 경우 생산노동을 통해, 후자의 경우 영업활동을 통해 — 어떤 농부보다도 훨씬 더 합리적으로 사고해야 한다는 속성이 그 진가를 발휘하기 시작하는 것이다. 게다가, 특히 수공업자는, 적어도 우리의 기후조건 하에서 불가피하게 가내(家內)에서 수행될 수밖에 없는 특정 분야의 수공업자는, 일을 하는 동안 골똘히 생각할 시간과 가능성을 가지고 있는데, 직물수공업자들이 그 좋은 예이다. 그래서 이들에게서는 어디서나 종파적 종교성[46]이 특별히 강하게 나타난다. 이런 사색 가능성은, 경우에 따라서는, 심지어 근대의 기계적 직조기를 사용하는 경우에도 제한된 정도나마 아직 존재한다. 하물며 과거의 직조기의 경우에는 더 말할 필요도 없다. 그래서 순전히 주술적 또는 순전히 의례주의적 관념에 대한 예속상태가 예언자 또는 개혁자를 통해 극복된 지역에서는 어

---

46) '종파적' 종교개념에 대해서는 다음 장 "세계종교와 경제윤리: 서론"에 있는 역주 11 참조.

디서나 수공업자와 소시민은 일종의 윤리적 인생관, 그리고 종교적으로 합리주의적인 인생관으로 경도하게 된다. 물론 처음에는 매우 단순한 성격의 인생관이기는 하지만 말이다. 더 나아가 이들은 이미 자신의 직업적 전문화로 인해 특수한 성격의 통일된 '생활양식'의 담지자들이다. 그러나 한 종교의 성격이 수공업자와 소시민의 존재방식이 가진 이러한 일반적 조건들을 통해 결정되는 정도가 그렇게 명백한 것은 아니다. 가령 중국의 매우 '계산에 밝은' 소상인들은 합리적 종교성의 담지자가 아니며, 중국의 수공업자들 역시, 우리가 아는 한, 그렇지 않다. 이들은 주술적 교리 외에 불교의 업보론을 신봉하는 것이 고작이다. 그리고 중국에서 수공업자들의 기술적 합리주의의 발전이 제약을 — 이런 제약성은 쉽게 눈에 띈다 — 받은 것은 윤리적으로 합리적인 종교성의 부재에 상당 부분 기인하는 것으로 보인다. 그러나 수공업자와 소시민의 단순한 존재 그 자체는 어디서도 스스로 하나의 윤리적 종교성 — 그것이 아무리 일반적 유형이라고 하더라도 — 을 탄생시키지는 못했다. 정반대로 우리는 어떻게 카스트 금기가 윤회신앙과 결합하여 인도의 수공업자 윤리에 영향을 주었고 또 이 윤리를 스테레오타입화 시켰는지를 보았다. 단지 교단종교성, 특히 하나의 합리적 윤리에 기초한 교단종교성만이 다른 계층보다 바로 도시 소시민 계층으로부터 아주 각별히 쉽게 지지자를 얻을 수 있었고 또한 이 계층의 생활양식에 경우에 따라서는 매우 강한 영향을 끼칠 수 있었다. 이것은 〔서구 기독교의 경우〕 실제로 일어난 일이다.

8. 특권으로부터 가장 많이 소외된 계층의 윤리적 구원종교성

끝으로, 경제적 차원에서 가장 부정적으로 특권 지워진 계층, 즉 노예와 자유 일용노동자는 지금까지의 역사상 그 어디서도 하나의 특정한 종교성의 담지자가 된 적이 없다.〔물론 초기 기독교 교단에는 노예들도 참여하고 있었다.〕그러나 초기 기독교 교단의 노예들은 도시 소시민층에 속했다. 그 근거로는 다음과 같은 사실들을 들 수 있을 것이다. (1) 그리스의 노예들과 가령 로마서에 언급된 나르찌스가(家) 의 (그는 아마도 황제 직속의 그 유명한 해방노예였을 것이다) 사람들은 상대적으로 좋은 그리고 자립적인 위상을 가진 가내관료층과 매우 부유한 사람의 하인층에 속한다(아마도 나르찌스가〔家〕의 사람들이 이러한 경우일 것이다). 그러나 대부분의 경우, (2) 이들은 반대로 자립적인 수공업자들로서 그들의 상전에게 이자를 지불하고 자유인이 되기 위한 몸값을 일을 해서 저축하기를 희망하는 자들이었을 수 있다(이것은 고대 내내 그리고 러시아에서는 19세기까지 일반적 현상이었다). 끝으로 (3) 이들은 좋은 대우를 받는 국가노예였을 수 있다. 미트라교(敎) 도, 비문들이 보여주고 있듯이, 이 계층에서 수많은 지지자를 가지고 있었다. 그 신성함으로 인해 받는 보호 때문에 델피의 아폴로가 (분명히 다른 신들도 그랬겠지만) 노예들이 애용하는 저축금고로 기능했으며, 노예들은 이 저축에서 자신의 주인으로부터 '자유'를 사들였다는 사실은, 다이스만[47]의 흥미로운 가설에 의하면, 기독교인들이 율법과 죄의 노예상태로부터의 자유를 구세주의 피를 지불하고 사들인다는 바울의 비유의 소재가 되었다. 만약 이 가설이 옳다면 — 그렇지만 구약성서의 가-알 또는 파다[48]도 바울의 소재로 고려될 수 있다 —, 이것이 보여주는 바는, 얼마나 기독교의 포교활동이 바로 이러한 부자유한 소시민층, 야심을 가지고 열심히 노력하며 그래서 경제적으로 합리적인 생활을 하는 이 부자유한 소시민층을 겨냥하고 있었는가 하는 점이다. 이에 반해 고대 대농장의 이른바 '말하는 부동산'인 최하위 노예층은 교단종교성이나 또는 다른 어떤 종교적 포교활동의 기반도 아니었다. 더 나아가, 모든 시대의 수공업 도제들은 — 이들은 일반적으로 일정한 견습기간만 거치면 자립적 소시민이 된다 — 대부분 특수한 소시민 종교성을 공유했다. 이들은 공인되지 않은 종파적 종교성에 기우는 경우가 매우 흔했다. 일상의 곤궁, 빵값과 돈벌이 기회의 기복과 싸우며, '동포의 도움'에 의존할 수밖에 없는 이러한 도시 하류 수공업자층은 모든 형태의 종파적 종교성에게는 어디서나 참으로 보람 있는 포교대상이었다. '가난한 사람들'의 그 수많은 비밀 공동체들 또는 반쯤 묵인된 공동체들 — 이들은 때로는 혁명적, 때로

---

47) 다이스만(Adolf Deismann:1866~1937)은 신약성서의 언어학적 연구에서 탁월한 업적을 쌓은 독일의 신학자이다.

48) ga al과 pada는 '사서 갚다' 또는 '해방하다'라는 뜻의 히브리어

는 평화주의적-공산주의적, 때로는 윤리적-합리적 교단종교
성을 추종한다 ─ 은 통상적으로 바로 영세 수공업자층과 수공
업 도제 계층을 그 구성원으로 하고 있었다. 이것은 특히 유랑
하는 수공업 도제들이 모든 교단신앙의 실제적 전도사들이었
다는 사실에 기인한다. 기독교가 불과 몇 십 년 만에 오리엔트
에서 로마에 이르기까지 그 엄청난 지역에 걸쳐 그렇게 엄청나
게 빨리 확산되었다는 사실이 상기 과정을 충분히 예시해준다.

그러나 근대적 프롤레타리아트는 ─ 이 계급이 종교에 관해
하나의 특수한 입장을 취하는 한 ─, 근대 특유의 부르주아지
계급의 대부분이 그러하듯이, 종교적인 것에 대한 무관심 또
는 거부라는 특징을 보여준다. 이 계급에서는 자신의 업적에
의존한다는 의식이 약화되고, 그 대신 사회적 상황, 경제적 경
기 그리고 법적으로 보장된 권력관계에 종속되어 있다는 의식
이 강화되거나 또는 그런 의식이 위의 업적의식을 보완한다.
그에 반해 우주적-기상적 행로 또는 주술이나 섭리에 의해 야
기된 것으로 이해되는 다른 자연현상의 행로에 종속되어 있다
는 생각은 배척되었는데, 이것은 이미 좀바르트[49]가 훌륭히
서술한 바 있다. 따라서 프롤레타리아트의 합리주의와 고도자
본주의에서 경제적 힘을 완전히 장악한 부르주아지의 합리주
의 ─ 이것의 보완현상이 프롤레타리아트의 합리주의이다 ─

---

49) 좀바르트(Werner Sombart, 1863~1941)는 독일의 저명한 경제학자
   겸 사회학자였으며 막스 베버의 절친한 동료였다. 그의 주저는 *Der
   moderne Kapitalismus*(1902, 전 2권)이다.

는 스스로의 힘으로는 종교적 성격을 획득하기가 쉽지 않으며, 아무튼 하나의 종교이념을 창출하는 것이 쉽지 않다. 일반적으로 여기서 종교는 오히려 다른 이념적 대용물들로 대체된다. 물론, 프롤레타리아트 가운데 경제적으로 불안정한 최하위계층 ― 이들은 합리적 관념들로 설득하기가 가장 어려운 계층이다 ― 과 준(準) 프롤레타리아트적 또는 지속적 곤궁으로 인해 프롤레타리아트화의 위험에 처한 몰락하는 소시민계층은 특히 쉽게 종교적 포교의 제물이 될 수 있다. 그러나 이들을 포섭하는 종교는 아주 특별히 주술적 형태를 띤 종교이거나 아니면, 원초적 주술이 근절된 곳일 경우, 주술적-광란적 은총수여에 대한 대용물을 제공해주는 그러한 성격의 종교이다. 예를 들어 구세군이 시행하는 감리교류의 구세론적 광란축제가 그러하다. 이 계층에서는 종교윤리의 합리적 요소보다 감정적 요소가 훨씬 더 쉽게 성장할 수 있었다는 것은 분명하며, 아무튼 윤리적 종교성이 이 계층을 그 일차적 온상으로 삼아 발생한 경우는 거의 없다. 다시 말하여, 부정적 특권을 지닌 계층들의 특수한 〈계급〉-종교성이란 단지 제한된 의미에서만 존재한다. 종교에 따라서는 '사회정책적' 요구의 **내용**이 신의 의지에 따른 것이라고 정당화되는 경우가 있는데, 우리는 이 현상을 나중에 윤리와 '자연법'에 관해 논의할 때 간략히 다룰 것이다. 종교의 성격 그 자체에 관한 한, 우선 쉽게 이해할 수 있는 것은, 가장 광의의 '구원' 욕구가 부정적 특권을 가진 계급들에서 자라나며 ― 물론 여기서만 자라나는 것은 아니며 또 여기가 가장 중요한 발상지도 아니지만 ―, 그에 반해 이 구원 욕구가 '배부르고' 긍정적 특권을 가진 계층과는, 그 가운데서도 특히 전사들, 관료들 그리고 부유층과는 거리가 멀다는 사실이다.

9. 구원종교의 계급규정성 및 신분규정성

구원종교의 첫 출발이 사회적 특권계층 내에서 시작하는 것은 충분히 있을 수 있는 일이다. 왜냐하면 예언자의 카리스마는 신분적 소속과는 무관하지만, 그것은 보통 최소한의 지적 문화도 필요로 하기 때문이다. 특유의 지식인-예언들이 이 두 가지를 충분히 증명하고 있다. 그러나 지식인-예언이 주지주의 그 자체를 특별히 그리고 직업적으로 실천하고 있지 않는 일반인 집단에 확산되면 그 성격이 변화하게 된다. 이런 변화는 지식인-예언이 경제적으로나 사회적으로 주지주의에 접근할 수 없는 계층인 부정적으로 특권화된 계층에 확산될 경우 더욱더 크다. 그리고 이런 변화는 적어도 한 가지 공통점을 가지고 있다. 대중의 요구에 대한 불가피한 적응의 결과인 이 공통점은, 예언의 담지자로 신적인 또는 신인적(神人的)인 **인격을 지닌** 구세주가 등장하며 이 구세주에 대한 종교적 관계맺음이 구원의 조건으로 제시된다는 것이다. 대중의 욕구에 대해 종교가 적응해 가는 방식의 한 종류로서 우리는 제의적 종교성이 순수한 주술로 변형되는 방식을 이미 확인한 바 있다. 구세주 종교성은 이러한 변형의 두 번째 전형적 형태이며 이 형태는, 지극히 다양한 과도기적 단계들을 통해, 순수한 주술적 변형과 서로 연결되어 있음은 물론이다.

사회적 위계의 사닥다리를 밑으로 내려가면 갈수록, 구세주

욕구는, 이것이 한 번 발생한 이상 더욱더 극단적 형태를 띠는 경향이 있다. 가령 인도의 카르타바야파(派)50)를 보자. 이 파는 비슈누 종파로서 많은 구원론이 〔적어도〕이론적으로 지향하는 목표인 카스트-타부의 타파를 가장 진지하게 추진했고, 예를 들어 신도들의 제한된 (순수하게 제의적이지만은 않은) 사적 공동회식을 정립했으며, 그 결과 주로 하층 서민들의 종파가 되었다. 그런데 이 종파는 동시에 자신의 세습적 구-루에 대한 성자숭배적 경외를 가장 극단으로까지 몰고 간 결과 결국 이 성자숭배를 유일한 제의로 삼는 데까지 이른다. 유사한 현상은, 주로 사회의 최하층으로부터 신도를 충원하거나 또는 이 계층의 영향 하에 있는 다른 종교들에서도 반복된다. 구원론이 대중에게 전파될 경우, 이것은 거의 매번 인격적 구세주를 출현시키거나 인격적 구세주를 더욱더 강하게 전면에 나서게 한다. 가령 부다의 이상 즉 〔대중에 대한〕모범으로서 열반에 든다는 지식인 특유의 해탈 이상은 보살-이상으로 대체되는바, 보살-이상에 의하면 구세주가 중생제도(衆生濟度)를 위해 자기 자신의 열반을 포기하는 것이다. 또는 인도의 민간종교들에서, 특히 비슈누파(派)에서 보는 바와 같은, 신의 인간화를 통해 제공되는 구세주은총사상의 출현도 그런 예에 속하며 또한 이 구세론과 그것의 주술적 비적(秘蹟) 은총이 불교도들의 고상한 무신론적 해탈에 대해 거둔 승리, 그리고 베-다교

---

50) 카르타바야파는 16세기경 뱅갈지역에서 발생한 힌두교 종파이다.

육에 의거하는 의례주의에 대해 거둔 승리 등도 마찬가지 예들이다.

이런 현상들은, 단지 그 형태만 조금씩 다를 뿐, 다른 곳에서도 발견된다. 어디서나 중간시민 계층 및 소시민 계층의 종교적 욕구는 영웅신화를 형성하는 방식으로가 아니라 좀더 감성적인 쪽으로, 특히 내면성과 신앙심을 불러일으키는 쪽으로 기우는 종교적 설화를 통해서 표현된다. 종교적 설화는 (이 계층에서는) 가문생활 및 가족생활이 지배계층에서보다 더 큰 의미를 가지고 있고 또 더 안정되어 있다는 상황에 부합하는 표현방식이다. 인도의 모든 제의들에서 등장하며 그리고 보살상의 형성과 크리슈나-숭배에서도 표현되는 신심에 찬 '신애'(信愛)-경건심이라든가, 아기 디오니소스,[51] 오시리스, 아기 예수 등에 대한 산앙심을 불러일으키는 신화들의 대중적 인기와 수많은 유사한 신화 등 이 모든 것들은 시민계층의 종교성이 통속적인 것으로 전환되는 과정을 보여주는 예들이다. 시민계층이 탁발수도승들의 영향 하에 경건성의 성격을 규정하는 세력의 하나로 등장하게 된 것은, 예술사에서 니콜라 피사노의[52] 장엄주의적 예술의 고상한 '성모마리아'상이 피사노의 아

---

51) 그리스 신화에 의하면 디오니소스로, 로마신화에서는 '바쿠스'로 불린다 — 아기의 탄생과정은 이렇다. 제우스는 자신의 죽은 연인 세멜레의 태내에서 6개월 된 디오니소스를 꺼내 자신의 넓적다리에 넣고 꿰매어 달이 찬 후 디오니소스를 탄생시킨다.

52) 피사노(Nicola Pissano, 1225~1280)는 이탈리아의 조각가로서, 고대조각 연구 및 자연관찰을 바탕으로 기념비적 작품들을 남겼다(피사

들이 창출한 바와 같은 통속적 성가족상에 밀려나게 된 것에 비유될 수 있다. 인도에서 크리슈나-아기가 민중적 제의의 총아가 된 것도 이와 똑같은 경우이다. 주술과 마찬가지로, 구세론적 신화와 이 신화에서 인간이 된 신 또는 신이 된 구세주는 하나의 특수한 민중적 종교관이며 따라서 지극히 다양한 곳에서 자연스럽게 발생하는 종교관이다. 그에 반해 비인격적, 초신적 윤리적 우주질서 및 모범적 구원은 특별히 비민중적이고, 윤리적 합리성에 기초한 속인교양(俗人敎養)에 적합한 지식인 특유의 관념이다. 그러나 이것은 절대적으로 초현세적인 신의 경우에도 마찬가지다. 유대교와 개신교를 제외하면 모든 종교와 종교적 윤리는 대중의 욕구에 대한 적응과정에서 예외 없이 성자숭배, 영웅숭배 또는 기능신 숭배를 다시 수용할 수밖에 없었다. 유교는 이런 숭배를 도교적 만신전(萬神殿)의 형태로 존속시키며, 대중화된 불교는 불교전파 지역들의 신들을 부다에 종속된 숭배-대상으로 허용하고, 이슬람교와 가톨릭은 대중이 일상에서 열심히 신봉하는 지방신, 기능신과 직업신을 성자로 수용할 수밖에 없었다.

더 나아가 부정적 특권을 가진 자들의 종교는, 전투적 귀족의 고상한 제의들과는 달리, **여성**을 동등한 자격으로 수용하는 것을 특징으로 하고 있다. 종교적 제의에서 여성참여의 허용 정도, 다소간의 적극적 또는 소극적 참여의 정도 또는 배제의

대성당 설교단 등). 그의 아들 죠바니 피사 역시 대조각가였지만, 아버지와는 달리 사실적이고 감성적인 작품들을 제작하였다.

정도는 지극히 다양하게 나타나는바, 이 참여정도는 어디서나 해당 사회가 (현재 또는 과거에) 상대적으로 어느 정도 평온한 상태인가 아니면 군사화된 상태인가에 달려 있다. 그런데 여기서 여사제의 존재나, 여성 점술가 또는 여성 마술사에 대한 존경, 즉 초자연적 힘과 카리스마가 있다고 믿어지는 개별적 여성에 대한 신앙심 등은 이런 존경과 신앙심이 제 아무리 깊더라도, 여성 그 자체의 제의적 지위동등화에 대해서는 아무 의미가 없다. 역으로, 신적인 것과의 관계에서 한편으로는 여성의 원칙적 동등화 ― 이것은 기독교와 유대교, 이들보다는 좀 덜 일관되기는 하지만 이슬람교와 공식 불교에서 그러하다 ― 를 구현하면서도, 다른 한편으로는 또 사제기능과 교단운영에의 적극적 참여권은 특수한 직업예비교육 자격이 있거나 또는 그럴 자격이 있다고 간주되는 남자들만이 완전히 독점하도록 할 수도 있는데, 이것은 실제로 상기한 네 가지 종교들에서도 그러하다.

여성들이 모든 종교적 예언 ― 단, 전적으로 군사적 또는 정치적 지향을 가진 예언은 여기서 제외되어야 할 것이다 ― 에 대해 가진 높은 감수성은 거의 모든 예언자들 ― 부다에서, 예수, 피타고라스에 이르기까지 ― 의 (여성에 대한) 편견 없는 자유로운 관계들에서 명백히 드러난다. 그러나 이러한 감수성이 교단의 창설단계, 즉 영적 카리스마가 특수한 종교적 고양(高揚)의 징표로 주목받은 단계인 창설단계를 벗어나서도 존속하는 경우는 극히 드물다. 이 단계를 지나면, 교단 내의 제관계의 일상화와 규율화와 함께 이제는 여성들에게서 발견되는, 질서에 어긋나고 병적이라고 여겨지는 영적 현상들에 대한 반발이 일어나는 것이 상례다. 이것은 이미 바울에서 그러했다. 더구나 ― 가령 이슬람교에서 보는 바와 같은 ― 모든 군사적-정치적 예언은 남자들만을 대상으로 하고 있다. 그리고 카지노 또는 클럽식으로 조직된 병영(兵營) 거주자들은 흔히 전투적 정령의 숭배사상(가령 인도 군도의 둑-둑 숭배53) 나 또는 다른 곳에서 흔히 보는 영웅신령의 유사한 정기적 현현)을 여성가계들의 순치와 철저한 약탈을 위해 아주 직접적으로 활용하였다. 영웅의 '재생'에 기초한 금욕적 무사교육이 지배하거나 지배했던 곳이면 어디서나 여성은 고차원의 영웅적 영혼이 결핍된 존재로 간주되며, 이로 인해 여성은 종교적으로 하위계급에 속하게 된다. 이것은 대부분의 상류층에서, 특히 군사적 숭배 공동체에서 그러하다. 중국의 공식적 제의, 로마와 브라만의 제의에서 여성은 전적으로 배제되어 있으며, 불교의 지식인 종교성은 여성 존중적이지 않다. 심지어 메로빙거 시대에도 기독교 주교회의는 여성 영혼의 동등한 가치를 의심할 정도였다. 그에 반해 힌두교의 특수한 제의들과 중국의 불교적-도교적 종파들의 일부 및 서양에서는 무엇보다도 초기 기독교, 그리고 후에 동부유럽 및 서부유럽의 영적이며 평화주의적인 종파들은 다같이 여성을 끌어들이고 그들에게 동등한 지위를

---

53) 둑-둑(Duk-Duk)은 인도 내지 멜라네시아 군도 등에 존재하던 남성 결사체가 숭배하는 신의 이름.

부여함으로써 자신의 전도기반을 확보했다. 고대 그리스에서
도 디오니소스-제의는 그 첫 출현시 광란에 참여한 여성들을
그 당시로는 전례가 없을 정도로 모든 관습에서 해방시키는 결
과를 낳았다. 물론 이 자유는 시간이 지나면 지날수록 더욱더
예술적으로 그리고 의례적으로 정형화되고 규제되었으며 이와
함께 제약을 받게 되었는바, 이제 이 자유는 여러 가지 제의들
에서의 행렬과 몇 가지 다른 축제행사에 한정되었으며 이렇게
하여 결국에는 그 실제적 의미를 전적으로 상실하게 된다. 기
독교의 포교가 소시민층 내에서 기독교의 가장 중요한 경쟁자
인 미트라-교에 대해 가진 압도적 이점은, 극도로 남성적인
미트라-제의가 여성을 배제했다는 점이다. 전반적 평화의 시
대에는 이러한 극단적 남성적 성격은 미트라-교도들로 하여금
부인들을 위해 다른 비교(秘敎)들 — 가령 퀴벨레[54] 비교(秘
敎)들 — 에서 하나의 대용물을 찾을 수밖에 없도록 했는데,
이것은 종교적 공동체의 통일성과 보편성을, 심지어 개별 가
족 내에서도, 원천적으로 파괴했으며 이 점은 기독교와 큰 차
이를 보인다. 원칙의 차원에서는 이와 동일하지는 않지만, 실
질적 결과의 면에서는 이와 매우 유사한 상황이 그노시스
파,[55] 마니교[56] 및 비슷한 종류의 모든 진정한 지식인-제의

---

54) 퀴벨레(Kybele)는 소아시아 지역의 대지의 여신.

55) 그노시스파(Gnosticism)는 1~4세기에 널리 퍼진 영묘한 지혜를 숭
상하던 그리스도교 교파. 원래 그노시스란 그리스어로 지식을 뜻하는
데, 그노시스파에서는 그노시스를 단순한 신앙 또는 철학적 사변이나
신학적 변증과는 구별하여, 신비적 영감으로 신의 계시에 접하여 신과

들에 존재했다. 그러나 〈형제애와 적에 대한 사랑〉을 설파하는 종교라고 해서 모두가 여성의 영향으로 이런 윤리를 가지게 된 것은 아니며 또 여성 우호적 성격을 가진 것도 아니다. 가령 인도의 아힘사-교(敎)[57]는 결코 그렇지 않다. 여성의 영향은 단지 종교의 감성적인, 히스테리적 측면만을 강화시키는 것이 보통이다. 인도의 경우가 그러하다. 그러나 구원종교가 비군사적 그리고 반군사적 덕목들을 찬양하는 경향이 있는 것은 분명히 주목할 만한 사실인데, 이것은 부정적 특권을 가진 계층들 및 여성들과 밀접히 연관되어 있음이 분명하다.

구원종교성은 정치적 그리고 경제적으로 부정적 특권을 가진 계층에게는 긍정적 특권을 가진 계층의 경우와는 다른 더 특수한 의미를 가진다. 우리는 이 의미를 몇 가지 좀더 일반적 관점에서 고찰할 수 있지만, 이 문제는 나중에 '신분'과 '계급'을 논하는 과정에서 상술하기로 하고 여기서는 단지 한두 가지 관점을 지적하는 데 그치기로 한다. 최고의 특권을 가진 (그러나 비사제적) 계층들, 특히 귀족계층의 자존심, 즉 '고귀함'이라는 자존심은 다음과 같은 의식에 바탕하고 또 이것은 사안의 성격상 이해할 수 있는 일이다. 즉 자신의 생활영위 방식이 가

의 합일을 가능하게 하는 한층 높은 신(神)의 인식으로 생각하였다.

56) 마니교(Manichaeism)는 3세기 무렵 고대 페르시아의 조로아스터교(敎)에서 파생된 종교이다. 교조 마니의 이름을 따서 마니교라고 불렀다. 간단하고 분명한 교리와 예배 방식, 준엄한 의무와 도덕계율은 조로아스터교에 의거한 이원론(二元論)에 근거를 두었다.

57) 위 역주 40 참조.

진 '완전함'은 그 자체에 근거를 가지고 있고 자기 이상(以上)의 근거를 필요로 하지 않는 자신의 질적인 **존재**(Sein)의 표현이라는 의식이 그것이다. 그에 반해 부정적으로 특권 지워진 계층의 자존심은 그들에게 보장된 '약속'에 바탕하고 있는데, 이 약속은 그들에게 부과된 '기능', '임무', '소명'과 결합된다. 이들은 자신의 〔열악한〕 '현재의 존재'에 대해 자부심을 가질 수 없는 부분을, 자신들이 앞으로 언젠가 차지하게 될 것의 존엄성, 현세 또는 내세에서의 미래의 삶에서 자신들이 차지하도록 '소명'받은 바의 존엄성을 통해서 보충하거나, 아니면 (그리고 대부분의 경우 동시에) 섭리상 자신들이 지닌 '의미'와 자신들이 이룩한 '업적'을 통해서 보충한다. 자기들이 지금 처한 처지와 세계의 현재 상황 하에서는 아직 유보된 자기들의 존엄성에 대한 믿음이 그와 같은 발상을 창출하는바, 이 발상에서 '섭리'(내지 신의 약속)라는 합리주의적 이념, 즉 존엄성의 서열이 (현세와는) 다르게 구성된 신의 법정 앞에서 자기들이 가지게 될 중요성에 대한 합리주의적 이념이 태어나는 것이다.

시각을 밖으로 돌려 보면, 즉 다른 계층들의 내면적 상황과 비교해 보면, 열악한 사회적 지위를 가진 계층의 상기(上記)한 내면적 상황은 종교가 여러 다양한 사회적 계층들에게 '제공해야만' 했던 것과는 몇 가지 특징적인 대조를 이룬다. 모든 구원욕구는 하나의 '곤궁'의 표현이며, 따라서 사회적 또는 경제적 압박상태는 구원욕구 발생의 ─ 유일한 원천인 것은 결코 아니지만 ─ 매우 효과적인 원천인 것은 당연하다. 사회적 그리고 경제적으로 긍정적 특권을 가진 계층이, 만약 다른 조건들이 같다면, 스스로 구원욕구를 느끼는 경우는 드물다. 오히려 이들은 종교에게 무엇보다도 자신들의 생활양식과 삶의 상황을 '정당화'시켜주는 역할을 요구한다. 지극히 보편적인 이 현상은 매우 일반적인 내적 상황에 그 뿌리를 두고 있다. 이 내적 상황이란 다음과 같은 것이다. 복을 누리는 인간은 그 자신보다 덜 행복한 사람에 비해 자신이 〔더 많은〕 복을 가졌다는 사실 그 자체만으로는 만족하지 않고 더 나아가 자신은 복을 누릴 '권리'를 가졌다고 믿고 싶어 한다. 즉, 그는 복을 덜 가진 자에 비해 자신은 이 복을 '받아 마땅하다'는 의식 — 그에 반해 상대방은 불행한 것이 '마땅하다'는 의식 — 을 가지고 있다. 행복의 정당성에 대한 이러한 심적 자기만족 욕구를 우리는 모든 일상경험에서 확인할 수 있다. 여기서 일상경험이란 가령 정치적 운명이나, 경제적 상황과 육체적 건강의 차이, 애정경쟁에서의 행운 등 그 무엇이든 될 수 있다. 이러한 내면적 의미에서의 '정당화'가 긍정적 특권계층이, 만약 이들이 종교로부터 무엇인가를 도대체 바라기라도 한다면, 종교로부터 내면적으로 요구하는 것이다. 물론 모든 긍정적 특권계층이 이 욕구를 똑같은 정도로 가지고 있는 것은 아니다. 특히 전투적 영웅계층에게 신들은 시기심을 가진 존재이다. 솔론과 고대 유대교의 현인들은 바로 높은 직위가 (신들의 시기심으로 인해) 가지게 되는 위험에 대해 일치된 의견을 보이고 있다. 신들을 통해서가 아니라 신들에도 불구하고, 그리고 흔히 신들에 대항하여, 영웅은 자신의 비범한 위상을 유지한다. 호머 서사시와 고대 인도 서사시의 일부는 이 점에서 관료적 중국의 연대기와 사제적-유대교적 연대기와 특징적 차이를 보여 준다. 가령 유대교의 연대기를 보면, 행복은 신의 뜻에 부합하는 덕목들을 실천한 데 대한 보상으로 주어질 때 비로소 그 '정당성'을 획득한다는 생각이 훨씬 더 강하게 부각되어 있다. 다른 한편으로 불행을 악령 또는 신들의 분노 및 시기와 연계시키는 것은 매우 일반적인 현상이다. 거의 모든 민중종교성 — 가령 고대 유대교의 민중종교성, 아주 특별히 명백하게는 근대 중국의 민중종교성 — 에서 육체적 결함은 이것을 가진 자 또는 (유대교의 경우에서와 같이) 그의 선조들이 저지른 주술적 또는 도덕적 죄의 징표로 취급되며, 또한 정치적 조직이 공동으로 제사를 지내는 경우 이러한 결함을 가진 자 또는 다른 어떤 운명적 타격을 받은 자는 행복한 자들, 즉 신의 총애를 받는 자들의 무리와 함께 신 앞에 나타나서는 안 된다. 왜냐하면 그는 신의 분노를 짊어지고 있기 때문이다. 이와 마찬가지로 긍정적 특권을 가진 계층 및 이 계층에 봉사하는 사제들이 신봉하는 윤리적 종교는 개개인의 긍정적 또는 부정적으로 특권화된 사회적 상황을 종교적으로 어떻게든 합당한 것으로 간주하는 것이 일반적이다. 변하는 것은 단지 행복한 상황의 정당화의 형태들일 뿐이다.

부정적으로 특권화된 계층의 상황은 이와는 정반대이다. 이 계층 특유의 욕구는 고통으로부터의 구원이다. 이들이 이 구원욕구를 항상 종교적 형태로 느끼는 것은 아니다. 가령 현대 무산계급은 분명히 그렇지 않은 경우이다. 부정적 특권계층의 종교적 구원욕구는, 이것이 발생할 경우, 다양한 길을 걷는다. 무엇보다도 이 욕구는 매우 다양한 방식으로 공정한 '보상'에 대한 욕구, 즉 자기 자신의 선행에 대한 보상과 타인의 불의에 대한 보복에 대한 욕구와 결합할 수 있다. 따라서 주술 다음으로, 그리고 주술과 연계되어 지구상에 가장 널리 퍼진 대중신앙의 형태가 이러한 대부분 상당히 '계산적인' 보상기대와 보상희망이다. 그리고 적어도 이런 신앙의 기계적 형태에 대해서는 거부하는 입장을 가졌던 예언자들의 교리도 (예언의) 대중화와 일상화 과정에서 반복해서 보상론적으로 재해석되었다. 그러나 보상희망과 구원희망의 성격과 정도는 종교적 약속을 통해 일깨워지는 기대들의 성격에 따라 지극히 다양하게 나타난다. 특히 이 기대가 개개인의 현세적 삶을 벗어나 자신의 현 존재 바깥에 놓인 미래에 투영될 때 그러하다. 종교적 약속의 내용이 가진 의미에 관한 특별히 중요한 예가 유대교의 (유배 시기 및 유배 후의) 종교성이다.

10. 유대교적 그리고 힌두교적 천민-종교성 : 원한

바빌론 유배 이후부터는 실제적으로, 그리고 신전파괴 이후부터는 형식적으로도 유대인은 '**천민족**'(*Paria*)[58] 이었는데, 여기서 천민족은 다음과 같은 의미를 가지고 있다. (그런데 이 의미는 인도의 '천민〔*Paria*〕-카스트'의 특수한 위상과는 전혀 다른바, 이것은 가령 '카디-재판'이라는 개념이 카디[59] 의 실제적 재판원칙들과 전혀 다른 것과 마찬가지다.) 여기서 천민족이란 자율적 정치조직을 가지지 않은 하나의 세습적 특수 공동체이다. 이 특수 공동체는 크게 볼 때 두 가지 과정을 통해 형성된다. 첫째, 한 집단이 공동회식과 혼인 등과 같은 〔중요한〕 공동체 행사와 관련하여 주술적, 금기적 그리고 의례상의 이유로 (적어도 초기에는 이런 이유로) 외부인의 참여를 배제할 경우. 둘째, 한 집단이 정치적 그리고 사회적으로 열악한 위치에 있을 뿐 아니라 이들의 경제활동이 상당 정도 특수영역에 한정된 경우. 유대인 상황에 가장 근접하는 예는 인도의 카스트들로서, 카스

---

58) 'Paria'는 일반 용어로는 천민, 부랑민, 떠돌이, 또는 세상에서 버림받은 사람 등의 뜻으로 쓰이며, 특수 용어로는 인도의 하층계급 소속인을 지칭한다(연이은 본문 참조). 베버가 여기서 유대민족을 규정하기 위해 쓰는 Paria 개념에는 위에서 언급한 일반적 뜻이 내포되어 있다. 유대 민족 전체가 유랑의 운명을 겪었다는 점을 부각하기 위해서는 '떠돌이'-민족이라는 역어도 가능하다.

59) Kadi. 이슬람교의 재판관으로서 주로 종교법에 관련된 사건을 관장한다.

트 구성원들은 열악한 사회적 지위를 가지고 있었고 직업상으로 전문화되었으며 금기들을 통해 외부와 엄격히 차단되고 생업에 대한 세습적인 종교적 의무에 따라 생활을 영위하였다. 이 두 가지 경우가 근접하는 이유는, 카스트와 마찬가지로 유대인에게도 천민 위상은 그 자체로서 구원희망과 연계되어 있기 때문이다. 인도의 카스트와 유대인은 공히 천민종교가 행사하는 특수한 영향을 보여주고 있는바, 이 영향이란 다음과 같은 것이다. 즉, 천민족이 처한 상황이 열악하면 할수록, 다시 말하여 신이 명한 종교적 의무의 완수와 연계된 구원희망이 치열하면 할수록, 천민종교성은 자신의 신도들을 더욱더 이 종교 및 천민위상에 강하게 예속시키는 것이다. 이미 언급한 바와 같이, 바로 가장 최하위 카스트들이야말로 더 좋은 상황에서의 재생을 위한 전제조건인 그들의 카스트 의무에 끈질기게 집착했던 것이다. 여호와와 유대민족 간의 연대는, 유대인에 대한 경멸과 박해가 가혹해지면 가혹해질수록 더욱더 굳건해졌던 것이다. 예를 들어 동방의 기독교인들이 우마이야 왕조[60] 시대에 대량으로 이슬람교라는 특권화된 종교에 귀의했는데, 이를 본 우마이야 왕조의 정치적 지배집단은 자신들의 원래의 특권계층의 경제적 이해관계를 지키기 위해 오히려 〔기독교인들의〕 개종을 저지했다. 이와는 매우 대조적으로, 유대

---

60) 우마이야 왕조(661~750)는 메카의 쿠라이시족(族) 옴미아드 가(家) 출신의 우마이야 1세가 시리아의 다마스쿠스를 수도로 하여 수립한 이슬람 왕조.

인들을 대규모로 강제 개종시키려는 빈번한 시도 — 개종은 그들에게 지배계층의 특권들을 제공해주었을 것이다 — 는 전부 실패했다. 그도 그럴 것이, 인도의 카스트와 유대인에게서 유일한 구원의 수단은 천민족에게 주어진 특수한 종교적 계명들의 완수뿐이었는바, 이 계명들을 어기는 자는 필연코 스스로 사악한 주술에 걸릴 것을 두려워해야 하고, 또 자신의 그리고 자기 자손의 미래의 가능성을 위험에 처하게 하기 때문이다.

그러나 유대적 종교성이 힌두교적 카스트 종교성에 대해 가진 차이점은 구원희망의 성격에 기인한다. 힌두교도는 종교적 의무수행을 통해 자신의 개인적 환생가능성을 개선하기를 기대한다. 즉, 자신의 영혼이 더 상위의 카스트로 상승하거나 새로이 화신하기를 기대한다. 그에 반해 유대인은, 자신의 천민 공동체 전체를 천민의 위치에서 세계의 지배자의 위치로 바꾸고 이 공동체를 구원해줄 메시아의 세계에 자신의 자손들이 참여하기를 기대한다. 왜냐하면 여호와가 그의 약속에서 제시한 상황, 즉 지구상의 모든 민족이 유대인으로부터 돈을 빌릴 것인 데 반해 유대인들은 그 어느 민족으로부터도 돈을 빌리지 않을 것이라는 약속에서 제시한 상황은, (차단된) 유대인 거주지역을 중심으로 하는 소규모 전당포 고리대금업자의 상황이 아니라 고대의 전형적인 막강한 도시 시민계층의 상황, 즉 정복한 마을들 및 소도시들의 주민을 채무자와 채무노예들로 가지고 있는 도시 시민계층의 상황이었다. 힌두교도는 미래의 자기 존재를 위해 노력하지만, 그러나 이 미래의 자기 존재는 정령주의적 윤회설의 전제조건 하에서만, 즉 자기 영혼의 미래의 화신이라는 방식으로만 자신의 현 존재와 관련을 맺는다. 마찬가지로 유대인은 자신의 육신의 자손들을 위해 노력하지만, 그의 '현세적 불멸성'은 이 자손들과 자기 자신 간의 정령주의적 관계에 근거한다. 그러나 현세의 사회적 카스트 질서와 자신의 카스트의 위상 그 자체를 전혀 불가침의 영역으로 그대로 존속시키고 자신의 개인적 영혼의 미래 운명을 바로 카스트와 동일한 위계질서 내에서 개선하려고 하는 힌두교도의 관념과는 대조적으로, 유대인은, 힌두교도와는 정반대로, 천민 유대민족의 상승을 위해서 현재 타당한 사회적 위계질서를 전복함으로써 자신의 개인적 구원을 실현할 수 있을 것으로 기대한다. 왜냐하면 유대민족은 〔천민족이 아니라〕 영광의 자리로 부름받은, 신에 의해 선택된 민족이기 때문이다.

따라서 유대인의 윤리적 구원종교성의 토양에서는, 모든 주술적 그리고 정령주의적 카스트 종교성에는 전적으로 부재한 하나의 요소 ─ 이것에 처음으로 주목한 사상가는 니체이다 ─ 가 큰 중요성을 얻게 되는데, 원한이라는 요소가 그것이다. 니체의 견해에 따르면 [61] 원한은 비특권계층의 종교윤리에 동반하는 현상으로서, 이들은, 옛 믿음을 완전히 역전시켜, 현세적 행운의 불평등한 배분은 특권계층의 죄와 불의에 근거하며 따라서 조만간 이들에 대해 신의 복수가 가해질 것이라고 믿는

---

61) 니체의 《도덕의 계보학》, 《권력에의 의지》 등을 참조.

다. 비특권계층의 이러한 형태의 신정론 하에서 도덕주의는 의식적 또는 무의식적 복수열망의 정당화 수단으로 사용된다. 이것은 우선 '보상종교성'에 접목한다. 종교적 보상관념이 일단 존재하면, 바로 '고통' 그 자체가, 그것이 낳는 엄청난 보상 희망으로 인해, 순수하게 그 자체로서 종교적으로 값진 것이라는 색채를 띨 수 있다. 특정한 금욕적 기법 또는 특정한 신경병적인 소질은 이러한 관념을 조장할 수 있다. 그러나 고통종교성 62) 은 매우 특정한 전제조건 하에서만 전형적인 원한성격을 획득한다. 가령 힌두교와 불교 같은 고등종교는 이런 원한성격을 가지고 있지 않다. 왜냐하면 이 두 종교의 경우 개인의 고통은 스스로 자초한 것이기도 하다는 관념이 있기 때문이다.

유대인의 경우는 사정이 다르다. 시편에 나타나는 종교성은 복수욕으로 가득 차 있으며, 고대 이스라엘로부터 전승된 것들에 대한 사제들의 개작에서도 동일한 경향을 발견할 수 있다. 시편의 다수가 — 복수 관련 부분이 원래의 더 오래된 판에는 없었던 것인데 후에 추가로 삽입된 것인지 아닌지와는 무관하게 — 천민족이 가진 노골적 또는 애써 억누른 복수욕을 도덕주의적으로 만족시키고 정당화시키고 있음은 매우 명백하다. 이것은 다음 두 가지 형태 중 하나로 나타난다. 첫 번째 형태는, 신에게 자신들은 신의 계명을 준수하고 있지만 불행한데 반해, 이교도들은 사악한 짓을 하면서도 오만하고 행복하

---

62) Leidensreligioesitat의 역어. 고통을 긍정하는 종교성을 지칭하고 있다.

며 그래서 이들은 신의 약속과 힘을 조롱하고 있다는 사실에 대해 신을 질책하는 형태이다. 이와는 다른 두 번째 형태는, 자기 자신의 죄를 겸허히 고백하면서, 그러나 신에게 이제는 그만 분노를 거두시고 그의 은총을 전적으로 신 자신의 민족인 유대민족에게 다시 베풀어 주시기를 간청하는 방식이다. 이 두 가지 경우 모두에 다음과 같은 희망이 깔려 있다. 즉, 드디어 화해한 신의 배가(倍加)된 복수가 이제 타락한 적들을 이스라엘 민족이 발을 올려놓는 발판으로 격하시킬 것이라는 희망이 깔려 있다. 예컨대 우리는 사제들이 작성한 역사서술에서 가나안 지역에 있는 유대민족의 적들에게 가해지는 복수에서 이 점을 확인할 수 있다. 물론 유대민족이 불복종으로 인해 신의 분노를 불러일으키고 이를 통해 이교도의 지배를 받는 예속 상태로 스스로를 전락시키는 잘못을 저지르지 않는다는 전제 하의 복수이다. 많은 수의 시편이 아마도, 현대 해석가들이 주장하듯이, 편협한 경건심을 가진 자들이 알렉산드로스 자나이오스[63] 치하의 박해에 대해 느낀 개인적 분노의 산물이라고 하더라도, 이런 시편이 발췌되고 보존되었다는 사실이 특징적인 것이다. 그리고 다른 시편들은 매우 명백하게 유대인들의 천민위상 그 자체에 대해 언급하고 있다. 지구상의 어떤 종교에서도 여호와 같이 전례 없는 강렬한 복수욕에 찬 보편신은 찾아 볼 수 없다. 사제들은 역사를 〔그때그때의 필요성에 따라〕

---

63) 알렉산드로스 자나이오스(Alexanddros Jannaios)는 유대 마카베아 왕조의 왕이었다(재위, BC 103~76년).

개작하기는 하지만, 이런 개작도 사실보고들을 내포하고 있는 바, 이러한 사실보고의 역사적 가치를 증명하는 거의 확실한 증거는, 이들이 서술한 과정(가령 메기도의 전투[64])이 상기한 바와 같은 보상과 복수의 신정론에 들어맞지 **않는다**는 점이다. 아무튼 유대교는 특별한 보상종교가 되었다. 신이 명령한 덕목은 보상희망 때문에 수행된다. 그리고 이 덕목은 일차적으로 하나의 집단적 덕목이다. 즉, 민족이 그 전체로서 상승을 체험해야 하는바, 이를 통해서만 개개인도 자신의 영예를 다시 찾을 수 있는 것이다. 물론 이외에 그리고 이와 혼합되어 사적인 개별 운명의 개별적인 신정론도 — 당연히 예부터 — 병존했다. 개별적 신정론의 문제점은 전혀 다른 계층에서, 즉 비민중적 계층에서 유래하는 욥기에 특히 잘 반영되어 있는바, 여기서는 신정론 문제의 해결을 포기하고 신의 피조물에 대한 신의 절대적 주권에 복종한다는 관념이 제시되고 있는데, 이것은 청교도적 구원예정 사상의 전주곡인 셈이다. 그런데 욥기가 담고 있는 위와 같은 관념에, 신이 내리는 영원한 지옥의 벌이라는 비장함이 추가되었더라면, 사실 그때 이미 청교도적 구원예정 사상이 태어났을 것이다. 그러나 이 사상은 그 당시에는 태어나지 않았고, 또한 욥기는, 작가가 의도했던 결과를 두고 볼 때, 주지하다시피 거의 전혀 이해되지 못한 채 전수되었다. 유대적 종교성에서는 그 정도로 확고하게 집단적 보상

---

64) 메기도는 고대 가나안 지역의 지리적 요충지에 위치한 성곽도시. 여기서 '메기도 전투'란 BC 7세기경 일어난 대(對) 이집트 전투를 뜻한다.

이념이 자리 잡고 있었다는 말이다. 경건한 유대인에게 율법 도덕주의는 불가피하게 복수희망—이 희망은 유배 기간 및 유배 이후의 거의 모든 성서를 관통하고 있다—과 결합된다. 이 복수희망은 두 가지 끊을 수 없는 고리, 즉 여타 세계로부터의—종교적으로 정당화된—유리와 현세에 대한 신의 약속이라는 이 두 가지 고리에 확고히 묶여 있는 유대민족의 거의 모든 예배에서 2,500년 동안 의식적이든 무의식적이든 새로운 자양분을 얻을 수밖에 없었다.

그러나 물론 이 복수희망은, 메시아의 내림(來臨)이 계속 지연되었기 때문에, 지식인층의 종교적 의식에서는 계속 약화되었으며 그 대신 다음과 같은 믿음이 힘을 얻게 되었다. 즉, 신심 그 자체의 가치에 대한 믿음 또는 신의 자비 그 자체에 대한 온순하고 감성적인 신뢰와 모든 세상과 화해하겠다는 의지가 가진 가치에 대한 믿음이 힘을 얻게 되었다. 복수희망의 이러한 약화는 특히, 완전한 정치적 무력상태에 처하게 된 교단들의 사회적 상황이 그래도 어느 정도나마 견딜 만한 상황일 경우에는 매번 일어났으며, 그에 반해 복수희망은 가령 십자군원정 시기의 박해와 같은 박해받는 시대에는 신을 향한 끈질기고도 두려움 없는 복수-간청으로 다시 불타오르거나 아니면 다음과 같은 기도로 표현된다. 즉, 자기 자신의 영혼은 유대인을 저주하는 적들 앞에서 '티끌이 되도록'하고, 그러나 사악한 말과 행동에는 빠지지 않게 하고 단지 신의 계명의 무언의 준수와 신에 대한 마음의 개방에만 전념하게 해달라는 기도로 표현된다. 그런데 역사적으로 많은 변화를 겪어 온 유대적 종교성의 진정으로 결정적인 요소를 원한에서 찾으려고 한다면 그것은 엄청난 왜곡이 될 것임은 사실이지만, 다른 한편으로 원한이 유대적 종교성의 근본적 특성들에 끼친 영향을 과소평가해서도 안 된다. 왜냐하면 유대교가 다른 구원종교들과 공유하는 것과 비교할 때, 원한은 유대교의 특수한 속성들 중의 하나를 보여주며 원한이 부정적으로 특권화된 계층의 어떤 다른 종교에서도 유대교에서와 같이 눈에 띄는 역할을 한 경우는 없기 때문이다.

물론 부정적으로 특권화된 계층의 신정론은 어떤 형태로든 모든 구원종교의 구성요소를 이루며 구원종교가 주로 이 계층에서 지지자를 얻었던 것은 사실이다. 그리고 만약 이 신정론이 상기한 비특권 계층에 주된 기반을 둔 교단종교의 한 구성요소가 되었을 경우, 그것은 이 종교의 더 발전된 사제윤리에 의해서도 어디서나 수용되었다. 경건한 힌두교도와 불교를 믿는 아시아인의 종교성에서는 원한의 요소가 거의 전적으로 부재하며, 또한 거의 어떤 사회혁명적 종교윤리도 부재한다. 이것은 재생의 신정론이 가진 성격으로부터 설명될 수 있으며, 카스트 질서 그 자체는 영원히 존속하며 절대적으로 공정한 것으로 간주된다는 사실과 연관된다. 왜냐하면 전생의 덕행이나 죄가 어떤 카스트로 태어나는가를 결정하며, 현재의 삶에서의 태도가 (미래의) 개선 가능성을 결정하기 때문이다. 따라서 힌두교에는 무엇보다도, 신의 약속을 통해 창출된 사회적 요구와 불만족스러운 현실상황 이 두 가지 간의 그 특이한 갈등의 흔적이 없다. 그에 반해 유대인은 이 갈등을 겪는데, 왜냐하면 그는 자신의 계급상황에 대해 지속적인 긴장과 또한 지속적인 기대와 기약 없는 희망 가운데서 살고 있기 때문이다. 그리고 이 갈등은 유대인에게서 세계에 대한 천진난만한 태도를 박탈해 버린다. 또한 이 갈등의 결과 유대인들은 타락한 이교도들에 대한 종교적 비판 — 이 비판에 대한 이교도들의 답은 무자비한 조롱이었지만 — 대신에 이제 자기 자신이 얼마나 율법을 잘 준수하는지에 대해 항상 깨어있는 마음으로 그리고 흔히 가혹하게 감시하게 되었다. 즉, 유대인은 지속적으로 은밀한 자기비판을 수행했던 것이다. 여기에 추가되는 것은, 동포들의 종교적 의무 — 이들의 올바른 행동 여부에 여호와의 종국적 은총이 달려 있었다 — 에 대해 평생 습득한 사고력으로 엄밀히 심사숙고하는 것이었다. 또한 유대인은 한편으로는 이 무상한 세계의 모든 의미에 대해서 절망하고 신의 징계에 순종하며, 혹시 오만을 통해 신에게 상처를 입히지 않을까 라고 염려하는 태도를 가지면서, 다른 한편으로는 의례와 도덕을 올바르게 준수하려는 불안에 찬 태도를 가지는바, 이런 두 가지 태도의 혼합은 유배 이후 시기의 많은 문헌에서 매우 특징적으로 드러나는 현상이다. 이런 태도는 유대인에게 더 이상 다른 사람들의 존경이 아니라 자기 자신의 존중과 자존심을 위해 — 유대인 특유의 그 — 절망적인 노력을 하도록 강요했던 것이다. 그러나 이 자존심은, 만약 여호와의 약속의 실현이 결국에는 신 앞에서 자기 자신이 가지는 가치의 척도가 될 수밖에 없다면, 그 자체 항상 불안정해질 수 있고 이와 함께 이 자존심은 다시금 개인의 생활영위가 가진 의미 자체의 상실이라는 상황에 직면할 수 있었다.

(차단된) 유대인 거주지역(게-토) 유대인의 경우, 신이 개인에게 내리는 은총의 확실한 증거는 실제로 영업에서의 성공이었으며 이것은 점점 더 그러했다. 그러나 신이 원하는 '직업'에서의 '자기증명'이라는 바로 이 관념은, (청교도들의) 현세 내적 금욕주의가 내포한 바와 같은 그런 의미에서는 유대인에게는 맞지 않았다. 왜냐하면 청교도에서는 구원의 확실성의 **유일한** 원천인 체계적이고 금욕적이며 합리적인 생활방법론이 신의 축복의 근거였던 반면에, 유대인의 경우에는 이런 연관성이 훨씬 더 약했기 때문이다. 가령 성 윤리만 해도 아주 반(反)금욕적이며 자연주의인 채로 남아 있었으며, 고대 유대인의 경제윤리는 그 기본특성 면에서 매우 전통주의적이며 부(富)에 대한 솔직한 존중으로 가득 차 있었는바, 이것은 어떤 금욕주의에서도 찾아 볼 수 없는 태도이다. 그럴 뿐 아니라 유대인의 외적 경건성은 그 전체가 의례주의적으로 조직되어 있으며, 거기다 신앙종교성의 특수한 분위기와 흔히 결합되어 있다. 다만, 유대민족 내적인 경제윤리의 전통주의적 제 규정들은 당연히 ― 모든 옛 윤리들이 그러했듯이 ― 단지 형제신도들에게만 완전히 적용되지, 대외적으로는 적용되지 않는다.

종합적으로 볼 때 여호와의 약속들은 유대민족 자체 내에 실제로 강한 원한도덕주의[65]의 성향을 길렀다. 그럼에도 불구하고 구원욕구, 신정론 또는 교단종교성 일반을 단지 부정적으로 특권화된 계층에게서만, 또는 원한에서만 발생하는 것으로 생각하는 것, 즉 '도덕에서의 노예반란'의 결과로만 생각하는 것은 상당한 오류이다. 이런 생각은 심지어 초기 기독교에도 맞지 않는다. 비록 초기 기독교의 약속들은 바로 정신적-물질적으로 '가난한 사람들'을 가장 중요한 대상으로 하고 있었음에도 불구하고 말이다. 오히려 우리는 예수의 예언과 이 예언이 낳은 가장 직접적인 결과 사이에 존재하는 차이에서 다음과 같은 점에 대한 통찰을 얻을 수 있다. 즉 기독교가, 의례적이고 아주 의도적으로 외부와의 단절을 지향한 〔유대교의〕 율법주의를 평가절하하고 타파하며 이를 통해 카스트같이 폐쇄된 천민민족적 지위를 가진 유대교도와 유대교 간에 존재하던 연계를 **해체**한 것이 어떤 결과를 낳을 수밖에 없었는지에 대한 통찰이 그것이다. 물론 초기 기독교의 예언은 현재의 운명에 대한 미래의 보상 (이것은 나사로-전설에서 가장 명료하게 나타난다) 및 신이 수행할 복수라는 의미에서의 '보상'의 매우 특별한 속성들을 지닌 것은 사실이다. 그리고 신의 왕국은 여기서도 지상의 왕국으로서, 이 왕국은 처음에는 특별히 유대인을 위한 또는 적어도 일차적으로는 유대인을 — 이들은 예로부터 진정한 신을 믿어 왔던 것이다 — 위한 세계였음이 분명하다. 그러나

---

65) Ressentimentmoralismus의 역어. 말 그대로 원한감정에 기초한 도덕체계.

〔기독교의〕새로운 종교적 약속은 천민족의 특별히 끈질긴 원한 바로 그것을 배제해 버리는 결과를 낳는다. 그리고 구원기회에 대해 부(富)가 가진 위험성에 대한 경고는 적어도, 예수 자신의 설교라고 전승되어온 부분 그 자체에서는 전혀 금욕적 동기를 가지고 있지 않으며 부가 가진 이 위험성은 더더구나 — 예수가 세관원들(이들은 팔레스타인에서는 대부분 소규모 고리대금업자들이었다) 뿐 아니라 다른 부유한 상류층과 가진 교류에 대한 전통적 문헌들이 증명하고 있듯이 — 원한의 동기에서 나올 수는 없다. 그러기에는 종말론적 기대에 가득 찬 이들의 세상사에 대한 무관심이 너무나 컸다. 물론, 부유한 청년이 '완전해지고자' 한다면, 다시 말하여 '제자'가 되려고 한다면, 그는 '현세'와 조건 없이 결별해야 한다. 그러나 분명히 언급된 것은, 신에게는 모든 것이 가능하다는 점이다. 즉, 자신의 재산과 결별할 것을 결심하지 못하는 부자의 구원도, 매우 어렵기는 하지만, 가능하다는 점이다. 무우주론적66) 사랑의 예언자, 즉 정신적·물질적으로 가난한 자들에게 신의 왕국이 곧 도래할 것이라는 기쁜 복음과 악령의 힘으로부터의 해방이라

---

66) Akosmismus의 역어. 무우주론이란 실제로 존재하는 개개의 특성이나 그 실재성(實在性)을 인정하지 않고 이들을 절대자의 가상(假像)에 지나지 않는다고 보는 입장이다. 우주 및 세계의 실재성을 부정한데서 이 이름이 나왔다. 실재하는 것은 오직 신(神) 또는 자아(自我)라는 관념적인 궁극자(窮極者)로 여긴다. 그리고 세계는 이 영원한 것의 그림자에 지나지 않는다고 한다. 예컨대 범아일여(梵我一如)의 우파니샤드나 선(禪)의 경지(境地)는 여기에 속한다.

는 기쁜 복음을 전하는 예언자에게는 '프롤레타리아트적 본능'
은 전혀 생소한 것이며, 이것은 현세와의 절대적 결별을 구원
의 필수적 전제조건으로 여긴 부다의 경우도 마찬가지다.

'원한'이론이 가진 한계와 '억압'-도식의 너무 보편적인 적용
의 문제점은 다른 어느 곳보다도 니체의 실수, 즉 이 도식을 전
혀 타당하지 않은 사례인 불교에도 적용한 그의 실수에서 가장
명료히 드러난다. 그러나 불교는 모든 원한도덕주의에 가장
극단적으로 반대되는 종교이다. 불교는 오히려 처음에는 거의
전적으로 특권 카스트, 특히 무인(武人) 카스트 출신의 지식
인 계층의 구원론이었고, 이 계층은 당당하고 고귀한 자세로
현세적 그리고 내세적 삶에 대한 환상들을 한결같이 경멸하는
계층이었으며 따라서, 이러한 사회적 기원을 두고 볼 때, 불교
는 기껏해야 그리스적 구원론, 특히 신플라톤적 구원론 또는
마니교적 또는 영지주의적 구원론과 비교될 수 있다. 비록 이
예들이 다른 관점들에서는 불교와는 너무나 다르기는 하지만
말이다. 불교의 수행자는 열반으로의 해탈을 원하지 않는 자
를, 설사 이 사람이 극락에서의 재생을 포함하여 전 세계를 다
가졌다고 해도, 부러워하지 않는다. 바로 이 예가 보여주는 바
는, 구원욕구와 윤리적 종교성은 부정적으로 특권화된 자들의
사회적 상황 및 실제적 삶의 조건에 의해 규정된 시민계층 합
리주의라는 원천 이외의 또 다른 원천을 가지고 있다는 사실이
다. 이 다른 원천이란 순수하게 주지주의 그 자체, 특히 정신
의 형이상학적 욕구라는 원천으로서, 이 정신이 윤리적 그리

고 종교적 문제에 대해 심사숙고하는 것은 물질적 곤궁 때문이 아니라, 세계를 하나의 **유의미한** 우주로 파악하고 이 세계에 대해 입장을 정립하고자 하는 자기 자신의 내적 강박 관념 때문인 것이다.

11. 지식인층이 종교에 미친 영향

종교의 운명은 주지주의가 걷는 다양한 경로를 통해, 그리고 주지주의가 사제계층 및 정치권력에 대해 가지는 다양한 관계를 통해 엄청나게 큰 영향을 받았으며, 이 다양한 경로와 관계는 다시금 주지주의의 담지자였던 계층의 출신성분에 의해 특별히 큰 영향을 받았다. 주지주의의 담지자 계층은 우선 **사제층**이었다. 그리고 성전의 성격과 내용을 가르쳐야 할 필요성, 또한 이 성전을 주석하고 해석하며 그것의 올바른 사용법을 가르쳐야 할 필요성이 생김에 따라 사제층이 하나의 문인조합으로 발전한 경우 사제층의 주지주의 담지자로서의 역할은 더욱더 컸다. 그러나 고대 도시민족들, 특히 페니키아인, 그리스인 그리고 로마인의 종교에서는, 그리고 중국의 윤리에서는 사제층이 주지주의의 담지자가 아니었다. 그래서 이런 지역에서는 진정한 신학적 사고(헤시오드)는 매우 약하게 발전했으며, 신학적 사고와 모든 형이상학적 그리고 윤리적 사고는 전적으로 비사제들의 손에 넘어갔다. 이와는 극도로 대조되는 경우가 인도, 이집트, 바빌론, 조로아스터교, 이슬람교, 고대 및 중세 기독교 그리고, 신학을 두고 볼 때는, 근대 기독교의 경우였다. 이집트의 사제층, 조로아스터교 사제층, 그리고 한동안의 초기 기독교 사제층, 또한 베다 시기, 즉 평신도-금욕주의적 철학과 우파니샤드-철학[67]의 탄생 이전 시기의 브라만교 사제층 등은 종교적 형이상학과 윤리의 발전을 상당 정도 독점할 수 있었다. 이들보다는 덜하고 평신도 예언을 통해 매우 약화된 정도이지만 유대교의 사제층이나, 이와 유사하게 제한적이었고 수피파[68]의 사변을 통해 부분적으로 약화되기는 했지만 이슬람교의 사제층도 그러했다.

불교의 모든 유파들과 이슬람교 그리고 고대 및 중세 기독교에서는 무엇보다도 수도승 또는 수도승과 유사하게 조직된 집단들이 사제들과 병존하면서 또는 이들을 대신하여 신학적 그리고 윤리적 사고뿐 아니라 모든 형이상학적 사고와 과학적 사고의 상당부분 및 그 외에도 문학적 창작활동의 상당부분을 점유하고 문예적으로 육성하였다. 가인(歌人)이 중요한 숭배의례 대상이었는데, 이로 인해 인도의 서사시, 서정시 그리고 호색적 시가 베-다에 수용되고 이스라엘의 연애시가 성서에 수용되었다. 신비적 영적 감정과 문학적 감정 사이에는 심리학적 유사성이 존재하는바, 이것이 동서양의 서정시에서 신비주의자가 한 역할의 근거가 되었다.

그러나 여기서 우리에게 중요한 것은 문학작품과 그것의 성격이 아니라 종교가 이 종교에 영향을 끼치는 지식인 계층의 특성에 의해 각인된다는 사실이다. 그런데 사제층의 영향력 그 자체는, 이 계층에 대립하는 비사제층이 누구냐에 따라 그

---

67) 우파니샤드는 고대 인도(BC 500년경부터)의 신비적 철학론을 담은 경전이다.

68) 수피즘(Sufism)은 이슬람의 신비주의적 전통을 일컫는다.

리고 사제층 자신의 권력위상에 따라, 이 계층이 문예의 주된 담지자층이었던 곳에서도 그 강도가 매우 다양하게 나타났다. 사제 특유의 영향력이 아마도 가장 강했던 것은 후기 조로아스터교의 발전과정에서였을 것이다. 이집트 종교와 바빌론 종교 역시 그러했다. (《모세오경》의 제5서의) 신명기 시대 및 유배 시기의 유대교는 예언가 중심이지만 동시에 사제층의 영향도 강하게 받았다. 후기 유대교에서는 사제 대신에 랍비가 핵심 인물이 된다. 고대 말기 및 중세 융성기의 기독교는 사제층에 의해 매우 강한 영향을 받았지만 그 외에 수도승의 영향도 있었으며, 이것은 반종교개혁에 와서 다시 재현된다. 루터교와 초기 칼뱅교는 목사들의 강한 영향 하에 있었다. 힌두교는, 적어도 힌두교의 제도적 그리고 사회적 구성요소들의 구심점을 두고 볼 것 같으면, 브라만 계층에 의해 유례가 없을 정도로 강하게 각인되었고 또 영향을 입었다. 특히 카스트 제도가 그러한데, 이 제도는 브라만이 이주해온 곳이면 어디서나 발생했으며 이 제도의 사회적 위계질서는 어디서나 궁극적으로는 브라만이 평가하여 개별적 카스트에 부여한 서열에 의해 결정되었다. 불교는 그 모든 변형 — 여기에는 특히 라마교[69]도 포함된다 — 이 철저히 수도승의 영향 하에 있었으며, 그 정도가 덜하기는 하지만 동방-기독교적 종교의 다수도 역시 그러했다.

그러나 여기서 우리의 특별한 관심사는 우선 비사제적 지식

---

69) 라마교(Lamaism)는 7세기경 티베트 지역에 유입된 후 형성된 티베트 계통 불교에 대한 호칭.

인층, 다시 말하여 수도승-지식인층 및 평신도-지식인층과 사제층 지식인 간의 관계이고 그 다음 지식인층과 종교와의 관계 및 이 계층이 종교적 공동체 내에서 차지하는 위치이다. 이 문제에 관해서 무엇보다도 우선 지적해야 할 지극히 중요한 사실은, 아시아의 대종교의 교리들은 모두 지식인의 산물이라는 점이다. 부다의 구원론과 자이나교의 구원론 및 이와 유사한 모든 교리들은 상류층 지식인들에 의해 주도되었는바, 이들은 인도의 상류층 교양의 필수적 요소였던 베-다 교육을 받았으며 (물론 항상 엄격히 전문적 교육이었던 것은 아니었지만), 특히 크샤트리아 귀족층 ─ 이 귀족층은 스스로를 브라만 계층과 대립관계에 있다고 생각하였다 ─ 에 속한 사람들이었다. 중국에서는 유교의 ─ 창시자 자신을 비롯한 ─ 담지자 및 도교의 창시자로 공식적으로 인정되는 노자는 고전적-문인적 교육을 받은 관료이거나 아니면 이에 상응하는 교양을 갖춘 철학자였다. 그리스 철학의 거의 모든 원론적 경향들은 중국과 인도에서도 ─ 물론 흔히 상당히 수정된 형태이기는 하지만 ─ 발견된다. 일상을 지배한 윤리로서의 유교는 고전적-문인적 교육을 받은 관직 후보자층에 의해 전적으로 주도되었으며, 그에 반해 도교는 하나의 통속적-주술적 활동으로 변해 갔다. 힌두교의 대개혁들은 브라만적 교육을 받은 상류층 지식인들의 산물인데, 그러나 교단형성은 나중에 부분적으로 하위 카스트 구성원들의 손으로 넘어 갔다. 이 점에서 힌두교의 교단형성은 특이하다. 왜냐하면 그것은, 힌두교의 경우와 마찬가지로 전문적 성직자 교육을 받은 사람들에서 출발한 북유럽의 교회개혁과도 달랐고, 처음에는 살메론70)과 라이네쯔71) 등과 같이 변증법적 훈련을 받은 제수이트72) 신부들에 의존했던 가톨릭의 반종교개혁 운동과도 달랐으며, 신비주의와 정통교리를 융합하는 이슬람 교리의 개혁(알-가잘리73))과도 달랐기 때문이다. 이슬람교 개혁의 주도권 중 일부는 공인된 성직계급의 수중에, 또 다른 일부는 신학적 교육을 받은 자들 가운데서 새로이 형성되던 관직귀족층의 수중에 놓여 있었다. 그러나 마니교와 그노시스파 같은 근동의 구원론들 역시 둘 다, 그 창시자들이나 주된 담지자층 및 그들의 구원론의 성격을 두고 볼 때, 매우 특수한 지식인 종교들이었다. 그리고 이 모든 경우들에 있어서 — 서로 매우 상이함에도 불구하고 — 해당 윤리나 구원론의 담지자층은 상대적으로 매우 고위 신분의 지식인 계층들이었으며 이들은 철학적 교양을 갖추고 있었는바, 이 교양은 대체로 그리스의 철학자 학교의 교육 또는 중세 말기 수도원 교육이나 세속적-인문주의적 대학교육의 가장 완숙한 유형에 비견할 만하다.

---

70) 살메론(Alfonso Salmeron, 1515~1585)은 스페인의 가톨릭 신학자.

71) 라이네쯔(Diego Lainez, 1512~1565)는 스페인 출신으로 제수이트회 제2대 총회장을 역임하였다.

72) 제수이트회(예수회)는 1534년 스페인의 기사 출신인 로욜라가 창립한 성직수도회.

73) 알 가잘리(Al Ghazali, 1058~1111)는 중세 이슬람교의 가장 중요한 신학자.

그런데 지식인층은 한 주어진 종교적 상황 내에서, 가령 플라톤의 아카데미 및 이와 유사한 그리스의 철학자 학교들과 같은 학술원 형태의 조직을 형성할 수 있다. 이럴 경우 지식인층은, 그리스의 철학자 학교들과 같이, 기존의 종교적 관행에 대해서 공적으로는 전혀 입장을 취하지 않으며, 표면상으로는 기존 종교에서 노골적으로 이탈하지는 않지만, 그러나 그것을 철학적으로 재해석하거나 아니면 전혀 무시해 버린다. 공식적 제사 대표자들 ― 가령 중국에서는 제사의무를 부과 받은 국가 관료층, 인도에서는 브라만 계층 ― 은 그들 나름대로 지식인층의 교리를 정통으로 취급하거나 아니면 (가령 중국의 유물론적 학설들, 인도의 이원론적 산키아 학파-철학[74]) 이단으로 취급한다. 이와 같은 운동들, 즉 주로 학문적 지향을 가졌으며 단지 간접적으로만 실천적 종교성과 연관된 운동들은 현재의 맥락 하에서는 더 이상 자세히 다루지 않겠다. 우리가 여기서 다루고자 하는 것은 이런 운동과는 다른, 매우 특수한 방식으로 하나의 종교적 윤리의 창출을 지향하는 운동으로서, 이에 가장 근접하는 예들을 우리는 서양 고대의 피타고라스 학파와 신플라톤 학파에서 찾을 수 있다. 즉, 이들은 전적으로 사회적 특권계층에서 유래하거나 아니면 이 계층의 후예들에 의해 주

---

74) 산키아 학파(Sankhya)는 인도 육파철학(六派哲學)의 하나로서, 수론(數論)으로 한역(漢譯)된다. 산키아란 수 또는 숙고(熟考)를 뜻하며, 25원리를 기초로 심신과 세계를 설명하고, 또한 참된 자기에 관하여 숙고하는 것을 목표로 삼는다.

도되거나 또는 주로 이들의 영향을 받은 그러한 지식인 운동들이다.

한 민족의 사회적 특권층이 특정한 구원종교를 발전시킬 경우, 이 구원종교의 발전이 지속될 수 있는 최상의 조건은, 위의 특권계층이 탈군사화되었고 정치적 활동의 가능성이 없거나 이에 대한 관심이 없는 경우이다. 따라서 구원종교가 출현하는 전형적인 경우는, 지배계층 ─ 그것이 귀족계층이든 시민계층이든 간에 ─ 이 관료적-군사적 통일국가권력에 의해 탈정치화되었거나 아니면 스스로 어떤 이유에서든지 간에 정치와 관계를 끊은 경우이다. 다시 말하여, 이 계층이 외적인 현실세계에서의 실제적 활동보다는 자신의 지적 교양의 발전이 ─ 그 궁극적 사유적 그리고 심리적 내적 결과까지 포함하여 ─ 자신에게 더 의미 있는 일이라고 여기게 되었을 경우이다. 그러나 이것은 구원종교성이 이런 경우에만 발생한다는 말은 아니다. 오히려 정반대로, 구원종교성과 관련된 사상적 관념들은 경우에 따라서는 바로 정치적-사회적 동요가 심한 시기에 과감한 사색의 결과로 형성되기도 한다. 그러나 이러한, 처음에는 표면화되지 않는 정서들은 보통 지식인층의 탈정치화가 시작함과 함께 비로소 주도권을 얻게 되는 것이 상례이다. 막강한 관료층의 윤리인 유교는 모든 구원론을 거부한다. 자이나교와 불교 ─ 이들은 유교적 현실적응과는 정반대되는 교리들이다 ─ 는 극단적으로 반정치적이고 평화주의적이며 현세거부적인 지식인 정서의 구체적 표현이다. 그러나 우리는, 이

92

두 종교가 인도에서 한동안 가졌던 상당한 수의 신봉자층이 그 당시 탈정치화의 방향으로 작용했던 시대적 사건들로 인해 증대했는지 여부는 알 수 없다. 알렉산더 시대 이전의 인도 소영주들이 처했던, 어떤 정치적 열정도 결여된 초소국가(超小國家) 상황 — 이에 비해 그 당시 점차 어디서나 전진하던 브라만 계층의 위압적인 통일성은 대조적이었다 — 은 귀족층 가운데 지적으로 훈련받은 집단들로 하여금 자신의 관심사를 정치 이외의 곳에서 찾도록 이끌었다. 따라서 규정에 따라 노년을 숲속 은둔자[75]로 보내는 브라만의 세속방기(世俗放棄) 및 이것의 대중적 신성화 등은 비브라만적 금욕주의자들(사문, 沙門[76])의 출현이라는 결과를 낳았다. 물론 거꾸로, 노령의 브라만에게 제시되는 세속방기의 권유가 오히려 더 나중의 현상이며 (사문 전통으로부터의) 전화(轉化)가 아니라는 전제하에 말이다. 아무튼, 금욕적 카리스마의 소지자로서의 사문(沙門)은 대중의 평가에서는 곧 공식적 사제층을 능가하였다. 인도에서는, 비정치적인 철학적 구원론들이 발생하기 훨씬 이전에 이런 형태의 상류층의 수도승적 비정치주의가 이미 매우 일찍부터 토착적 현상으로 존재했었다.

근동의 구원종교들 — 이들이 비교적(秘敎的) 성격이든 예

---

75) 힌두교도는 생의 일정 주기를 은둔자로 보낼 의무가 있었다.

76) 사문(Sramana)은 출가하여 금욕주의적 수도생활을 하는 자들에 대한 총칭이다. 사문들은 고대 인도에서 전통적인 사상가 브라만과는 대조적으로 계급제도와 베다성전의 권위를 부인한 혁신적인 사상가 집단이기도 하였다.

언적 성격이든 ― 그리고 평신도 주지주의가 주도한 동방과 그리스의 구원론들 ― 이들이 종교적이든 아니면 오히려 철학적이든 ― 을 보면, (이 구원론들이 사회적 특권계층을 포함하는 한) 이들은 거의 예외 없이 교양계층의 강요에 의해서든 아니면 자발적으로든 정치적 영향과 활동을 회피하게 된 결과로 생겨난 현상들이다. 타 지역에서 유래하는 요소들과 혼합된 바빌론의 종교는 만-다교(敎)77)에 와서야 비로소 구원종교로 전환하며, 근동의 지식인 종교성도 초기에 미트리스교 및 다른 구원론적 제의들에 참여하기는 하지만, 그러나 그노시스파와 마니교에 와서야 비로소 구원종교로 전환하였는바, 이 모든 전환은 교양계층의 정치적 관심이 전적으로 소멸된 이후에 진행되었다. 구원종교성은 그리스 지식인층 내에서는 아마 피타고라스 종파 이전부터 이미 계속 존재했을 것이다. 그러나 이 종교성이 정치적으로 주도적인 그리스 지식인 계층을 지배했던 것은 아니다. 후기 그리스인 및 로마인들의 상류층 평신도 집단에서 구원제의(救援祭儀)들과 철학적 구원론들의 전파가 성공하는 과정은 이 계층들이 정치적 활동으로부터 완전히 등을 돌리는 과정과 병행한다. 그리고 우리 현대 독일 지식인 계층의 약간 수다스러운 이른바 '종교적' 관심은 정치적 환멸 및 이로 인한 정치적 무관심과 은밀히 연관되어 있다.

일반적으로, 특권 계급 내에서 발생하는 상류층 특유의 구

---

77) 만다교(Mandaism)는 BC 2세기경 수립된 신비주의적 그노시스파의 일종이다.

원동경은 나중에 분석할 '해탈'-신비주의적 성향을 그 특징으로 하는데, 이 신비주의는 특수한 주지주의적 구원자격과 연계된다. 그 결과 자연적인 것, 육체적인 것 및 감각적인 것은—심리적 경험에 따라—상기한 특수한 구원의 길로부터 이탈하도록 유혹하는 것으로 간주되어 매우 평가절하된다. 정상적 성욕을 한편으로는 강화하고 높은 수준에서 정교화하면서 다른 한편으로는 동시에 성욕의 발산을 다른 대용물로 대체하면서 억제하는 것 역시 이 과정에서 간혹 일정한 역할(이 역할은 오늘날 정신병리학에 의해 아직 명백한 규칙으로 밝혀지지는 못한 것 같아 보이지만)을 했을 것이며, 이런 경향은 순전히 지식인으로서만 사는 사람의 생활양식의 결과일 것이다. 이것은 특정한 현상들, 특히 그노시스파의 비밀 종교의식—이 의식은 농민들의 광란에 대한 하나의 승화된 자위행위적 대용물이다—의 특정한 현상들이 명백히 보여주는 것 같다. 종교적인 것이 비합리화되는 데 작용하는 이와 같은 순수한 심리적 조건들은 주지주의 본래의 합리주의적 욕구, 즉 세계를 하나의 의미심장한 코스모스로 이해하려는 합리주의적 욕구와 착종한다. 이런 착종의 산물이 (곧 논의할) 인도의 업보론과 이의 불교적 변형, 또한 이스라엘의 경우 아마도 상류층 지식인 집단에서 유래하는 욥기, 이집트의 문헌에서 발견되는 이와 유사한 문제설정들, 그노시스파의 사변과 마니교의 이원론 등등이다.

주지주의에 기원을 둔 구원론이나 윤리가 대중종교로 발전할 경우, 그것의 매우 일반적인 결과는 비교(秘敎)의 탄생 아니면 상류층 신분윤리의 탄생이다. 이 신분윤리는, 대중화되고 주술적 구세주-구원론적으로 변형되어 비지식인들의 욕구에 적응한 공식적 종교 내에서 지식인들의 욕구를 위해 마련된 것이다. 가령 구원과는 전적으로 무관한 유교적 관료 신분윤리가 그러한 경우인바, 이 윤리와 병행해서 도교적 주술과 불교적 비적(秘蹟) 은총 및 의례은총은 민중종교로 화석화되어, 비록 고전적 교양을 가진 자들에게 경멸을 받지만, 계속 존재한다. 이와 똑같이, 불교의 수도승 신분집단의 구원윤리는 평신도의 주술과 우상숭배 및 기존의 금기적 주술 및 새로이 발전하는 힌두교적 구원종교 등과 동시에 병존했던 것이다. 또는 지식인 종교성은 ― 그노시스파 및 이와 유사한 제의들에서 볼 수 있는 바와 같은 ― 위계적 성직체계를 가진 비교(秘敎) 사제의 형태를 취하는바, 해탈하지 못한 '신심가'(信心家) 는 이 성직 수임에서 배제된다.

지식인이 추구하는 구원은 항상 '내적 곤궁'으로부터의 구원이며 따라서 그것은 비특권계층의 특징인 외적 곤궁으로부터의 구원보다는 한편으로는 더 비현실적인 성격을, 다른 한편으로는 더 원칙적이고 더 체계적인 성격을 가지고 있다. 지식인은 그 수에서 거의 무진장이라고 할 수 있을 만큼 다양한 개별적 방법들을 통해 자신의 생활영위에 하나의 일관된 '의미'를 부여하려고 노력한다. 즉, 그는 자기 자신, 인류 그리고 우주와의 '통일성'을 추구하는 것이다. 지식인이야말로 '세계'를 하나의 '의미'의 문제로 파악하는 자이다. 주지주의가 주술에 대한 믿음을 몰아내면 낼수록, 그리고 이를 통해 현세의 제 과정들이 '탈주술화'되고 주술적 의미내용을 잃어버리면 버릴수록, 그리고 현세의 제 과정들이 이제 단지 '존재하고' '일어나기만 하며', 더 이상 무언가를 '의미하게' 되지는 않으면 않을수록, 전체로서의 세계와 전체로서의 '생활영위'는 의미하는 바가 있어야 한다는 요구, 그리고 '의미에 찬' 질서를 가지고 있어야 한다는 요구는 더욱더 절박해지는 것이다.

이 요구가 현세의 현실과 겪는 갈등, 현세의 질서들 및 현세 내에서의 생활영위 문제와 겪는 갈등 등이 지식인 특유의 현세 도피의 원인을 제공한다. 이 현세도피는 절대적 고독으로의 도피일 수도 있고 또는 — 더 근대적으로는 — 인간의 질서가 침투하지 않은 '자연'(루소)과 세계기피적 낭만주의로의 도피일 수도 있고, 또는 인간의 관습이 침투하지 않은 '민중' 속으로의 도피일 수도 있으며 (러시아의 나로드니키-주의), 이런 도피들은 관조적이거나 아니면 적극적 금욕적으로 전환될 수도 있고, 개인적 구원을 찾거나 아니면 집단적-윤리적-혁명적 세계변혁을 추구할 수도 있다. 그런데 비정치적 주지주의가 취할 수 있는 이 모든 경향들은 종교적 구원론으로도 출현할 수 있으며 또 실지로 간혹 그렇게 했다. 지식인 종교성이 가진 특수한 현세 도피적 성격의 뿌리 중 하나가 여기서도 발견될 수 있다.

이러한 철학적 성격의 주지주의는 — 평균적으로 볼 때 — 사회경제적으로 걱정이 없는 계급들, 주로 비정치적 귀족 또는 연금생활자, 관료, 교회와 수도원, 대학의 봉록수령자 또는 다른 다양한 종류의 봉록수령자들에 의해 담지되는 주지주의이다. 그러나 이것이 종교적으로 유일하게 중요한 주지주의 유형은 아니며 또한 주로 종교적 관점에서 중요한 주지주의 유형도 아닌 경우가 흔하다. 이것과 병존하는 주지주의가 준-프롤레타리아트적 주지주의로서, 이것은 어디서나 상류층 주지주의와 유연한 과도적 단계들을 통해 서로 연결되어 있으며, 단지 전형적인 의미추구 방향의 성격에서만 후자와 구분된다. 최저생계비선에 서 있으며, 대체로 수준이 낮다고 여겨지는 교양만을 가진 모든 시대의 하급관료들 및 하급 봉록수령자들, 글쓰기가 하나의 특수 직업이었던 시기에 특권계층에는 속하지 않지만 문자에 정통한 자들, 모든 종류의 초등교사들, 방랑 음유시인들, 낭독자들, 이야기꾼들, 낭음자들 및 이와 유사한 서민적 자유직업들이 상기한 준-프롤레타리아트적 주지주의의 담지자층에 속한다.

그러나 이러한 준-프롤레타리아트적 주지주의의 담지자층에 속하는 가장 중요한 집단은 부정적으로 특권화된 계층 중 독학한 지식인 집단이다. 이런 집단의 가장 고전적 사례는 동유럽의 경우 러시아의 준-프롤레타리아트적 서민적 농민 지식인층이며, 그 외에 서유럽의 사회주의적 그리고 무정부주의적 프롤레타리아트 지식인층도 그런 집단에 속한다. 그러나 이런 집단의 예를 우리는 ― 물론 전혀 다른 내용을 가진 경우들이지만 ― 다음과 같은 역사적 사례들에서도 발견할 수 있다. 즉 19세기 초까지도 볼 수 있었던 홀란드 농민들의 성경지식의 그 유명한 해박성, 17세기 영국의 소시민적 청교도들의 정통한 성경지식, 또한 모든 시대와 민족에 있어 종교적 관심을 가진 수공업 도제들의 성전(聖典) 지식, 무엇보다도, 그리고 다시금 매우 고전적인 방식으로, 경건한 유대인들(바리새인, 경건파, 그리고 매일 율법서를 읽는 다수의 경건한 유대인 일반) 등도 이에 속한다. 언급된 경우들이 '천민'-주지주의인 한 — 가령 모든 준-프롤레타리아트적 소봉록수령자들, 러시아의 농민들, 다소간 '방랑'하는 사람들의 주지주의가 그러하다 — 이 주지주의는 매우 강렬한바, 왜냐하면 그 천민적 주도계층들, 즉 사회적 위계질서의 바깥에 또는 그 말단에 서 있는 계층들은 외적인 질서뿐 아니라 통상적 견해들에 녹아 있는 사회적 인습에 대해 말하자면 아르키메데스적 전환점에 서 있기 때문이다. 따라서 이들은 우주의 '의미'에 대해 상기한 인습들에 의해 구속되지 않은 독창적인 입장정립의 능력과 물질적 고려에 의해 방해받지 않는 강한 윤리적이고 종교적인 열정의 능력을 가지고 있는 것이다. 이들이 — 가령 종교적으로 독학을 한 소시민 계층 같이 — 중산계급에 속하는 한, 이들의 종교적 욕구는 하나의 윤리적-엄격주의적 방향을 취하거나 아니면 신비론적 방향을 취하는 경향이 있다. 수공업 도제-주지주의는 이 두 가지 경향의 중간쯤에 서 있으며, 이 주지주의가 가진 의의는 편력하는 수공업 도제들의 포교능력에서 표출된다.

12. 유대교와 초기 기독교에서의 소시민적 주지주의

동아시아와 인도에서는 천민 주지주의 및 소시민 주지주의가, 지금까지 알려진 바로는, 거의 전적으로 부재하였는데, 그 이유는 소시민 주지주의의 전제조건인 도시 시민계층의 연대의식과, 상기 두 가지 주지주의 모두의 전제조건인 주술로부터의 해방이 부재했기 때문이다. 심지어 하위 카스트에서 발생한 종교 형태들마저도 자신들의 영도자는 주로 브라만층으로부터 영입한다. 유교적 교양에 대적하는 하나의 독자적인 비공식적 주지주의가 중국에는 없다. 유교는 '군자', '신사'(이미 드보락78)이 정확히 번역하고 있듯이)의 윤리이다. 유교는 분명히 하나의 신분윤리인바, 더 정확히는, 문인교육을 받은 상류층의 예의범절의 체계이다. 고대 동방과 이집트에서도, 우리가 알고 있는 한, 상황은 유사하다. 즉, 이 지역의 서기(書記)-주지주의는, 그것이 윤리적-종교적 성찰을 수행하는 한, 상황에 따라서는 비정치적이기는 하지만 그러나 항상 상류층의 반속물주의적 주지주의의 유형에 전적으로 부합했다.

이스라엘에서는 사정이 달랐다. 욥기의 저자는 상류층 가문도 종교적 주지주의의 담지자가 될 수 있다고 전제한다. 격언에 표현되어 있는 지혜 및 이와 유사한 교훈들은 이미 그 형식

---

78) 드보락(M. Dvorak, 1874~1921)은 오스트리아의 미술사가.

에서 비정치적인 상류 교양계층들의 국제화와 상호접촉 ─ 이 것은 알렉산더 이후 동방에서 시작되었다 ─ 에 의해 강하게 각인되었음을 보여주고 있다. 가령 이 격언들의 일부는 한 비유대인 왕의 작품이라고 직접적으로 밝히고 있으며, '솔로몬' 이라고 지칭된 문헌 전반이 국제적 문화의 성격을 일면 지니고 있다. '시라크의 지혜'[79] 가 헬레니즘화에 대항하여 바로 조상들의 지혜를 강조하고자 한 것이야말로 상기한 경향이 존재한다는 것을 증명하고 있다. 그리고 브-세[80] 가 정확히 지적하듯이, 그 당시의 '율법학자'는 시라크-서(書)에 의하면 견문이 풍부한 신사이고 문화인이며, 이 책에는 ─ 마인홀트[81] 도 강조하고 있듯이 ─ 그리스 방식에 따른 강한 반속물주의적 경향이 흐르고 있다. 이것은, 사색하고 공부에 몰두할 수 있는 충분한 여유가 있을 때만 얻을 수 있는 그러한 '지혜'를 어떻게 농부나 대장장이나 도공이 가질 수 있겠는가? 라는 질문으로 요약될 수 있다. 에즈라[82] 가 '최초의 율법학자'라고 지적되기는 한다. 그러나 예언자들 주변에 몰려드는, 순수하게 종교적 관심을

---

79) 《시라크의 지혜》는 구약의 외전〔성서 정전(正典)을 편집할 때 선정에서 제외된 여러 가지 문서를 가리킨다〕주의 하나로, 각종 격언과 훈계를 집대성하고 있다.

80) 브-세(Wilhelm Bousset, 1865~1920)는 독일의 신학자로서, 비교종교학 분야에서 많은 업적을 남겼다.

81) Johannes Meinhold(1861~1937). 독일 신학자이며 초기 기독교와 유대교 연구자이다.

82) Ezra. 기원전 5~4세기 이스라엘의 사제이자 학자.

가진 사람들과 이론가들 — 이들이 없이는 신명기의 제정이 성공하지 못했을 것이다 — 의 막강한 위상이 훨씬 오래된 것이다. 또 다른 한편으로는 원래 헤브라이어에 정통한 신-계령(神-誡命) 해석가였던 율법학자들의 높은 위상 — 이 위상은 이슬람교의 무프티와 실제적으로 거의 동등했다 — 은 페르시아 왕에 의해 위촉된 공식적 신정(神政)-창건자의 위상보다 훨씬 뒤의 현상이다. 그러나 율법학자들의 사회적 지위는 변화를 경험하였다. 마카베어-왕국[83] 시기에는 경건성 — 이것은 기본적으로, 가령 외국인에 대한 우호적 태도와 같이, 하나의 매우 냉철한 처세 지혜이다 — 이 '교양'과 동일시되었는데, 교양(무사르, 파이데이아)은 덕으로 가는 길로서, 이 덕은 그리스인의 경우에서와 똑같은 의미에서 가르쳐질 수 있는 것으로 간주된다. 물론 이미 이 시기의 경건한 지식인은, 대부분의 잠언시 저작자들과 같이, 율법에 충실한 적이 거의 없는 부유한 자와 오만한 자들에 대해 강한 반감을 느끼고 있다. 그러나 지식인들 자신은 상기한 부유층과 사회적으로 대등한 계급이다.

그에 반해 헤로데 시기의 율법학자 학교들은 이민족 지배가 불가피하다는 것이 명백해지자 이에 대해 점점 더 내적인 압박감과 긴장감을 느끼면서 하나의 준-프롤레타리아트적 율법 해석가층을 배출했다. 이들은 사제적 상담가, 설교자 및 교사로서 유대인 예배당을 통해 — 이들의 대표자들은 최고법원에도

---

83) 마카베어 왕국은 BC 142~63년까지 존속했던 유대 왕국이다.

참석했다 — 페르심〔부정(不淨)을 피하는 사람들〕이라는 의미에서의 율법에 충실한 소단위 교단유대인들(카베림)의 민중경건성에 큰 영향을 끼쳤다. 그러나 이런 종류의 활동은 점차 탈무드 시대의 랍비집단의 교단관료층으로 옮겨간다. 상기한 경건한 지식인들과는 대조적으로 율법학자 학교들은 소시민적 주지주의와 천민 주지주의를 엄청나게 확산시키는바, 이것은 다른 어떤 민족에서도 그 유례가 없는 일이다. 문자해독력의 확산과 일종의 '일반 초등학교'를 통한 해설적 예증 사고에 대한 체계적 교육은 이미 필-로[84]도 유대인의 특이성으로 지적한 바 있다. 이 계층의 영향을 통해서 비로소 유대의 도시 시민층에서 율법준수와 경전종교적 율법연구의 숭배가 예언자의 활동을 대체하게 된다.

이와 같은, 모든 비교조직(秘敎組織)과는 전적으로 무관한 대중적 유대 지식인층은 그 사회적 위상으로 볼 때 중동과 헬레니즘적 사회의 철학자층 및 비교 사제층보다 훨씬 아래에 있다. 그러나 다른 한편으로 이미 기독교 시대 이전에 헬레니즘적 동방에는 다양한 사회계층들을 관통하는 주지주의가 있었음이 분명하다. 이 주지주의는 다양한 비적적(秘蹟的) 구원숭배 의례행동과 성직활동에서 비유와 사변을 통해 구원론적 교리들을 창출해냈는바, 이 교리들은 짐작컨대 역시 대개 중류계층에 속했을 오르페우스교도들이 가졌던 것과 유사한 것이

---

84) Philo(약 BC 25년~AD 50년). 알렉산드리아의 유대인 철학자.

었다. 적어도 바울 같은 디아스포라[85] - 율법학자에게는 이러한 비교(秘敎) 들과 구원론적 사변들이 분명히 잘 알려져 있었고 또 혐오의 대상이었다. 가령 미트라 제의(祭儀) 는 폼페이우스 시대 킬리키아에서는 해적들의 신앙으로 퍼져 있었다. 물론 이 제의는 특히 타르소[86]에서 기독교 기원 이후의 시기에 비로소 명시적으로 문헌에 등장하기는 하지만 말이다. 그러나 추측컨대 지극히 다양한 성격과 기원의 구원론적 희망들은 유대교 내에서도, 특히 지방 유대교 내에서도, 오랫동안 서로 병존하고 있었을 것이다. 그렇지 않다면 군림하는 유대 민족의 미래의 왕들의 상(像) 옆에 이미 예언자 시대에 짐 운반용 당나귀를 타고 입성하는 빈자의 왕의 상이 서 있을 수는 없었을 것이며 '사람의 아들'(이것은 문법적으로 분명히 셈-어적 조어이다) 이라는 이념이 구상될 수도 없었을 것이다. 그러나 자연현상에만 준거하는 단순한 신화를 벗어나거나 또는 어딘가 이미 숨겨져 앉아 있는 미래의 선한 왕의 순박한 예언을 벗어나서 추상화를 전개하고 우주론적 시각을 제시하는 모든 복잡한 구원론에는 항상 평신도-주지주의 — 이것은 사정에 따라 상류층 주지주의이거나 아니면 천민 주지주의이다 — 가 어떻게든 관여되어 있다.

그런데 상기한 율법학자층 및 이들이 육성한 소시민-주지주의는 유대교로부터 초기 기독교로 유입되었다. 수공업자인 바

---

85) 디아스포라란 여기서 다른 종교 영역 안에 산재하는 신도들을 일컫는다.
86) 타르소(Tarso) 는 소아시아 남부의 도시로서, 사도 바울의 출생지이다.

울은 — 짐작컨대 후기 유대교의 많은 율법학자들이 수공업자였으며, 이것은 시라크-서(書) 시대의 반속물주의적 지혜론과는 매우 대조적이다 — 상기한 소시민 주지주의의 탁월한 대표자이다(다만 그에게는 이 요소만이 아니라 그보다 더 많고 더 특수한 것이 내포되어 있기는 하지만). 다시 말해 그의 "영지"(靈知)는, 비록 이것이 헬레니즘적 동방의 사변적 지식인층이 의미했던 영지와는 매우 다르기는 하지만, 어쨌든 후에 마르키온주의[87]에 준거점들을 제공해 줄 수 있었던 것이다. 주지주의적 요소, 즉 신의 부름을 받은 자들만이 예수의 비유의 의미를 이해했다는 자부심에 내포된 주지주의적 요소는 바울에게는 그의 자부심에, 즉 진정한 인식은 "유대인에게는 하나의 성가신 일이고 그리스인에게는 어리석음이다" 라는 자부심에 매우 잘 부각되어 있다. 따라서, '육체'와 '정신'에 대한 그의 이원론은, 비록 이것이 다른 개념틀에 편입되어 있기는 하지만, 감각적인 것에 대한 지식인 구원론의 전형적 입장과도 유사성을 지니고 있다. 즉, 그는 그리스 철학에 대해 아마도 어느 정도 피상적인 지식은 가지고 있었던 듯하다. 무엇보다도, 그의 개종은 환각적 직시라는 의미에서의 비전일 뿐 아니라, 동시에 그것은 부활한 예수의 개인적 운명을 바울에게 잘 알려진 동방의 구세주 구원론의 일반적 개념들 및 이들의 제의관행들과 내적-

---

87) 2세기경 마르키온(Marcion, 85~160)이 주창한 그리스도교의 이단 사상으로서, 구약성서의 신과 신약성서의 신을 구분하는 이원론적 신관을 수립하였다.

실제적으로 연관시켜 본다는 의미에서도 비-전이다. 즉, 바울이 보기에 유대의 예언이 내포한 약속들은 이 동방의 구세주 구원론에 편입되는 것이다. 바울의 서간은 그 논증구조 면에서 소시민 주지주의적 변증법의 최상의 유형이다. 놀라운 것은, 바울이 로마서 같은 편지에서 그가 대상으로 한 계층들에게 얼마나 높은 정도의 그야말로 '논리적 상상력'을 전제하고 있는가 하는 점이다. 그리고 물론 의심의 여지없이 확실한 것은, 그 당시에 실제로 수용된 부분은, 그의 정당화론이 아니라 성령과 교단 간의 관계에 대한 그의 견해들 및 주위환경의 일상적 조건들에 대한 그의 유연한 적응방식이라는 점이다.

그러나 디아스포라-유대인들은 그의 변증법적 방법을 율법학자 훈련의 모욕적 오용으로 볼 수밖에 없었으며, 따라서 특히 바울에 대해 격렬히 분노했다. 그런데 이 분노가 보여주는 것은 다름 아니라, 바울의 변증법적 방법이 얼마나 정확하게 상기한 소시민 주지주의의 유형에 합치했는가 하는 점이다. 소시민 주지주의는 그 이후 초기 기독교 교단들에서 ('12사도의 교훈'에서까지도) '교사'가 가진 카리스마적 지위를 통해 존속하였다. 그리고 하르나크는 히브리-서(書)가 이 주지주의의 해석방법론의 백미라고 본다. 그 이후 교단의 사제적 지도가 점차 주교와 장로들에 의해 확고히 독점되기 시작하자 소시민 주지주의는 사라져 버리고 그 자리에 대신 들어서는 것은 우선 기독교의 변호자들이고, 그 다음에는 헬레니즘적 교육을 받았고 거의 대부분 성직자 계층에 속하는 대부들 및 교리학자들,

그리고 신학을 취미로 공부하는 황제들의 주지주의이다. 그러다가 결국, 동방에서는, 최하위 비(非) 그리스인 사회계층들에서 충원된 수도사층이 성화상(聖畵像) 논쟁[88]에서 승리한 이후 주도권을 잡게 된다. 이 모든 집단에게 공통적이던 형식주의적 변증법 — 이것은 동방교회의 반쯤은 주지주의적이고 반쯤은 원시적-주술적인 자기신격화 이상과 연계되어 있었다 — 은 결코 다시는 근절될 수 없었다.

그러나 초기 기독교의 운명을 위해서 결정적이었던 것은 이 종교가 하나의 구원론이었다는 사실인데, 이것은 기독교의 탄생과정으로 보나, 전형적인 담지자층으로 보나, 또 이 담지자층이 자신의 종교적 생활에서 결정적으로 중요하다고 간주한 내용으로 보나 그러하다. 이 구원론은 구세론적 신화의 많은 부분을 동방의 일반적 도식과 공유하고 있고, 아마도 많은 것을 심하게 변형하여 차용했을 수도 있으며 또 이 구원론은 바울의 율법학자적 방법을 이어 받았을 수도 있지만, 그러나 이 구원론은 처음부터 극도로 의식적이고 일관되게 주지주의에 **대항하였다.** 이 구원론은 유대인의 의례적-법률적인 율법학식에 저항했을 뿐 아니라, 영지적 지식인 귀족주의의 구세론에도 저항했으며 더더구나 고대 철학에 저항했다. '신심가'(信心家)의 영지적 격하가 거부되었다는 사실, '지식을 가진 자'가

---

88) 성화상 논쟁은, 동로마 황제인 레오 3세가 726년 성화상 숭배를 우상숭배로 규정하고 성화상 숭배를 금지하자 각지의 수도원과 교회가 이에 반대하면서 일어난 논쟁이다.

아니라 '마음이 가난한 자'가 영적으로 은총을 받은 자이며 모범적 기독교도라는 견해, 또한 습득한 지식 — 그것이 가령 율법에 관한 것이든, 생명과 고통의 우주적 그리고 심리적 근거에 관한 것이든, 현세에서의 삶의 조건들에 관한 것이든, 의례들의 숨은 의미에 관한 것이든, 내세에서의 영혼의 미래 운명에 관한 것이든 상관없이 — 을 통해서는 구원의 길에 들어설 수 없다는 견해 등 이 모든 견해들은 기독교의 독특한 특성이다. 또한 다음과 같은 상황, 즉 초기 기독교의 내적 교회사의 상당히 본질적인 부분 — 여기에는 교리형성도 포함된다 — 은 모든 형태의 주지주의에 대항하는 운동이었다는 상황 역시 기독교의 독특한 특성이다.

만약 우리가 이른바 세계종교의 담지자와 전도자들이었던 계층을 간결하게 요약한다면, 유교의 경우에는 현세의 질서를 관장하는 관료, 힌두교의 경우에는 현세의 질서를 관장하는 마술사, 불교의 경우에는 온 세계를 편력하는 탁발승, 이슬람교의 경우에는 세계를 정복하는 무사, 유대교의 경우에는 편력하는 상인, 기독교의 경우에는 편력하는 수공업 도제였다고 할 수 있다. 그러나 이들 모두는 그 역할을 자신의 직업의 대변자로서나 또는 물질적 '계급 이해관계'의 대변자로서 한 것이 아니라, 자신의 사회적 상황과 특히 용이하게 결합할 수 있는 그러한 윤리나 구원론의 이데올로기적 담지자로서 자신의 역할을 수행한 것이다.

이슬람교는 공식적 법률학교 및 신학교 이외에는, 그리고 한동안 학문적 관심이 개화했던 시기를 제외하면, 다시 말해 이슬람교 원래의 고유한 종교성의 틀 내에서는 수피즘의 수용을 통해서만 하나의 주지주의적 방향을 체험할 수 있었을 것이다. 그러나 이슬람교는 이 길을 지향하지 않았다. 이슬람교의 민중적 수도사적 경건성에는 바로 합리적 속성이 전적으로 부재하였다. 단지 이슬람교의 몇몇 이단적 종파들만이 ― 이들은 간혹 매우 큰 영향력을 행사하기도 했지만 ― 특수한 합리주의적 성격을 가지고 있었다. 부기하자면, 이슬람교는, 중세 기독교와 마찬가지로, 대학에서는 스콜라 철학의 맹아를 발전시켰다.

13. 상류층 주지주의와 평민적 주지주의,
파리아적 주지주의와 종파적 종교성

주지주의가 중세 기독교의 종교성에 대해 어떤 관계를 가졌는지는 여기서 논의될 수 없었다. 이 종교성은, 그것이 행사한 사회학적으로 중요한 영향의 차원에서 보면, 적어도 주지주의적 세력들에 의해 주도되지는 않았다. 그리고 수도사 합리주의의 강한 영향은 〔순수하게 신학적 영역보다는〕 오히려 문화적 영역에 집중되어 있으며, 이 영향은 서양의 수도사층과 동방 및 아시아의 수도승층의 비교를 통해서만 명확히 밝혀질 수 있을 것이다. . 이 비교작업은 나중에 매우 간략히 수행될 것이다. 사실 서양교회의 문화적 영향의 특이성은 주로 수도사층의 특이성에 기인한다. 서양 중세는 소시민적 성격의 종교적 평신도 주지주의나 천민 주지주의를 (주목할 만한 정도로는) 갖지 않았다. 이런 주지주의는 간혹 종파들 내에서 발견될 뿐이다. 상류 교양계층이 교회발전에서 한 역할은 적지 않았다. 카로링거 왕조 시대, 오토 왕조 시대 및 살리에르-슈타우퍼 왕조[89] 시대의 제국주의적 교양계층들은, 16세기 러시아에서 성(聖) 요시아파 수도승[90]들이 그랬듯이, 황제적-신정적 문화

---

89) 카로링거 왕조(751~919), 오토 왕조(919~1024) 및 살리에르-슈타우퍼 왕조(1138~1254)는 각각 중세 유럽 프랑크 왕국의 왕조들.

90) 성(聖) 요시아 수도원은 러시아에서 15~16세기에 융성한 수도원 중

조직체로서 활동했다. 그러나 무엇보다도 그레고르 교황의 개혁운동과 교황들의 권력투쟁은 그 당시 탄생하던 시민층과 함께 봉건적 세력에 대해 대항했던 상류 지식인 계층의 이데올로기를 그 기반으로 하고 있었다. 대학교육이 점차적으로 확산되고 교황권이 자신의 경제적 기반인 막대한 수의 성직록(聖職祿)의 임명권을, 재정상의 목적으로 또는 단순한 후견인 권리확보라는 목적으로, 독점하려고 시도하자, 점차 확대되던 이 성직록 이해관계자들은 처음에는 주로 경제적인 그리고 자국 중심적인 독점을 위해서 황제권력으로부터 이탈하다가, 교회 분열 이후에는 이데올로기적으로도 교황권력으로부터 이탈하며 공회의파의 개혁운동 및 더 나아가 인문주의의 '담지자'가 됐다.

인문주의자에 대한 사회학, 특히 기사적 그리고 성직자적 교육이 궁정후견인 및 예술후견인 중심 교육으로 전환되는 과정 및 그것의 결과에 대한 사회학은, 그 자체는 흥미롭지만, 여기서 다루기에는 적당치 않다. 인문주의자들이 신앙분열에 대해 가졌던 애매한 태도의 원인은 주로 이데올로기적인 것이었다. 인문주의자 집단이 교회, 학교 및 교리의 개발에서 매우 중요한 조직화 그리고 체계화의 역할을 하기는 했지만 어디서도 주도적 역할을 하지는 않았으며, 이 집단이 종교개혁 교회 또는 반종교개혁 교회의 형성에 참여하는 대신 특정한 종교성

_____

의 하나로, 광대한 토지소유로 유명하다.

의 담지자(사실은 수많은 종교적 개별 유형들의 담지자)가 된 경우에도, 이들의 이러한 활동은 지속적인 족적을 남기지는 않았다. 고전적 교양을 쌓은 인문주의자 계층은 그들의 생활방식에 걸맞게 대체적으로 반속물주의적 그리고 반종파적 성향을 가졌으며, 사제와 설교사들의 다툼과 특히 그들의 선동을 혐오했고, 따라서 전체적으로는 교회에 대한 국가우위의 입장을 취했으며, 그리고 평화주의적 성향을 지니고 있었는데, 이것만으로도 그들은 점차 영향력을 상실할 수밖에 없는 운명이었다.

인문주의자 계층 내에는 기지에 넘치는 회의론 및 합리주의적 계몽과 병행하여, 특히 영국국교의 토양에서는, 섬세한 정서적 종교성 또는, 가령 포르 로얄-파[91]에서와 같이, 진지하고 흔히 금욕적인 도덕주의 또는, 특히 인문주의 시대 초기에는 독일 및 이탈리아에서 보듯이 개인주의적 신비주의도 존재한다. 그러나 권력 이해관계와 경제적 생존 이해관계가 걸린 자들의 투쟁은 노골적으로 폭력적이지 않으면 당연히 선동의 수단을 이용해 수행되었는바, 이런 선동에는 상기한 집단들은 전혀 대적할 수가 없었다. 물론 적어도 지배계층과 특히 대학을 활용하려는 교회는 고전적 교양을 쌓은 자들, 즉 신학적 논쟁가와 이와 유사한 교육을 받은 설교자층을 필요로 했다. 루터교 내에서는 이 교회의 영주권력과의 제휴에 상응하여, 교

---

91) 17세기 프랑스에서 일어난 종교운동. 공동생활을 하면서 순수한 신앙과 엄격한 금욕주의를 실천하였다.

양과 종교적 활동이 결합하여 일찌감치 전문 신학영역을 정착시켰다. 그에 반해 후디브라스[92]까지만 해도 청교도 집단을 그들의 과시적인 철학적 학식 때문에 경멸하고 있다.

그러나 청교도 그리고 특히 세례파적 종파들이 난공불락의 저항력을 가질 수 있도록 해준 것은, 상류층 주지주의가 아니라 평민적 주지주의 그리고 간혹 (편력하는 수공업 도제들 또는 사도들이 주도한 운동의 초기 세례파에서는) 천민 주지주의였다. 청교도 집단에는 특별한 생활조건을 가진 특수한 지식인 계층은 존재하지 않았으며, 전도하는 순회 설교자들의 시기가 짧게 끝난 후, 주지주의에 흠뻑 젖은 계층은 중류층이다. 성경지식과 지극히 난해하고 미묘한 교리적 논쟁들에 대한 관심의 유례없는 확산, 심지어 농민층에까지 이르는 확산은 ― 이것은 17세기에 청교도 신자층에서 진행된 것과 유사하다 ― 하나의 종교적인 대중적 주지주의를 창출했다. 이와 유사한 현상을 우리는 그 이후 다시는 경험하지 못했으며, 과거에는 단지 후기 유대교의 대중 주지주의와 바울의 전도교단들의 종교적 대중 주지주의만이 이와 비교될 수 있을 뿐이다. 상기한 (청교도들의) 대중 주지주의는 적어도 영국 자체에서는 ― 홀란드, 스코틀랜드의 일부 그리고 미국 식민지에서와는 달리―, 신앙투쟁의 결과로 어떤 영역에서 누가 권력을 잡을 것인가가 확정된 이후 곧 다시 붕괴했다. 그러나 이 시기에 영국의 상류층 주지

---

92) 후디부라스(Hudibras)는 17세기 영국 시인 버틀러(Samuel Butler)의 풍자시의 주인공 이름.

주의의 전체적 특이성이 각인되었으며 이 주지주의가, 특히 이신론적-계몽주의적이며, 온화하면서도 결코 교회에 적대적이지 않은 성격의 종교성에 대해 보여준 전통적 경의는 이 시기에 각인된 것인바, 이 문제는 여기서는 논의하지 않겠다. 그러나 이러한 특이성은, 그것이 정치적으로 막강한 시민계층 및 이 계층의 전통적 도덕적 관심에 의해 규정되었다는 점, 즉 종교적 평민 주지주의에 의해 규정되었다는 점에서, 라틴계 나라들의 본질적으로 궁정 및 상류층 중심의 교육이 극단적인 교회적대성 또는 절대적 교회무관심으로 발전하는 것과는 가장 날카로운 대조를 이룬다. 그리고 이 두 가지의 (즉 영국적 특성과 로만계의 특이성), 결과적으로는 똑같이 반형이상학적인 발전은 **독일의** 비정치적이지만 탈정치적이지도, 반정치적이지도 않은 상류층 교육과 대조를 이룬다. 이것은 독일이 처한 상황에 기인하는데, 이 상황은 사회학적 성격을 가졌다기보다는 (물론 매우 미미하게나마 그런 점도 있으며 그나마도 주로 부정적 의미에서 그러하다) 매우 구체적인 역사적 성격을 가졌다. 이 독일적 교육은 형이상학적 지향을 가졌지만, 특별히 종교적 욕구에 준거하지는 않았고 더구나 '구원'욕구의 역할은 가장 적었다. 그에 반해 독일의 평민 주지주의와 천민 주지주의는 라틴계 민족의 그것과 마찬가지로 점차, 그리고 사회주의의 경제적 종말론 신앙이 발생한 이후에는, 하나의 급진적-반종교적 방향으로 결정적 전환을 하게 된다. 이것은 앵글로 색슨 지역의 평민 주지주의와는 대조적 현상으로서, 이 지역에서는 가장 진지한 종교성은 청교도 시대 이래 제도교회적-권위주의적 성격이 아니라 종파적 성격을 가지게 되었다.

단지 상기한 반종교적 분파들만이 하나의 영락한 지식인층을 가지고 있었는바, 이 지식인층은 사회주의적 종말론에 대한 준-종교적 신앙을 적어도 일시적으로는 유지할 수 있었다. 그러나 경제적 이해당사자들이 자신들의 이해관계를 직접〔가령 노동조합 등을 통해〕대변하게 되면 될수록, 바로 이〔지식인층이 대변하는〕'학구적' 요소는 점차 더 후퇴하게 된다. 계급지배로부터의 구원이라는 의미에서의 사회적 폭력혁명 또는 평화적 혁명을 가능하게 하는 힘 또는 이런 혁명을 예고하는 힘이 '과학'이라고 믿고 과학을 거의 미신적으로 승화시키는 태도가 불가피하게 겪는 환멸은 상기한 학구적 요소의 후퇴과정을 더욱더 가속화시킨다. 그 결과, 서유럽에서 진정으로 하나의 종교적 신앙에 상응한다고 간주될 수 있는 사회주의 유형인 생디칼리즘[93]은, 상기한 관점에서 보면, 비(非) 이해당사자〔즉 지식인〕들의 낭만적 스포츠로 전락해 버리는 상황에 이르기 십상이다.

통일적이지는 않지만, 그럼에도 중요한 점에서는 공통된 신념에 의해 유지되고, 그런 이상 준종교적 성격을 띤 마지막 대규모의 지식인 운동은 러시아의 혁명적 지식인층의 운동이었다. 여기서는 학구적 그리고 귀족적 상류 지식인층이 평민적

---

93) 생디칼리즘(*syndicalisme*)은 19세기 말부터 20세기 초까지 프랑스와 이탈리아에서 일어났던 급진적인 노동조합주의 운동 중의 하나이다.

주지주의자들과 병존했는바, 이 평민적 주지주의의 담지자는 그 사회학적 사고와 보편적 문화관심의 차원에서는 매우 고도의 훈련을 받은 서민적 하급관료층, 특히 자치행정단체들의 관료층(이른바 '제3의 요소'), 기자들, 초등학교 교사들, 혁명적 사도들 그리고 러시아의 사회적 조건의 산물인 농민 지식인층 등이었다. 이것은 19세기의 1870년대에 이른바 나로드니키 -주의(민족적인 것을 지나치게 과장하는 운동)의 발생과 함께 시작하는, 자연법적 지향뿐 아니라 주로 농업공산주의적 지향을 가진 운동으로 이어졌다. 이 운동은 1890년대에는 맑스주의적 교리와 부분적으로는 날카로운 투쟁을 벌였고, 부분적으로는 다양한 방식으로 이 교리와 융합하였으며, 처음에는 슬라브 우호적 낭만적 종교성, 그 다음에는 신비적 종교성 또는 종교 열광주의와 연관 — 대부분 불분명한 연관 — 을 맺으려고 여러 번 시도했다. 그러나 이 운동은 꽤 폭 넓은 다수의 지식인 집단에서, 도스토예프스키와 톨스토이의 영향 하에, 하나의 금욕적 또는 무우주론적 개인적 생활방식을 탄생시켰다. 어떤 희생도 감수하겠다는 프롤레타리아트적 유대인 지식인층이 강하게 침투해 있는 이 운동이 (1905년) 러시아혁명의 대재난 이후 어떤 방식으로 활성화될지 여부는 아직 알 수 없다.

14. 서구에서 종교적으로 〈계몽된 자들〉의 교단형성

서유럽의 경우, 계몽된 종교적 계층들은 이미 17세기 이래 앵글로 색슨계 문화권에서, 그리고 최근에는 불란서 문화권에서도, 유니테어리어니즘(unitarianism, 유일회)[94]이나 이신론을 신봉하는 교단 또는 절충적 교단, 무신론적 공동체 또는 자유교회적 교단들을 창설했는바, 이 교단들에서는 한동안 불교적 (또는 불교적이라고 간주된) 개념들도 일정한 역할을 했다. 독일의 경우 이 교단들을 지지한 집단은 프리메이슨 비밀결사단에 호응했던 집단과 그 성격이 거의 같은 집단, 즉 경제적인 비이해당사자층, 특히 대학교수들, 그 외에 영락한 이론가들 그리고 반쯤 또는 전적으로 프롤레타리아트적인 일부 교양 시민계층 등이었다. 다른 한편으로, 인도에서의 힌두교적(브라흐마 사마지[95]) 그리고 페르시아적 계몽주의는 유럽문명과의 접촉의 산물이다. 이러한 운동들의 실제적 문화의미는 과거에는 적어도 현재보다는 더 컸다.

---

94) 유니테어리어니즘(unitarianism)은 그리스도교의 정통교리인 삼위일체설을 부인하며, 그리스도를 신격화하지 않고 신은 하나뿐이라고 주장하는 교단이다. 18세기 중엽 영국에서 최초로 유니테어리언 교회가 창립되었으며 그 이후 미국으로도 전파되었다.

95) 브라흐마 사마지(Brahma Samaji)는 람 모한 로이(Rām Mohan Roy, 1772~1833)가 시작한 인도 사회개혁 운동을 계승하여 19세기에 일어난 힌두교의 근대적 개혁교파 중의 하나이다.

그러나 오늘날에는 지식인층이 주도하는 하나의 진지한 교단종교성의 발생에 매우 불리한 조건들이 많다. 이 조건들을 나열하자면 다음과 같다. 기존의 종교를 대중 순치수단으로 유지하고자 하는 특권계층들의 이해관계, 자신들의 권위를 파괴하는 대중적 계몽주의 작업에 대해 이들이 가지는 기피욕구 및 혐오, 그리고 전래된 신앙경서(信仰經書)들이 진정 **문자 그대로** 광범위한 계층들이 수용할 수 있는 그러한 새로운 신앙경서에 의해 대체될 수 있을 것이라는 생각에 대해 특권계층이 가지는 근거 있는 불신(실제로 너나 할 것 없이 모두가 상기한 전래된 신앙경서의 원문의 의미를 지속적으로 조금씩 재해석을 통해 제거해버리는데, 가령 '정통파'는 10%, '자유주의자'는 90%를 그렇게 한다), 무엇보다도 종교적 문제와 교회에 대한 경멸적 무관심 등이다. 가령 특권계층은 교회가 요구하는 형식요건들을 충족시키는 것이야 따지고 보면 아무런 큰 희생도 요구하지 않는 지극히 간단한 일로 여기는데, 왜냐하면 이것은, 모두들 다 알고 있듯이, 국가가 경력항목으로 요구하고 있는 단순한 형식요건일 뿐이며, 이 요건들은 정통과 신분관습의 공식적 수호자인 자신들이 가장 잘 충족시키기 때문이다. 위에서 나열한 모든 사실들은 지식인이 담지자층인 하나의 진지한 교단종교성이 발생하는 데 매우 불리한 조건들인 것이다.

그러나 문예적, 학구적 상류층 주지주의나 또는 커피 하우스-주지주의의 욕구, 즉 센세이션 자원과 토론주제에 대한 자신들의 재고품-목록에 '종교적' 감정도 빠지지 않도록 하고자 하는 욕구, 이 흥미로운 문제들에 대해 책을 쓰고 싶어하는 문필가들의 욕구, 그리고 이런 책들을 팔아먹고자 하는 약삭빠른 출판인들의〔위 지식인들의 욕구에 비해〕훨씬 더 실현가능성이 높은 욕구 등 이 모든 욕구들은 '종교적 관심'이 매우 확산되어 있다는 착각을 불러일으킬 수는 있지만, 그러나 이것들이 변화시킬 수 없는 사실은, 지식인들의 그러한 욕구와 그들의 잡담으로부터는 지금까지 한 번도 새로운 종교가 탄생한 적이 없다는 점, 그리고 유행은 그 스스로 창출한 이와 같은 잡담과 저널리즘의 소재(素材)들을 스스로 다시 제거해버릴 것이란 점이다.

세계종교와 경제윤리* : 비교 종교사회학적 시도

서
론

| 원 제 |

Einleitung

| 출 처 |

Gesammelte Aufsätze zur Religionssoziologie I,

제 7 판, 1978, J. C. B. Mohr, 237~275쪽

원주: 여기(막스 베버 종교사회학 전 3권에 수록된 유교-도교, 불교-힌두교 및 유대교에 대한 논문들: 역주) 수록된 논문들은 야페(Jaffe)가 주관하는 《사회과학 논총》 제 41권부터 제 46권에 걸쳐(1915~1919) 개별 논문으로 이미 발표되었던 것들이다. 첫 부분은 2년 전에 집필하여 친구들에게 읽어 준 그대로 수정 없이 게재했다. 그러나 군 입대(막스 베버는 1914년 여름 제 1차 세계대전 발발과 함께 하이델베르크 소재 야전병원 위원회의 훈련 장교로 소집된다 - 역주)로 인해 원래 의도했던 학문적 '보조자료'의 첨부는 불가능해졌다. 그 대신에 각 장의 서두에 참고문헌을 간략히 지적해두었다. 위에서 언급한 상황으로 인해 개개 영역의 분석이 그 상세함에서 차이가 날 수밖에 없었다. 그럼에도 불구하고 이 논문들이 그 당시에 출판되었던 이유는, 우리 모두에게 하나의 생의 전환점을 의미했던 제 1차 세계대전이 끝난 후 그 이전 시기에 가졌던 생각들에 다시 돌아가는 것은 불가능하다고 여겨졌기 때문이다. 그 외에도 이 논문들은 〈사회경제학 개요〉라는 기획물의 일환으로 저술된 《경제와 사회》와 동시에 출판되어, 《경제와 사회》 내의 종교사회학 부분을 해석하고 보완하도록 계획되어 있었다(물론 이 종교사회학 부분은 역으로 많은 관점에서 여기 게재된 논문들을 보완하도록 되어 있었지만). 그리고 이러한 해석과 보완이라는 목적에는 이 논문들이 그 당시의 (미완의) 상태에서도 기여할 수 있을 것 같아 보였다. 이 논문들은 불가피하게 개략적 성격을 띨 수밖에 없었고 또 서술의 상세함도 고르지 못했다. 이로 인해 이 논문들은 그 진가를 일정 정도 상실하게 되었지만, 이것은 후에 다른 사람들의 연구가 분명히 훨씬 더 잘 보충해 주리라고 믿는다. 왜냐하면 번역에 의존할 수밖에 없는 필자가 집필한 이런 논문들은, 설사 이들이 완성되었다고 하더라도 어떤 의미에서건 결단코 하나의 '종결'이라고 주장할 수는 없는 것이기 때문이다. 그러나 이 논문들은 현재의 형태로도 몇 가지 점에서는 종교사회학의 문제의식을 확대하는 데 기여할 수 있을 것이며, 그리고 경우에 따라서는 경제사회학의 문제의식을 확대하는 데도 유용할 수 있을 것이다. 나는 현재의 이 논문집에서 몇몇 소소한 오류들을 제거하고 서술의 심한 미비점들, 특히 중국의 제 사정에 대한 서술이 가진 미비점을 나 같은 비전문가가 접근가능한 자료상황 내에서 할 수 있는 한 개선하려고 노력했으며 또한 원자료 인용을 좀더 완벽하게 하였다.

막스 베버는 자신의 종교사회학적 연구결과들을 모은《종교사회학
논문집》(*Gesammelte Aufsätze zur Religionssoziologie*) 전 3 권에 대한
교정을 채 완료하기 전인 1920년 6월 급사했다. 그의 사후 출간된《종
교사회학 논문집》전 3 권에 수록된 저작들은 다음과 같다.

제 1 권
〈서언〉
〈신교윤리와 자본주의정신〉
〈신교종파와 자본주의정신〉
〈세계종교와 경제윤리〉―〈서론〉〈유교와 도교〉〈중간고찰〉

제 2 권
〈세계종교와 경제윤리〉
〈힌두교와 불교〉

제 3 권
〈세계종교와 경제윤리〉
〈고대유대교〉

베버는 위의 종교들 외에도 구약의 시편과 욥기, 탈무드-유대교, 초기기독교, 동방기독교, 이슬람교 및 중세의 교단들과 종파들 등에 대한 연구를 추가하여 전 4권의 종교사회학 논문집을 펴낼 계획이었으나 그 뜻을 이루지 못했다. 베버는 〈세계종교의 경제윤리〉에 대한 작업을 1911～1914년까지 수행하고 1915～1916년부터 〈사회과학 및 사회정책 논총〉에 발표하기 시작했다.

　여기 번역된 〈서론〉은 이 연작논문들 전반에 대한 해설서이며 〈사회과학 및 사회정책 논총〉 1915년 9월호에 발표되었다. 이 〈서론〉에서 베버는 자신의 비교종교사회학적 연구의 가장 중요한 결과들을 처음으로 잠정적으로 요약하고 있으며, 그가 사용하는 개념들과 자신의 연구의 도를 서술하고 있다. 또한 베버는 여기서 후에 그의 지배사회학의 모태가 될 지배유형론을 처음으로 제시하고 있다.

1. 문제제기 : 종교, 경제윤리, 사회계층 [1]

이 논문들[2]에서 〈세계종교〉란 다음 다섯 개의, 특별히 많은 수의 신도를 모을 수 있었던 종교적 생활규제체계 또는 종교적 영향 하에 형성된 생활규제체계를 뜻한다. 즉 유교, 힌두교, 불교, 기독교, 이슬람교가 그것이다. 따라서 여기서 〈세계종교〉라는 개념은 전적으로 가치중립적 개념이다. 위의 종교들에 추가하여 여섯 번째로 유대교도 함께 다룰 것이다. 유대교를 추가한 이유는 두 가지이다. 첫째, 유대교는 위에서 지적한 마지막 두 개의 세계종교, 즉 기독교와 이슬람교의 이해를 위해서 결정적으로 중요한 역사적 전제조건들을 담고 있기 때문이다. 둘째, 최근에 와서 많이 논의되고 있지만, 유대교는 서구의 근대 경제윤리의 발전에서 하나의 독자적인 역사적 의의를 가지고 있기 때문이다. 물론 이 의의는 단순한 추정에 불과한 면도 있지만 말이다. 유대교 이외의 다른 종교들은 역사적 맥락의 이해를 위해 불가피한 경우에 한하여 언급하였다. 기독교에 관해서는 이 논문집의 권두에 게재된 예전의 논문들을[3] 활용하고자 하는바, 나는 독자가 이 논문들을 알고 있는

---

1) 38쪽에 달하는 원문에는 소주제가 전혀 없다. 따라서 역문의 소주제들은 역자가 독자의 편의를 위해 작성하여 추가한 것이다.
2) 《종교사회학》 전집에 수록된 논문 전체를 뜻한다.
3) 〈신교윤리와 자본주의 정신〉 및 〈신교종파와 자본주의 정신〉을 뜻한다.

것으로 전제할 것이다.

무엇을 한 종교의 〈경제윤리〉라고 규정할 수 있는가 하는 문제는 앞으로 이야기가 진행되어 감에 따라 점차 분명해지리라고 보며 여기서는 우선 이 논문집의 분석대상을 거론하고자 한다. 이 논문집의 분석대상은 신학서들이 다루는 것과 같은 윤리 이론이 아니라, — 이런 이론은 여기서는 (물론 경우에 따라서는 중요한) 인식수단으로만 사용된다 — 각 종교의 심리적 그리고 실제적 구성요소에 내재하는 **실천적 동인들**, 즉 사람들로 하여금 〔사변보다는〕 **행동을 지향하게 하는 실천적 동인들**이 무엇인가 하는 문제이다. 다음 서술이 매우 개략적이기는 하지만, 우리는 여기서 하나의 구체적 경제윤리란 얼마나 복잡한 현상이며 또 일반적으로 얼마나 다양한 요소들로부터 영향을 받는가 하는 점을 보게 될 것이다. 또한 (다른 논문들에서와 같이) 여기서도 밝혀질 것은, 외적으로는 유사한 형태를 가진 경제조직들이라 할지라도, 그들의 경제윤리는 서로 매우 상이할 수 있으며, 비록 외적으로는 유사하더라도 이러한 경제윤리적 차이로 인해 경제조직들은 역사적으로 매우 상이한 발전경로를 취했다는 점이다. 다시 말하여, 경제윤리란 경제적 조직형태의 단순한 〈함수〉〔즉 경제적 조직형태에 의해 결정되는 변수〕가 아니며, 또한 역으로 어떤 특정한 경제윤리가 그 자체로서 어떤 특정한 경제적 조직형태를 만들어 내는 것도 아니다.

어떤 경제윤리도 전적으로 종교에 의해서만 규정된 적은 결코 없다. 경제윤리는, 경제-지리적 그리고 역사적 조건들의 강한 영향 하에 형성된 일정 정도의 순수한 자기법칙성을 가지고 있으며 이 자기법칙성은 종교적 요인이나 (이와 유사한) 여타의 〈내적〉 요인들이 형성하는 우리의 세계관과는 무관할 수 있음은 두말할 나위도 없다. 하지만 경제윤리의 결정요인들 중에는 우리의 생활양식[4]에 중대한 영향을 끼쳐온 종교현상도 하나의 요인으로 — 강조하건대 단지 요인 중의 **하나로** — 포함된다. 물론 이 종교적 요인 자체는 다시금 주어진 지리적 경계 내에, 그리고 정치-사회적, 국가적 경계 내에 존재하는 경제적 및 정치적 조건들에 의해 깊은 영향을 받는다. 만약 우리가 이러한 상호의존성들을 전부 아주 상세히 제시하려고 한다면, 그것은 끝이 보이지 않는 작업이 될 것이다. 그런고로 나는 이 논문집에서 단지 다음과 같은 작업, 즉 매 사례마다 그 해당 종교의 실천윤리에 가장 강력한 영향을 끼친 사회**계층**의 생활양식의 핵심적 요소들을 드러내 보이는 작업에 주력하고자 한다. 이 계층이 해당 종교의 실천윤리의 특이성을 각인했던 것이다.

---

4) Lebensführung의 역어이다. 베버 종교사회학 내지 그의 사회학 일반에서 매우 중요한 역할을 하는 개념인 Lebensführung은 직역을 하자면 '생활영위'이다. 그러나 베버는 흔히 이 개념을 개개인의 생활자세보다는 오히려 한 집단이 공유하는 구조적 생활영위양식을 표현하기 위해 사용하고 있기 때문에 역자는 이 개념이 가진 이러한 '구조적' 함의를 고려하여 맥락에 따라서 '생활양식', '생활영위양식' 또는 '생활방식'이라는 역어를 택했다. 물론 문맥에 따라서는 이 용어를 단순히 '생활'로 번역하는 것이 적절한 경우도 있다. 아무튼 역자는 베버의 '생활양식' 개념은 예컨대 맑스의 '생산양식' 개념에 버금가는 중요한 이론적 잠재력을 가진 범주로 보며 앞으로 이 범주의 사회이론적 활용가능성을 적극 탐색할 작정이다.

이 특이성은 비단 다른 종교윤리와의 구분기준이 되었을 뿐 아니라, **동시에** 해당 종교의 경제윤리의 성격에도 중요한 영향을 끼쳤다. 그런데 이런 역할을 항상 단 하나의 계층만이 한 것은 결코 아니며, 또한 역사의 전개과정에서 상기한 의미의 주도적 역할을 한 계층들은 바뀔 수도 있다. 그리고 한 계층의 영향은 결코 배타적인 것〔다른 계층들의 영향을 전적으로 배제하는 것〕은 아니다. 그렇지만 개개 종교를 보면 어떤 계층이 해당 사회의 생활양식 형성에 주도적 영향력을 행사했는가는 대개의 경우 확인할 수 있다. 몇 가지 그러한 예들을 미리 들자면 다음과 같다.

유교는 문예교육을 받은 현세적-합리주의적 봉록계층의 신분윤리였다. 이 **문인계층**에 속하지 않는 자는 무시되었으며, 이 계층의 종교적 (또는 보기에 따라서는 비종교적) 신분윤리가 중국의 다른 계층들의 생활양식까지 규정하였다.

그에 반해 초반의 힌두교는 문예교육을 받은 세습적 카스트가 이끌었다. 이 카스트는 관직에는 전혀 참여하지 않으면서, 개개인과 공동체에 대한 일종의 의례주의적 목회자로 기능하였고, 신분적 구분의 확고한 구심점으로서 사회적 질서를 각인하였다. 단지 **베다교육을 받은** 브라만들만이 전통의 담지자5)로서 누구나 인정하는 유일한 종교적 신분집단이었다. 나

---

5) Träger의 역어. 어떤 종교적-철학적 이념체계나 사회운동 또는 조직을 주도적으로 이끄는 계층을 뜻한다. 앞으로 보게 되겠지만, 베버의 사회학적 분석은 바로 이 담지자 계층, 즉 모든 사회현상 — 그것이 종

중에 가서야 비-브라만적 고행자-신분집단이 브라만들에게 경쟁상대로 나타났으며, 더 이후인 인도의 중세기에는 하류층 중심의 — 성사(聖事) 의식[6]을 갖춘 — 열렬한 구원종교성[7]이 천민적 밀교자들[8]과 함께 힌두교 내부에서 등장했다.

불교는 정처 없이 방랑하는, 철저히 명상적이고 현세거부적 탁발승들에 의해 전파되었다. 이 탁발승려들만이 진정한 의미에서 종교공동체의 구성원이었다. 그 외에 다른 모든 사람들은 종교적으로 열등한 평신도로 남아 있었는바, 이들은 종교의 대상이었지 그 주체가 아니었다.

이슬람교는 초기에는 세계정복적 전사들의 종교, 즉 잘 훈

교적-추상적 이념이든, 현실적 운동이든, 지배조직이든 상관없이 — 의 배후에 있는 구체적으로 행동하는 인간집단에 그 초점이 맞추어져 있다.

6) Sakramental의 역어. 가톨릭에서의 세례, 견진, 성체, 고백, 병자, 신품, 혼인 등과 유사한 종교적 의례들.

7) 여기서 '종교성'이란 Religiösität의 역어이다. 19세기 말 이래 서구 문화과학계에서는 〈종교〉(Religion) 개념을 보완하는 개념으로 〈종교성〉이라는 개념이 널리 쓰이게 되었다. 베버 역시 이 관행을 따르고 있다. 〈종교〉가 하나의 다소간 완성된 교리적 신앙체계와 조직화된 신앙공동체를 뜻한다면, 〈종교성〉은 이보다 훨씬 더 유연하고 포괄적 개념으로서 교리나 조직의 완성도와는 무관하게 다양한 수준과 성격의 종교적 현상 일반을 표현하고 있다. 그러나 실제로는 본문에서 이 두 개념은 흔히 차별 없이 사용되고 있으며, 따라서 역자도 맥락에 따라 두 개념 중 적절한 것을 택해 번역했다.

8) Mystagogen의 역어. 비밀불교. 일반의 불교를 현교(顯敎)라 하는 것에 대한 대칭어이다. 일반적으로 '밀교'(密敎)는 해석이나 설명이 어려운 가르침이나 경전, 주문 등을 추종하는 종교집단을 뜻한다.

련된 성전(聖戰) 투사들의 기사단 종교였다. 다만 이 기사단은 십자군 시기에 기독교가 그들을 모방해 만든 기사단이 가졌던 그런 류의 성적 금욕주의는 가지고 있지 않았다. 그러나 이슬람교의 중세기에는 명상적-신비주의적 수피교 및 여기서 발전해 나온 소시민층의 형제단 — 이 조직은 기독교의 제3교단과 유사했지만, 단지 이보다 훨씬 더 보편적으로 발전했다 — 이 천민출신의 주신제(酒神祭) 전문가들의 영도 하에 상기한 기사단 종교에 뒤지지 않는 역할을 했다. 이 형제단은 기독교의 제3교단과 유사했지만, 단지 이보다 훨씬 더 다면적으로 발전했다.

유대교는 바빌론의 유수시대9) 이래 하나의 서민적10) 〈떠

---

9) 앞으로 자주 등장하는 시기이므로 그 역사적 배경을 간략히 밝힌다. BC 2천 년대 말에 사울과 다윗왕으로부터 시작된 고대 이스라엘 왕조는, BC 6세기 초 신바빌로니아에 의하여 무너졌다. 그 당시 전 국토는 괴멸적 타격을 입고 초토화되었으며, 지배층・지식인층・기술자 다수가 포로가 되어 바빌론으로 강제 이송되었다. 이것이 이른바 '바빌론유수'이다. 이 사건은 이스라엘 종교사에 큰 오점을 남겼으며, 그 후의 유대교의 성격에도 그 흔적을 남겼다. 페르시아(키로스 2세)의 메소포타미아 정복은 반세기에 걸친 바빌론 포로기(期)에 종지부를 찍고, 포로민의 해방을 가져왔다.

10) bürgerlich를 이 특수한 맥락에서는 '서민적'이라고 번역했다. 그러나 더 일반적으로 독일어에서 'Bürger' 및 'bürgerlich'는 일반적 의미에서의 '시민'(불어에서의 *Citoyen*)이라는 뜻과 '부르주아' 계급의 일원이라는 뜻을 함께 내포하고 있다. 베버는 간혹 이 두 가지 뜻을 구분하여 명시적으로 'Bourgeoisie'라는 용어를 쓰기도 하지만, 대부분의 경우 'Bürger, bürgerlich'라는 독일어를 사용하고 있다. 따라서 우리는 이 용어를 맥락에 따라 '시민' 일반으로 또는 '경제시민' 내지 '부르주아지' 계급으로 이해해야 한다. 그 외에 역사적 맥락에서 'Bürger'는 정치적 '신

돌이 민족〉 종교였으며 — 떠돌이 민족이라는 개념의 정확한 의미에 대해서는 해당 부분에서 논하게 될 것이다 — 〔유대역사의〕 중세기에는 경전과 의례에 관해 교육을 받은 유대교 특유의 지식인 계층이 이 종교를 주도하게 되었는바, 이 계층은 점차 무산자 계급화되어가던 합리주의적 쁘띠 부르주아지 지식인층을 대변하게 되었다.

끝으로, 기독교는 유랑하는 수공업 도제들의 교리로서 출발했다. 기독교는 매우 특별히 도시적 종교, 무엇보다도 시민적 종교였으며, 또 그 외적 그리고 내적 도약의 전 기간 동안, 즉 고대, 중세 그리고 청교도주의(퓨리터니즘)에 이르기까지 항상 도시적 그리고 시민적 종교로 남아 있었다. 세계 역사상 다른 어떤 도시유형에서도 찾을 수 없는 유일무이성을 가진 서구의 도시와, 세계역사상 서구에서만 그 독특한 형태로 생겨난 시민계층이 기독교의 주된 활동무대였고 활동주체였다. 이것은 고대 교단의 성령적 경건성에서 중세 전성기의 탁발수도회를 거쳐 종교개혁 시기의 종파[11]들 및 경건파와 감리교

분집단'을 의미하기도 한다(가령 중세 도시시민 신분집단).

11) 잘 알려져 있다시피, 베버는 종교조직을 크게 '종파'(Sekte)와 '교회'(Kirche)로 구분하고 있다. 여기서 매우 간략히 이 두 개념을 사회학적으로 정의 내리자면 다음과 같다. '종파'란 특정한 교리에 대한 신앙을 공유하는 사람들의 자발적 공동체로서, 이 공동체는 "종교적 자질을 갖춘 자들만을 받아들이는" 배타성을 지니고 있으며, 신도들의 외적 조직화와 위계화보다는 오히려 이들의 내적 신앙능력의 확인과 함양에 초점을 맞추고 있다. 이에 반해 '교회'는 보편적 교리에 기초하여 제도화-위계화된 종교적 공기관으로서, 원하는 자는 누구나 특별한 자격이나 자

파에 이르기까지 항상 그러했다.

질 없이도 가입할 수 있는 조직이다. 물론 역사적으로 볼 때는 '교회'에
의 가입은 많은 경우 준강제적-자동적 성격을 가지고 있었다(가령 중
세 가톨릭 교회). 그러나 이 논문에서는 특히 '종파' 개념의 경우 이런
사회학적 의미와 함께 매우 일반적 의미로도 쓰이고 있다.

2. 종교발생의 심리적-사회적 동인

1) 〈원한〉과 〈고통의 신정론〉

우선 분명히 밝혀두어야 할 것은, 나는 다음 논문들[12] 에서, 한 종교의 특징은 그 종교 특유의 담지자로 등장하는 계층의 사회적 상황에 따라 변하며, 그런 이상 한 종교의 특징은 그 주도 계층의 〈이데올로기〉 또는 이 계층의 물질적 아니면 이념적 이해관계의 〈반영〉이라고 주장하고 있는 것은 결코 아니다. 전혀 그렇지 않으며, 나의 논의에 깔린 입장에 대해 바로 이런 해석보다도 더 잘못된 해석은 없을 것이다. 나는 오히려 종교적 윤리에 대한 경제-정치-사회영역의 영향이 때에 따라 제 아무리 크다고 하더라도, 한 종교적 윤리가 가진 특징의 원천은 일차적으로는 종교 그 자체라는 입장을 취하고 있다. 여기서 종교적 원천이란 우선 해당 종교의 계시와 약속의 내용이다. 그리고 흔히 원래의 계시와 약속은 벌써 그 다음 세대에 오면 벌써 이 새 세대 신앙공동체의 욕구에 맞게 근본적으로 재해석되곤 했는데, 이것 역시 대부분의 경우 다시금 일단은 이 신앙공동체의 〔다른 욕구가 아니라 바로〕 **종교적** 욕구에 대한 적응과정인 것이다. 다른 이해관계 영역들은 단지 이차적으로

---

12) 여기서도 〈유교와 도교〉, 〈힌두교〉, 〈불교〉, 〈고대 유대교〉 등 종교사회학 전집에 수록된 논문들을 지칭한다.

영향을 끼칠 수 있었다. 물론 이 영향은 간혹 매우 강하고, 또 때에 따라서는 결정적일 수도 있었지만 말이다. 따라서 우리는 앞으로 다음과 같은 두 가지 사실을 동시에 확인하게 될 것이다. 한편으로는 사회적 주도계층이 변하면 그것은 종교에도 심대한 영향을 끼치게 마련이라는 사실, 그러나 다른 한편으로 어느 한 종교의 한번 형성된 유형은 계층소속성과는 무관하게, 다시 말하여 서로 매우 다른 성격을 가진 계층들의 생활양식 전반에 상당히 광범위하게 영향력을 행사하곤 했다는 사실이 그것이다.

그런데 〔종교가 가진 이러한 일정한 독자성에도 불구하고〕 사람들은 종교적 윤리라는 변수와 다양한 종류의 이해관계 상황이라는 변수 간의 상관관계를 마치 전자가 후자의 〈함수〉에 불과하다는 듯이 해석해왔다. 이런 해석은 비단 이른바 역사적 유물론 — 이 이론은 여기서 다루지 않겠다 — 의 시각에서뿐 아니라, 순수하게 심리학적 시각에서도 시도되었다.

계급상황이, 매우 일반적이고 말하자면 추상적 차원에서, 종교적 윤리의 성격을 규정한다는 명제는 예컨대 〈원한〉이론에서 도출될 수 있을 것인바, 이 이론은 니체의 탁월한 논문이 발표된 이래 잘 알려져 있고 또 지금까지 심리학자들에 의해 심도 있게 다루어졌다. 이 이론에 의하면 자비와 형제애의 윤리적 찬미는 — 타고난 소질에서든 운명적 삶의 기회에서든 — 불이익을 당한 자들의 도덕적 〈노예반란〉이었다. 따라서 〈의무〉의 윤리는 노동과 돈벌이를 하도록 저주받은 속물들이 의

무로부터 면제된 삶을 사는 지배신분집단의 생활양식에 대해 느끼는 무력감에서 나오는 〈억눌린〉 복수심의 산물이라는 것이다. 만약 이 이론이 옳다면, 이것은 종교적 윤리의 유형론이 안고 있는 가장 중요한 문제들에 대한 매우 간단한 해결책임이 분명하다. 그러나 원한의 심리학적 의의의 발견이 그 자체로서는 매우 다행스럽고 또 유익한 것이기는 하지만, 우리가 원한이 가진 사회 윤리적 함의를 평가할 때는 매우 신중해야 한다. 왜냐하면, 생활양식의 윤리적 〈합리화〉는 여러 가지 상이한 방식으로 진행되었으며 이 방식을 결정한 동인들에 대해서는 후에 자주 논하게 될 것이지만, 〔미리 지적하자면〕 생활양식의 윤리적 합리화는 대부분의 경우 원한과는 전혀 무관하다.

그러나 종교적 윤리가 **고통**을 어떻게 평가하는가 라는 문제를 살펴보면, 이 평가가 하나의 전형적 변화과정을 겪었다는 점이 분명해지며, 이 변화과정은, 옳게만 이해한다면, 니체가 처음으로 구상한 위의 이론이 어느 정도 타당하다는 것을 보여준다. 고통에 대한 원초적 태도는, 병 또는 다른 끈질긴 불행에 시달리는 사람들을 공동체의 종교적 축제에서 어떻게 다루는가 하는 데서 특별히 생생하게 나타난다. 계속해서 고통을 받거나 슬픔에 차 있거나 병든 자 또는 다른 이유에서 불행한 자는, 그의 고통의 성격에 따라 마귀가 들었거나 아니면 그가 모욕한 신의 분노가 그에게 내린 것으로 간주되었다. 제사공동체로서는 이러한 자를 공동체 안에 그대로 용인한다는 것은 불이익을 초래할 수 있었다. 아무튼 그는 제사-회식이나 제물봉양에 참가해서는 안 되었다. 왜냐하면 그의 모습은 신들을 즐겁게 하지 않았고 오히려 신들의 분노를 불러일으킬 수 있었기 때문이다. 제물봉양회식은 즐거운 자들의 무대였다. 이것은 심지어 포위기간 동안의 예루살렘에서도 그러했다.

고통을 이와 같이 신의 증오와 자신이 지은 숨겨진 죄의 징표로 다룸으로써 종교는 심리적으로 볼 때 하나의 매우 일반적인 욕구를 충족시켜 주었다. 〔그것은 다음과 같은 의미에서의 정당화 욕구의 충족이었다.〕 우선, 복을 가진 자는 자신이 복을 소유하고 있다는 사실 그 자체로 만족하는 경우는 드물다. 여기서 더 나아가 그는 이 복에 대한 **권리**도 가지고 싶어한다. 다시 말하여, 그는 자신이 이 복을 당연히 가질 자격이 있다는 확신, 특히 다른 사람들과 비교할 때 바로 자신이 이 자격을 가지고 있다는 확신을 원한다. 즉, 그는 복을 덜 받은 자가 자신과 같은 복을 소유하지 못하는 것은 원래 이 사람에게 배당된 복이 그것밖에 없기 때문이라고 믿고 싶어하는 것이다. 복은 〈정당하고자〉 한다. 우리가 〈복〉이라는 일반적 표현을 영예, 권력, 소유 및 향락에 관련된 모든 재화로 이해한다면, 위의 명제는 모든 지배하는 자들, 부유한 자들, 승리한 자들, 건강한 자들, 한 마디로 행복한 자들의 외적 그리고 내적 이해관계에 대해 종교가 수행한 정당화의 역할을 집약하는 가장 일반적 공식이 될 것이다. 이 역할을 우리는 행복의 신정론[13]으로

---

13) Theodizee(*theodicy*)는 변신론(辯神論), 신의론(神義論), 신정론(神正論) 등으로 번역되는데, 역자는 신정론이라는 역어를 택했다.

공식화할 수 있다. 행복의 신정론은 인간의 지극히 강력한 〈〈위선적〉〉 욕구에 그 뿌리를 두고 있으며 따라서 쉽게 이해할 수 있다. 물론 이 신정론의 영향은 일반적으로 충분한 주목을 받지 못하고 있기는 하지만 말이다.

행복의 신정론과는 반대되는 길, 다시 말하여 고통의 종교적 미화에 이르는 길은 더 복잡했다. 고통의 종교적 미화의 일차적 요인은 다음과 같은 경험이었다. 즉 무아의 경지, 환상적 (幻想的), 히스테리적 경지의 카리스마, 한 마디로 '성스럽다'고 평가되고 그래서 주술적 금욕주의자들이 지향했던 그 모든 비일상적 경지들의 카리스마는 수많은 종류의 고행과 정상적 식사, 수면 및 성생활의 절제를 통해서 일깨워지거나 배양된다는 경험이 그것이다. 특정한 종류의 고통과 고행을 통해 도달한 비정상적 경지는 초인적, 즉 주술적 힘을 얻는 길이라는 믿음 덕분에 이러한 고행은 높은 명성을 누렸다. 수호신 신앙의 결과물인 옛날의 금기〔터부〕규정들과 예배의 순수성을 위한 절제들 역시 같은 방향으로 작용했다.

신정론은 고통, 악, 그리고 죽음과 같은 현상을 종교적으로, 신의 존재에 의거하여 정당화하려는 믿음체계이다. 베버의 관심사는 이러한 신정론의 '사회학적' 함의인바, 베버는 여기서 신정론이 어떻게 사회계급에 따라 달리 표출되는가를 분석하고 있다.

2) ⟨구원⟩ 이념의 등장

그러나 고통이 주술적 힘을 얻는 길이라는 믿음과 더불어 고통의 종교적 미화에 기여한 또 하나의 독자적이고 새로운 현상이 있었으니, 그것은 ⟨구원⟩-숭배관념의 발전이었다. 이 구원숭배관념은 개별적 고통에 대해 원칙적으로 새로운 입장을 취하고 있었다. 이제 이런 새로운 입장의 발생과정을 살펴보자. 우선 지적해야 할 것은, 원초적 공동체숭배 사상, 특히 정치적 조직들의 공동체숭배 사상은 모든 개별적 이해관계를 배제하였다는 점이다. 부족신, 지역신, 도시신, 제국신은 단지 공동체 전체에 관련된 이해관계들, 가령 강우나 일조, 사냥수확, 적에 대한 승리 등에만 신경을 썼다. 공동체 전체가 그 자체로 이러한 신들에게 공동 숭배의식을 통해 청원을 했던 것이다. 개개인이 당하는 불운들을 — 특히 질병을 — 피하거나 제거하기 위해서는 사람들은 공동체 제식 주관자에게가 아니라 개인 자격으로 마술사에게 청원했는바, 이렇게 볼 때 마술사는 역사상 가장 오래된 개인적 목회자였다. 몇몇 마술사들의 명성 및 이 마술사들이 기적을 행하면서 불러내는 귀신이나 신의 명성은 지역적 또는 부족적 소속에 상관없이 많은 사람들을 이들 주위에 모이게 했고 이것은 유리한 조건 하에서는 종족적 집단조직과는 독립된 ⟨교단⟩의 형성을 결과하였다. 많은 비교(秘敎)[14] — 물론 모두 다는 아니지만 — 는 이런 경로를 취했다. 개개인을 개개인으로서 질병, 가난 그리고 모든 종류의

138

곤경과 위험으로부터 구제해 준다는 것이 이들의 약속이었다.

이렇게 하여 마술사는 비교(秘敎) 사제로 변해 갔고, 거기서부터 비교사제들의 세습적 가문이 발전했거나 또는 어떤 특정한 규칙에 의해 결정된 우두머리가 이끄는 훈련된 인력조직이 발전하게 되었다. 그런데 이 우두머리 그 자신은 어떤 초월적 존재의 육화 그 자체로 간주되거나 아니면 단지 그가 모시는 신의 전도사이며 집행자인 것으로 간주되었다. 이와 함께 개별적 〈고통〉 그 자체 및 이 고통으로부터의 〈구원〉에 대한 하나의 종교적 공동행사가 발생한 것이다. 그래서 이제 복음을 전도하고 약속을 제시하는 일은 자연히 구원을 **필요로 하는** 그러한 대중들을 향하게 되었던 것이다. 즉, 대중과 이들의 이해관계가 직업적 〈목회〉 활동의 중심을 이루게 된 것이며 목회는 여기서 비로소 옳게 시작했다고 볼 수 있다. 고통이 어떤 잘못에 기인하는지를 확인하는 것, 〈죄〉의 고백, 다시 말해 의례적 계명들의 위반(여기서 〈죄〉란 일차적으로 이것을 의미한다)의 고백, 그리고 어떤 행동을 통해 이 고통이 해소될 수 있는지에 대한 상담 등이 이제 주술사와 사제의 전형적 업무가 되었다.

이를 통해 주술사와 사제들의 물질적 그리고 이념적 이해관계가 실제로 점차 **평민** 특유의 동기들과 부합할 수 있게 되었

---

14) Mysterien의 역어. 여기서는 비밀의식을 수행하는 종교 일반을 지칭한다. 종교사적으로 볼 때 고대 그리스의 비교들이 가장 중요한 사례들이다(가령 다음에서 자주 언급되고 있는 오르페우스, 디오니소스, 엘레우시스 비교 등).

다. 그리고 이 과정에서, 전형적 곤궁 그리고 계속 반복되는 곤궁의 압박으로 인해 위의 과정에서 하나의 〈구세주〉-종교성이 발생하게 되는바, 이로써 또 하나의 발전단계가 시작한다. 이러한 구세주 종교성은 구원자-신화를, 다시 말하여 (적어도 상대적으로는) **합리적**인 세계고찰을 전제로 했다. 그리고 이 세계고찰의 가장 중요한 대상은 다시금 고통이라는 주제였다. 이러한 발전의 단초를 제공해 준 것은 많은 경우 원시적 자연신화였다. 초목의 발육과 시들음을 관장하고, 계절변화와 관련된 중요한 행성들의 진행을 관장하는 정령들이 이런 원시신화의 신, 고통받고 죽고 다시 부활하는 신의 주인공으로 선호되었다. 이 신은 이제 곤궁에 처한 인간들에게도 현세적 복의 재귀(再歸)나 또는 내세적 복의 확실성을 보장해 주었던 것이다. 또는 영웅전설의 한 민속화된 인물 — 가령 인도의 크리슈나[15] — 이 유년신화, 사랑신화 및 전투신화로 치장되어 열렬한 구세주 숭배의 대상이 되기도 했다.

이스라엘 민족같이 정치적으로 곤궁에 처한 민족의 경우, 구세주(메시아: *Moschuach*)의 이름이 처음에는 영웅전설에서 전래된, 정치적 위기로부터 나라를 구한 자들(가령 유대의 영웅 기드온[16]과 입다 등)에 접목되어 있었고 이것이 메시아적 약속

---

15) Krischna. 힌두교 신화에 나오는 중요한 신. 힌두교의 비슈누파(派)에서 비슈누 신은 여러 모습으로 화신(化身)하여 이 세상에 나타난다고 한다. 그 중에서 가장 중요한 것이 크리슈나로서, 현대에 와서도 많은 신자를 가지고 있다.

16) 구약성서에 나오는 이스라엘의 판관(判官). 므나세족(族) 아비에젤

들에 결정적 영향을 주었다. 이스라엘 민족에서는, 그리고 그 일관성을 두고 볼 때는 단지 이 민족에서만, ─ 매우 특수한 조건들 하에서 ─ 개개인의 고통이 아니라 하나의 민족**공동체** 전체의 고통이 종교적 구원희망의 대상이 되었다. 그러나 대개의 경우 구세주는 개별적이면서 동시에 보편적 성격을 지니고 있었다. 그는 **개개인**, 그리고 그에게 청원하는 모든 개개인에게 구원을 보장하고자 했다. 물론 구세주의 형상은 다양한 모습을 띨 수 있었다. 수많은 추상화(抽象化)로 점철된 후기 조로아스터교[17]의 경우 구원의 적절한 조직화 과정에서 하나의 전적으로 작위적 형상이 중재자와 구제자의 역할을 떠맡았다. 또는 정반대로, 기적과 환상적(幻想的) 재생을 통해 정당화된 인물이 구세주로 승격했다. 매우 다양한 가능성들 중 어느 것이 실현되는지를 결정하는 것은 전적으로 역사적 요인들이었다. 그러나 대부분의 경우 구원희망으로부터 어떤 형태로든 고통의 신정론이 태어났다.

사실, 구원종교의 약속들은 처음에는 윤리적 전제조건이 아니라 오히려 의례적 전제조건에 연계되어 있었다. 예를 들어 엘리우시스 비교(秘敎)의 현세적 그리고 내세적 이익들은 의

의 후손으로, 므나세족 출신 300명의 정병(精兵)을 이끌고 이즈르엘 평야에서 미디안인(人)의 대군을 맞아 크게 이겨 이스라엘의 위기를 구하였다(판관 6:11~8:32).

17) 불을 신성시하고 유일신을 예배하던 고대 페르시아의 종교. 한자로는 배화교(拜火敎). 조로아스터교는 이원론적 일신교(一神敎)로, 우주를 선과 악의 두 원리로 설명한다.

례의 순수성과 이 의식에의 참여와 연계되어 있었다. 그러나 의례규칙의 중요성이 증대함에 따라 의례절차를 관장하는 특수 신들이 수행하던 역할이 점점 더 커지고, 이것은 이 특수 신들에게 전래된 질서를 수호하는 업무, 불의를 처벌하고 정의를 포상하는 업무를 부여했다. 그리고 예언이[18] 종교발전에 결정적 영향을 준 곳에서는, 자연히 〈죄〉가 모든 종류의 불행의 원인으로 등장했다. 물론 여기서 〈죄〉는 이제 더 이상 단순히 주술적 의례의 위반만이 아니라 무엇보다도 예언자 및 그의 계명들에 대한 신앙의 결핍이라는 의미에서의 〈죄〉다.

그런데 예언자 자신이 억압받는 계급 출신이거나 또는 이 계급의 대변자인 경우가 일반적인 것은 결코 아니었다. 앞으로 보게 되겠지만 오히려 그 정반대가 일반적이었다. 그리고 그의 교리의 내용 역시 억압받는 계급의 이념세계에서 주로 유래하는 것은 결코 아니었다. 그러나 물론 구원자와 예언자를 필요로 하는 사람들은 보통 행복한 자, 부유한 자, 지배하는 자가 아니라 억압받는 자 또는 적어도 곤궁에 빠질 위험에 처한 자들이었다. 따라서 **예언자를 통해** 전파되는 구세주-종교는 대부분의 경우 그 본거지를 주로 혜택을 덜 받은 사회계층들에 두고 있었으며, 또한 구세주-종교는 이 계층에서 주술을 전적

---

18) 물론 여기서 '예언'이란 미래의 일을 미리 말한다는 의미의 일반적 개념이 아니라 어떤 특정한 인간이 신의 도구가 되어 신의(神意)를 민중에게 말로써 알린다는 의미의 종교적 개념이다. 다음에서 보겠지만, 베버는 예언자 중심의 예언종교에 매우 각별한 종교사적 의의를 부여하고 있다.

으로 대체하거나 아니면 주술을 합리적으로 보완했다. 그리고 예언자 또는 구세주 자신의 약속들이 사회적으로 혜택을 덜 받은 자들의 욕구를 충분히 충족시키지 못한 경우에는, 이 약속들로부터 공식교리보다 한 단계 아래인 2차적 대중적 구원종교성이 발전해 나온 경우가 매우 흔했다. 그러나 바로 그렇기 때문에, 구세주-신화에 그 싹이 미리 형성되어 있었던 합리적 세계고찰은 불행에 대한 하나의 합리적 신정론을 개발할 과제를 안게 되었던 것이다. 동시에 이 신정론은 흔히 고통 그 자체를 긍정적 가치로 승화시켰는바, 고통의 이러한 긍정적 평가는 원래의 고통 개념에는 전혀 생소한 것이었다.

벌을 주고 상을 주는 윤리적 신성(神性)의 발전과 함께, 자기고행을 통해 겪는 자발적 고통은 그 의미가 변하게 되었다. 자기고행 — 이것은 카리스마적 경지의 원천이다 — 은 원래 주문(呪文)을 통해 귀신들을 주술적으로 불러내는 능력을 강화시켜주는 역할을 했다. 그리고 이러한 자기고행은, 위의 주술적 강신술-주문이라는 의례가 이제 신에 대한 청원이라는 의례로 대체된 이후에도 기도고행과 예배의례상의 금욕규칙들에 계속 남아 있었다. 거기다 이제 속죄고행이 추가되었는바, 이것은 참회를 통해 신들의 분노를 가라앉히고 또한 받을 벌을 자기처벌을 통해 예방하는 수단이었다. 장례 때 지켜야 하는 그 수많은 금욕들도 처음에는 (이것은 중국의 경우 특별히 명료하게 드러난다) 망자(亡者)의 시기와 분노를 예방하기 위한 것이었지만, 금욕의 이러한 목적이 이제는 쉽게 신들과의 관계 전반으로 전이되었다. 그 결과 자기고행 및, 나중에는, 의도하지 않은 결핍상황 그 자체를 지상 재화의 스스럼없는 향유보다 더 신의 마음에 드는 일로 보게 되었으며, 따라서 재화를 향유하는 자들은 예언자나 사제의 영향권에서 더 멀어지게 되었다.

3) 사회적 불평등과 종교의 정당화 기능

그런데 상기한 개별 요인들의 힘은 세계고찰의 합리성의 증대와 함께 커져 온 하나의 욕구 즉, 인간사회에서 행운의 분배가 가진 윤리적 〈의미〉를 이해하고자 하는 욕구로 인해 엄청나게 상승하였다. 이 과정에서 신정론은 점차 논리적 난관에 봉착하게 되었는바, 이 난관은 종교적-윤리적 고찰이 합리화되면 될수록 그리고 원시적 주술적 관념들이 제거되면 될수록 점점 더 커졌다. 왜냐하면 개별적으로 〈부당한〉 고통이 너무나 많았기 때문이다. 그리고 〈노예도덕〉을 기준으로 할 때만이 아니라, 지배계층 자신의 기준으로 보더라도, 〈최상의 인간들〉이 아니라 〈나쁜 인간들〉이 가장 잘 사는 경우가 너무나 허다했던 것이다. 이러한 부조리에 직면하여 사람들은, 예컨대 개개인이 전생에서 지은 개별적 죄(윤회설), 또는 3~4대까지 처벌되는 조상의 죄, 또는 ― 그리고 이것은 가장 원칙적 입장이다 ― 모든 피조물 그 자체의 타락성 등을 고통과 불의에 대한 설명들로 동원하였다. 그리고 고통과 불의에 대한 보상책으로 동원된 것은 미래의 더 나은 삶에 대한 희망이었는바, 여기서 이 더 나은 삶은 현세 내에서 개개인(윤회설)에게 약속되거나 또는 후손들에게 (메시아적 세계) 약속되거나 아니면 내세(천국)를 위해 약속된다. 신정론에 대한 도저히 근절할 수 없는 욕구의 산물인, 신과 세계에 대한 형이상학적 관념 — 이것은 신정론에 대한 도저히 근절할 수 없는 욕구의 산물이다 — 은 그 이후 계속 발전하였지만, 왜 우리의 업적과 우리의 현실적 처지는 일치하지 않는가 라는 문제에 대해 합리적으로 만족할 만한 답을 주는 사고체계는 불과 몇 가지만이 — 나중에 보게 되겠지만, 전부 다해서 단지 세 가지 — 개발되었을 뿐이다. 즉, 인도의 업보론, 조로아스터교의 이원론 및 숨은 신의 예정설[칼뱅주의의 예정설]이 그것이다. 그러나 이 세 가지 합리적으로 가장 완결된 해결책들도 순수한 형태로 등장하는 경우는 극히 드물었다.

고통 — 그리고 죽음 — 의 신정론에 대한 합리적 욕구는 엄청나게 강한 영향력을 발휘했다. 이 욕구가 힌두교, 조로아스터교, 유대교 같은 종교들뿐 아니라, 어떤 의미에서는 바울 시기의 기독교 및 그 이후 기독교의 중요한 특성들의 형성에도 강한 영향을 끼쳤다. 〔그러나 이것은 과거에만 그러했던 것이 아니라 현재에도 그러하다〕 가령 1906년에만 해도, (상당수의) 무산자들에게 왜 기독교를 믿지 않는가 라고 물은 결과 단지 소수만이 근대의 자연과학적 이론들을 그 근거로 제시했고, 다수는 현세적 세계질서의 〈불공정성〉을 기독교 불신의 근거로 제시했다. 물론 아마도 이들은 현세 내에서의 혁명적 보상을 믿었기 때문에 그랬을 것이지만.

　고통의 신정론은 원한의 감정에 의해 윤색되었을 수도 있었다. 그러나 현세의 불운에 대한 보복욕구가 항상 원한이라는 색깔을 띠고 있었던 것은 아닐 뿐더러, 일반적으로 원한이 이 욕구의 주된 기본특성이었던 것도 아니다. 의롭지 못한 사람이 현세에서 잘 사는 것은 다른 이유에서가 아니라 바로 그에게는 지옥이 예정되어 있고, 경건한 자에게는 영원한 행복이 예정되어 있기 때문이라는 믿음, 따라서 현세에서의 죄 — 물론 경건한 자도 가끔 죄를 짓기는 하지만 — 는 반드시 속죄되어야 한다는 믿음은 분명히 복수욕구에 특별히 근접하는 것은 사실이다. 그러나 우리가 쉽게 확인할 수 있는 것은, 심지어 이러한 간혹 등장하는 사고방식조차도 결코 항상 원한에 기인하는 것은 아니며, 그리고 무엇보다도 이러한 사고방식이 반드시 사회적으로 억압받는 계층에서 나왔던 것은 아니라는 사실이다. 앞으로 보게 되겠지만, 원한 동기를 본질적 속성으로 가진 종교의 예는 극소수에 불과하며 이 중에서도 완전히 성숙한 경우는 단 하나밖에 없다. 물론 원한이 사회적으로 덜 혜택받은 계층들의 종교적 합리주의에서 (다른 요소들과 함께) 그 구성요소의 하나로 어디서나 중요성을 **획득할 수 있었고** 또 흔히 획득했다는 것은 분명한 사실이다. 그러나 이 중요성조차도 개개 종교의 약속의 성격에 따라 그 정도가 지극히 다양했고, 또 흔히 그 정도가 매우 미미했다. 아무튼 〈금욕〉 일반을 이 (원한이라는) 원천에서 도출하려는 생각은 전적으로 틀린 생각이다. 대부분의 진정한 구원종교들이 부와 권력에 대해 가진 불신의 자연스러운 근거는 무엇보다도 구세주, 예언자 및 사제들의 다음과 같은 경험이었다. 즉 현세에서 혜택 받은 〈배부른〉계층들은 구원 — 이것이 어떤 성격이든 간에 — 에 대한 욕구를 일반적으로 매우 적게 가지고 있으며 따라서 이들은 구원종교가 보기에는 덜 〈경건하다〉는 경험이 그것이다. 그리고 합리적 종교 **윤리가** 특히 사회적 지위가 낮은 계층들의 토양에서 발전했다는 점 역시 일차적으로는 이 계층들의 내적 상황에 그 실제적 뿌리를 두고 있었다.

사회적 명예와 권력을 확고하게 소유한 계층은 자신에게 내재하는 하나의 특별한 자질, 대부분의 경우 혈통이라는 자질을 중심으로 신분적 신화를 지어 내는 경향이 있다. 그래서 자신의 (실재적 또는 가상적) **존재** 그 자체가 이들의 자존심에 자양분을 주는 것이다. 이에 반해 사회적으로 억압받거나 또는 신분상으로 부정적 (아니면 적어도 긍정적이지 못한) 평가를 받는 계층은 자신의 자존심을 자신에게 맡겨진 하나의 특별한 〈사명〉에 대한 믿음에서 도출하기 십상이다. 그래서 이 계층에게 자신의 가치를 보장하거나 또는 이 가치를 구성하는 것은 〔자신의 존재 그 자체가 아니라〕 자신이 〔윤리적으로〕 **마땅히 해야 할 바, 즉 당위** 또는 자신의 직무상의 **성취** 그 자체이다. 이로 인해 이 계층 구성원들의 존재가치는 인간을 초월한 어떤 것, 즉 신이 그들에게 부여한 〈임무〉에 기반하게 된다. 이러한 상황 때문에, **윤리적** 예언들은 (다른 계층에게보다는) 우선

사회적으로 덜 혜택받은 자들에게 이념적 힘을 발휘할 수 있었던바, 따라서 여기서 원한이라는 요소가 지렛대로 필요하지는 않았다. 다시 말하여, 물질적 그리고 이념적 보상에 대한 합리적 관심 그 자체만으로도 완전히 충분했던 것이다. 물론 이런 요소에 더하여, 예언자와 사제들이 선교활동에서, 의도적이든 아니든, 대중의 원한을 자신들의 목적을 위해 활용했다는 점은 의심의 여지가 없지만, 그러나 이것은 결코 보편적 현상은 아니다. 무엇보다도 〔원한감정과 같이〕 그 성격이 부정적인 힘은 지금까지 알려진 바에 의하면 어디서도, 개개 구원종교에게 그 독특한 색채를 부여했던 그러한 본질적으로 형이상학적 관념들의 근원이 된 적은 없다. 그리고 무엇보다도 종교적 약속의 성격이, 일반적으로 말해서, 반드시 또는 대체로 어떤 계급 이해관계 — 그것이 외적인 이해관계든 내적 이해관계든 — 를 단순히 대변하고 있었던 것은 결코 아니었다. 앞으로 보게 되겠지만, 대중 스스로는, 만약 어떤 **예언**이 특별한 약속들을 제시하면서 이들을 윤리적 성격의 종교운동으로 몰고 들어가지 않는 한, 어디서나 주술의 엄청난 원초적 힘에 계속 묶여 있었다. 뿐만 아니라 위대한 종교적-윤리적 체계들의 특성은 단순히 지배계층과 피지배계층 간의 대립에 의해서가 아니라 그보다 훨씬 더 개별적인 사회적 요인들에 의해 결정되었다.

4) 〈현세적〉 구원에서 〈내세적〉 구원으로: 종교적 합리화 과정

잦은 반복을 피하기 위해 여기서 이 문제에 대해 몇 가지 점을 미리 언급해 두고자 한다. 우선, 경험적 사실을 탐구하는 자의 눈으로 보면, 종교들이 약속하고 또 제공했던 여러 가지 서로 다른 구원재(救援財)[19]들이 전부 〈내세적〉인 것, 또는 주로 〈내세적〉인 것이었던 것은 아니라는 점을 알 수 있다. 모든 종교가 — 이것은 세계종교의 경우에도 해당된다 — 반드시 내세를 특정한 약속의 본거지로 가지고 있었던 것은 결코 아니라는 사실은 전적으로 제쳐놓더라도 말이다. 오히려 기독교와 몇 가지 각별히 금욕적인 종교들을 제외하면, — 그러나 이들의 예외적 성격도 부분적일 뿐이다 — 모든 종교들, 즉 원시종교든 세련된 종교든, 예언적 종교든 비예언적 종교든 간에 모든 종교의 구원재들은 처음에는 거의 전적으로 현세적인 것이었다. 이를테면 건강, 장수, 부 같은 것이 중국의 종교, 베다교, 조로아스터교, 고대 유대교, 이슬람교의 약속이었고, 페니키아, 이집트, 바빌론 및 고대 게르만족의 종교 역시 같은 약속을 했고 또한 힌두교와 불교의 경건한 평신도들에 대한 약속들도 역시 그러했다. 단지 종교적 대가, 즉 금욕주의자, 수도승, 수피,[20]

---

[19] 여기서 '구원재'(*Heilsgut*)란 구원을 통해서 도달하게 되는 경지 또는 구원을 통해 얻게 되는 (가장 넓은 의미에서의) 정신적·물질적 '재화'(財貨) 내지 자산을 뜻한다. 맥락에 따라 베버는 이 용어를 구원의 이념적 내용이라는 의미로도 사용하고 있으므로 역자는 간혹 '구원내용'이라고도 번역하였다.

이슬람교의 탁발승 등과 같은 대가들만이 상기한 철저한 현세적 내용과 대비되는 〈현세 외적〉 구원재를 지향했을 뿐이다.

그러나 이러한 현세 외적 구원재조차도 결코 전적으로 **내세적인 것**만은 아니었다. 심지어 내세적이라고 이해된 구원재의 경우에서마저도 그렇지 않았다. 심리학적으로 볼 때는 오히려 바로 현재의 그리고 현세 내에서의 심적 상태가 구원을 구하는 자들의 일차적 관심대상이었다. 예컨대 퓨리터니즘 같은 금욕적 종교의 구원재에서도 심리적으로 명료한 유일한 요소는 청교도들이 갖는 느낌, 즉 〈자격의 입증〉을 통해 이제 자신은 잃어버릴 수 없는 은총인 구원을 확보했다는 느낌뿐이었다. 열반의 경지에 달했다고 확신하는 불교 승려의 범우주적 사랑의 감정, 힌두교도들의 박-티(신에 몰입하는 사랑의 열화) 또는 무감각 상태의 법열(法悅), 편타파(鞭打派)의 고행과 춤추는 회교 탁발승에게 광란적 망아, 신들림과 신 장악, 성모 마리아 및 구세주 사랑, 제수이트교의 예수-예배, 정관파(靜觀派)의 예배, 경건주의자들의 아기예수와 그의 〈피흐르는 상처〉에 대한 애틋한 감정, 크리슈나-송가에서의 성적(性的)인 그리고 준-성적 광란, 발라바카리스의 정교한 예배회식들, 그노시스파의 자위행위적 예배의식, 신비적 합일과 전일(全一) 속으로의 명상적 침잠의 다양한 형태들 등 이 모든 경지들은 우선은 일단 이 경지들 **자체가** 신도에게 **직접적으로** 제공해 주는 감정적 가치

---

20) 수피즘 신봉자. 수피즘은 이슬람교도의 일부가 신봉하는 일종의 신비주의 신념이다.

때문에 추구되었던 것이다. 이런 관점에서 볼 때 상기한 경지들은 디오니소스적 알코올 도취 또는 신체-숭배에서 발생하는 종교적 알코올 도취, 토템적인 사육제, 식인축제, 종교적으로 정당화된 오랜 전통의 대마초, 아편 그리고 니코틴 섭취, 즉 모든 종류의 주술적 도취와 동일하다. 상기한 경지들은 이들이 제공하는 심리적 비일상성과 이로 인해 이 경지들이 가지게 되는 고유가치 때문에 성스럽고 신적인 것으로 간주되었던 것이다.

그런데 합리화된 종교들이 비로소 위와 같은 특수한 종교적 행위들에게 하나의 형이상학적 의미, 즉 구원재의 직접적인 습득을 넘어서는 하나의 형이상학적 의미를 추가로 부여하였고 이를 통해 주신제를 〈성찬식〉으로 승화시켰다. 그러나 다른 한편으로 가장 원시적 주신제에도 의미해석이 전적으로 결여되었던 것은 결코 아니다. 단지 이 의미해석은 전적으로 주술적-정령주의적 성격이었으며, 모든 종교적 합리주의에 고유한 특징, 즉 하나의 보편적 우주론적 구원-실현 방식의 정립이라는 특징을 가지고 있지 않았거나 아니면 이것의 지극히 미미한 단초만을 가지고 있었다. 그러나 상기한 상황, 즉 구원재가 신도에게는 일단은 그리고 일차적으로는 〔내세적이 아니라〕 심리적 **현재**라는 성격을 가지고 있다는 상황은 종교적 합리화가 진행된 이후에도 물론 변하지 않았다. 다시 말하여, 특수한 종교적(또는 주술적) 행위 또는 체계적 금욕 또는 명상이 직접적으로 불러일으키는 감정상태 그 자체가 곧 구원재라는 사실은 변하지 않았던 것이다.

상기한 감정상태는 그 의미상으로나 외적 표출양식상으로나 일시적인 비일상적 상태일 수 있었다. 그리고 원래는 당연히 대부분 그러했다. 즉 〈종교적〉 경지와 〈세속적〉 상황을 구분하는 유일한 기준은 전자의 **비일상성**뿐이었다. 그러나 종교적 수단을 통해 도달된 특수 경지는 시간이 지남에 따라 하나의 지속적 〈구원상황〉, 즉 한 인간 전체 및 그의 운명을 포괄하는 〈구원상황〉으로 추구될 수도 있었다. 물론 일시적 경지와 지속적 경지 간의 경계는 유동적이었다. 그런데 승화된 종교적 구원론의 두 가지 지고(至高)의 관념, 즉 〈재생〉(再生)과 〈구원〉 가운데 재생은 매우 오래된 주술적 가치였다. 사람들은 재생을 망아경지에서 일시적으로 획득하기도 했지만, 그러나 재생을 하나의 지속적 상태로 추구할 수도 있었으며 또 주술적 금욕의 수단을 이용해 성취할 수도 있었다. 가령 용사로 전사(戰士) 공동체에 입단하고자 하거나, 예배공동체의 구성원으로서 이 공동체의 주술적 춤이나 광란에 참여하고자 하거나 또는 신들과의 숭배회식에 동참하고자 하는 청소년은 새로운 영혼을 가져야만 했다. 따라서 영웅금욕과 주술사-금욕, 성인식 그리고 개인적 삶과 공동체 삶의 중요한 단락마다 행해지는, 신성한 의식으로 구성된 재생-관습들은 지극히 오래된 것이다. 그러나 이러한 재생 의례들은 비단 재생을 위해 사용한 수단이 서로 달랐을 뿐 아니라 무엇보다도 재생의 목적이 서로 달랐다. 다시 말해서 〈무엇으로〉 사람들이 다시 태어나고자 하는가 라는 질문에 대한 답들이 서로 달랐던 것이다.

3. 종교적 합리화 과정과 사회계층

1) 지식인층 : 〈세계상〉의 창출기능

한 종교의 심리학적 특징을 각인하는 다양한 종교적 (또는 주술적) 경지들은 매우 상이한 관점 하에서 체계화될 수 있다. 그러나 이 자리에서 그런 체계화를 시도하지는 않을 것이다. 여기서는 단지, 위에서 서술한 것에 접목하여 극히 일반적으로 다음과 같은 관점을 지적하는 데 그치고자 한다. 한 종교에서 지고의 가치로 추구되는 (현세적) 복된 경지 또는 재생 경지의 성격은 해당 종교의 가장 중요한 담지자 계층의 성격에 따라 분명히 서로 상이할 수밖에 없다는 관점이 그것이다. 전투적 기사계급, 농민, 상공인, 인문학적으로 훈련된 지식인 등은 이 점에서 당연히 서로 다른 경향들을 가지고 있었는바, 이 경향들이 그 자체로서 — 앞으로 보여 주겠지만 — 한 종교의 심리학적 성격을 명료히 결정짓는 경우란 드물었지만, 그러나 이 성격에 매우 심대한 영향을 끼친 것은 사실이다. 그 중 특히 앞의 두 계층〔기사계급 및 농민〕과 마지막 두 계층〔상공인과 지식인〕 간의 차이는 매우 중요했다. 왜냐하면 마지막 두 계층 가운데 **지식인층**은 항상 합리주의의 담지자였고, 상공인(상인과 수공업자)은 적어도 합리주의의 담지자가 될 가능성을 가지고 있었던 계층이었기 때문이다. 단지 전자의 경우는 보다 더 이론적 합리주의의 담지자였고, 후자의 경우는 더 실천적 합리주의의 담지자였다. 이 두 계층의 합리주의는 매우 다양한 특성을 지닐 수 있었지만 항상 종교적 태도에 중요한 영향력을 행사하였다.

무엇보다도 지식인층의 특성은 여기서 엄청난 영향력을 지니고 있었다. 현대 지식인들이, 말하자면, 자신의 내면의 가구(家具)를 보증된 진품 골동 집기들로 우아하게 장식하기 위해, 다른 모든 잡다한 센세이션에 추가하여, 〈종교적〉 경지라는 또 하나의 센세이션도 〈체험〉하며 즐기고자 하는 욕구를 가졌다고 한들, 이것은 오늘날의 종교발전에는 아무런 영향도 끼치지 못하며 또한 이런 욕구가 어떤 종교적 혁신의 원천이 된 경우는 어디에서도 찾아볼 수 없다. 반면에 과거에는 지식인층의 특성은 종교발전을 위해 지극히 중요했다. 종교적 구원소유[21]를 〈구원〉-신앙으로 승화시킨 것은 주로 이들이었다. 구원개념 그 자체는, 만약 우리가 이 개념에 궁핍, 배고픔, 가뭄, 병 그리고 — 궁극적으로는 — 고통과 죽음으로부터의 해방이라는 뜻도 함께 포함시킨다면, 매우 오래된 것이다. 그러나 구원이념이 하나의 체계적이고 합리적인 〈세계상〉 및 이 세계상에 대한 입장정립을 내포하게 되었을 때 비로소 이 이념은 특수한 의미를 얻게 되었다. 왜냐하면 구원이 그 목적

---

[21] Heilsbesitz의 역어로서, 이 개념은 여러 가지 주술적 수단 또는 고행을 통해 구원의 경지를 현재적으로 직접 체험하는 상황을 지칭하는 것으로 이해할 수 있다.

의 차원에서 그리고 그 심리학적 특성상 무엇을 지향하고자 하며 그리고 또 무엇을 지향할 수 있는가 하는 것은 바로 이 세계상 및 이 입장정립에 달려 있었기 때문이다. 이념이 아니라 이해관계(물질적 그리고 이념적 이해관계)가 인간의 행위를 직접적으로 지배한다. 따라서 이해관계의 역동적 힘이 우리를 움직여 〔문명의〕 선로를 깔게 한다. 그러나 〈이념〉을 통해 창출된 〈세계상〉은 바로 이 선로의 방향을 결정짓는 차단기 역할을 하는 경우가 매우 많았다. 결국 이 세계상에 따라, 사람들이 〈무엇으로부터〉 그리고 〈무엇을 위하여〉 구원받고자 원하는지 그리고 ― 이 점을 잊어서는 안 된다 ― 과연 구원받을 수 있는지 여부가 결정되었던 것이다.

그런데 우리가 구원을 통해 벗어나고자 하는 상태, 그리고 우리가 구원을 통해 도달하고자 하는 상태는 어떠한 것일까? 우리가 벗어나고자 하는 상태는 정치적 그리고 사회적 예속상태일 수 있으며, 또 우리가 도달하고자 하는 상태는 이 세상에서 이루어질 메시아적 미래 왕국일 수 있다. 아니면 그것은 의례상 부정(不淨)한 것 또는 육체에 갇혀 있는 것 자체의 부정함으로부터 구원받아 영혼과 육체가 아름다운 존재 또는 순수하게 정신적인 존재가 되는 상태일 수도 있다. 아니면 그것은 인간의 정열과 욕망의 끝없는 무의미한 유희에서 구원받아 신적인 것의 순수한 직관이 주는 조용한 평안을 누리는 것일 수도 있다. 아니면 그것은 근본적 악 그리고 죄에의 예속에서 구원되어 아버지 같은 신의 품 안에서 영원한 자유로운 은총을 누리는 것일 수 있다. 아니면 그것은 점성술적 별자리 결정론에의 예속에서 구원받아 자유의 존엄과 숨겨진 신성의 본질에 대한 참여를 누리는 것일 수도 있다. 아니면 그것은 고통, 곤궁 그리고 죽음으로 표현되는 유한성의 한계 및 임박한 지옥의 벌로부터 구원되어 세속적 또는 천국적 미래의 삶에서 영원한 복을 누리는 것일 수 있다. 아니면 그것은 전생의 행위들에 대한 가차 없는 보복이 담긴 재생의 순환에서 구원되어 영원한 평안을 누리는 것일 수도 있다. 아니면 그것은 골머리 썩이는 생각과 사건들의 무의미성에서 구원되어 꿈 없는 수면을 누리는 것일 수도 있다. 그 외에도 수많은 다른 구원욕구의 가능성들이 있었다. 이 모든 구원욕구들 뒤에는 항상, 현실세계에서 특별히 〈무의미하다〉고 느낀 것에 대한 입장표명이 있었고 이 입장표명의 핵심은, 우주란 그 전체로서 하나의 무언가 의미있는 〈코스모스〉이며 또는 그렇게 될 수 있으며 또 그렇게 되어야만 한다는 요구였다. 그런데 순수하게 **종교적인 합리주의**의 가장 중요한 산물인 이러한 요구의 주된 담지자층은 지식인층이었다. 이러한 형이상학적 욕구의 발전방향, 그 결과 및 그것의 영향력은 매우 다양했다. 그럼에도 이 문제에 대해 몇 가지 일반적인 명제는 제시될 수 있다.

근대에 들어와서 진행된 세계상과 생활양식의 철저한 합리화는 이론적이면서 동시에 실천적이고 이지적이면서 또한 목적 지향적 성격을 지니고 있다. 이 특수한 형태의 합리화가 낳은 일반적 결과는, 이 합리화 과정이 진행되면 될수록, 종교는 더욱더 ― 주지주의화[22] 되어 가는 세계상의 관점에서 보면 ―
비합리적 영역으로 밀려나게 되었다는 점이다. 그 이유는 여
러 가지다. 우선 합리주의의 일관된 유지라는 기대는 그렇게
쉽게 충족될 수 있는 것이 아니었다. 마치 음악에서 피타고라
스의 '차음정'이 남김 없는 음정학적 합리화에 저항하듯이, 그
래서 모든 민족과 모든 시대의 위대한 음악체계들을 서로 구분
하였던 것은 무엇보다도, 이들이 이 어쩔 수 없는 비합리성을
어떻게 무시하고 피해 갔는가 아니면 반대로 어떻게 이 비합리
성을 오히려 음정의 풍부함에 기여할 수 있도록 활용했는가 하
는 점이었듯이 이론적 세계상의 경우에도 사정은 같아 보였으
며, 특히 실천적 생활합리화의 경우에는 더구나 그러했다. 다
시 말하여, 여기서도 합리적-체계적 생활양식의 중요한 유형
들을 서로 구분하는 것은 무엇보다도 각 유형이 전적으로 주어
진 것으로 간주하고 받아들인 비합리적 전제들이 무엇이었는
가 하는 점이다. 그런데 이 전제들이 어떠한 것이었는지 라는
바로 이 문제는, 해당 생활방식이 형성될 결정적 시기에 이 생
활방식의 담지자였던 계층의 특이성에 의해 결정되었다. 다시

---

22) intellektuelle Formung des Weltbildes를 주지주의로 번역했다. 주
지주의란 인간의 마음은 지(知)·정(情)·의(意)로 구성되었다고 보
고 이 중에서 지적인 것인 지성·이성·오성(悟性)이 지니는 기능을
감정이나 의지의 기능보다도 상위에 있다고 보는 입장이다. 이것은
감정을 상위에 두는 주정주의(主情主義: 情緒主義)나 의지를 상위
에 두는 주의주의(主意主義)와 대립된다. 그러나 베버는 'intellek-
tuell', 'Intellektualismus' 등의 개념을 이러한 인식론적 의미 이외에
매우 일반적 의미, 즉 인간정신의 지성화라는 의미에서도 쓰고 있다.

말하여 이 문제는 이 담지자 계층의 사회적으로 규정된 외적 **이해관계 상황**과 심리적으로 규정된 내적 **이해관계 상황**에 의해, 따라서, 적어도 상당한 정도로는, 순수하게 역사적 그리고 사회적 조건들에 의해 결정되었다.

더 나아가, 현실의 합리화 과정에 끼어드는 비합리성의 영역은 주지주의자들이 현실초월적 가치들에 대한 자신들의 억제하기 힘든 욕구를 충족시키기 위해 수용할 수밖에 없는 영역이었다. 이것은 현실이 이러한 초월적 가치들로부터 탈피하는 것 같아 보이면 보일수록 더욱더 그러했다. 이와 함께, 모든 것이 구체적 주술이었던 원시적 세계상의 통일성은 이제 분열되는 경향을 보이기 시작한다. 즉, 그것은 한편으로는 합리적 인식과 자연의 합리적 지배라는 측면과 다른 한편으로는 〈신비적〉 체험이라는 측면으로 분열되기 시작한다. 여기서 〈신비적〉 체험이 가진, 우리의 언어로는 표현될 수 없는 내용들은 세계의 탈신격화된 메커니즘의 와중에서 그래도 아직 가능한 유일한 피안으로 남아 있게 된다. 그러나 여기서 피안이란 실제로는 신심(神心)에 찬 개별적 구원확보라는 이해할 수 없고 환상적 세계이다. 상기한 분열이 철저히 진행된 곳에서는 개개인은 자신의 구원을 어디까지나 개별자로서만 추구할 수 있다. 주지주의적 합리주의의 진척과 함께 어떤 형태로든 등장하는 이 현상은, 사람들이 세계상을 비인격적[23] 힘들에 의

---

23) unpersönlich의 역어. 이 용어 역시 번역이 매우 어려운 것 가운데 하나이다. 사전상으로는 '개인적 감정을 개입시키지 않는', '사무적', '냉

해 지배되는 코스모스로 합리화하는 곳이면 어디서나 나타났다. 그러나 이 현상이 가장 강력하게 나타난 곳은 당연히 아시아의 대종교들, 특히 인도의 대종교들 같이 세계와 세계의 〈의미〉의 순수하게 **사유적** 인식에 몰두하는 상류 지식인층이 종교 및 종교적 윤리를 주도하는 곳에서였다. 모든 이런 종교들에게는 명상, 즉 명상이 제공하는 전일(全一)의 깊은 복된 평안과 부동(不動)이 인간이 도달할 수 있는 최고의 그리고 궁극적 종교적 가치였으며 종교적 경지의 다른 형태들은 이것에 비하면 기껏해야 상대적 가치를 지닌 대용물에 불과했다. 앞으로 자주 보게 되겠지만, 이 사실은 경제를 포함한 현실생활과 종교 간의 관계에 대해 중대한 결과들을 초래했다. 이 결과들은 상기한 명상적 의미에서의 〈신비적〉 체험의 일반적 성격과 이 체험 추구의 심리적 전제조건들에서 유래했다.

정한' 등으로 번역되지만(그리고 이것들은 분명히 올바른 역어이다), 역자는 오히려 직역에 가까운 '탈인격적' 또는 '비인격적'이라는 표현을 택했다. 위의 본문에서는 이 개념이 가령 기독교적 '인격신'과는 대비되는 동양적 관념들인 '도'(道), '질서' 등의 속성을 지칭하고 있다. 가장 일반적인 차원에서 〈비인격적〉이란 구체적 개별 인간(Person)에 준거하는 것이 아니라, 개별 인간을 벗어난 어떤 객관적-추상적 기준이나 규범에 준거하는 행위성향 또는 그러한 현상을 뜻한다. 따라서 윤리적 의미에서의 '인격성' 문제와는 전적으로 무관하다. 주지하다시피 베버는 모든 사회관계와 세계상의 이러한 의미에서의 '탈인격화'를 근대적 합리화 과정의 요체라고 본다.

2) 실천적 행동가 계층

그러나 종교발전에 결정적으로 중요했던 계층이, 기사적 전쟁영웅 또는 정치적 관료 또는 경제적 영리활동 계급 등과 같이 실천적으로 행동하면서 현실 생활에 뿌리박고 있는 계층인 경우에는 사정이 전혀 달랐다. 또한 종교가 하나의 조직화된 교권주의적 체제[24]에 의해 지배당한 경우에도 사정은 역시 전혀 달랐다.

교권지배체제의 합리주의는 숭배의식과 신화를 전문적으로 관리하게 되는 과정에서 또는, 이보다 더 중요한 것이지만, 목회에서, 즉 죄를 지은 자들의 고해와 자문을 전문적으로 관리하게 되는 과정에서 발전해 나왔는데 교권지배체제의 합리주의는 어디서나 종교적 구원자격의 수여권을 독점하려고 시도했다. 다시 말하여 이 체제는 종교적 구원자격을 교회체제만이 제공해줄 수 있는, 그러나 개인은 도달할 수 없는 그러한 〈성사(聖事)-은총〉 또는 〈교회은총〉의 형태로 발전시키고 또 이에 맞게 조정하려고 시도했다. 그에 반해 명상이나 주신적(酒神的) 또는 금욕적 수단을 통한 개개인의 또는 자유로운 공동체의 개별적 구원추구는, 교권지배체제의 권력이해라는 입장에서 보면 당연히 매우 미심쩍은 것이었고 그래서 의례상으로

---

24) 교권주의(*Hierokratie*, 敎權主義)란 정치권력과 교회권력의 관계에서 교회권력의 우위를 주장하는 주의를 일컬으며 이런 의미에서 '성직자 지배체제' 이념이다.

규제되고, 무엇보다도 교권주의적으로 통제되어야만 했다.

다른 한편으로, **정치적** 관료층은 일반적으로 모든 종류의 개별적 구원추구나 자유 공동체 구성을 국가기구의 순치(馴致)로부터 해방되려는 운동의 진원지로 보고 불신했으며, 또한 서로 경쟁하는 사제적 은총 조직들을 불신했다. 그러나 무엇보다도 관료층은 공리적이고 현세적인 목적을 벗어난 이러한 비실제적 가치에 대한 추구 그 자체를 궁극적으로는 경멸하였다. 모든 관료층에게는 종교적 의무란 궁극적으로는 하나의 공적인 또는 사회적인 국가공민 의무 및 신분집단 의무에 불과했고, 의례는 복무규칙에 다름 아니었다. 따라서 관료제가 지배하는 사회의 종교는 어디서나 의례주의적 성격을 띠게 되었다.

기사(騎士) 중심의 전사계층의 관심사 역시 전적으로 현세적 성향을 가지고 있는 것이 일반적이었고 〈신비주의〉와는 전혀 무관했다. 그러나 영웅들이 대개 그러하듯이, 이 기사계층에게는 대부분의 경우 현실의 합리주의적 관리에 대한 욕구도, 능력도 결여되어 있었다. 〈운명〉의 비합리성, 즉 막연하게 결정론적으로 이해되는 〈비운〉(가령 호머적인 〈모이라〉(Moira)[25]) 이라는 관념이, 정열적이고 강한 영웅으로 상정되는 신들과 데몬[26]들의 뒤에 그리고 위에 서 있었으며, 이들이 인간

---

25) 〈Moira〉. 그리스 신화에 나오는 운명의 여신. 그리스어(語)로 '배당'(配當) 또는 '수명'(壽命)이라는 뜻인데, 운명의 여신으로 의인화(擬人化) 되었다.

26) 〈Dämon〉. 그리스어(語)의 다이몬(daimon)에서 유래한 말. 앞서 지적했듯이, 고대 그리스에서 다이몬은 신에 가까운 존재 또는 신과

세계의 영웅들에게 도움, 적대, 영예와 약탈물 또는 죽음을 배정했던 것이다.

　농민층의 경우, 경제적 생존 전반이 강하게 자연에 예속되어 있었고 원초적 힘들에 의존하고 있었다. 따라서 농민층은 주술에 매우 집착하기 마련이었다. 즉, 이 계층은 자연의 힘들 위에서 그리고 그 속에서 활동하고 있는 정령들을 다스릴 수 있는 마술이라든지 또는 신의 선의를 단순히 매입해버리는 관행 등에 매우 집착하고 있었다. 그 결과, 농민 이외의 다른 계층이나 또는 기적을 행하여 주술사로서의 정당성을 얻은 강력한 예언자들이 유발하는 인생관의 엄청난 대변혁만이 농민층을 주술 ─ 이것은 어디서나 종교의 원초적 형태였다 ─ 에의 집착으로부터 끌어내어 올 수 있었다. 유독(有毒)한 흥분제 또는 춤을 통해 다다르는 경지 등 기사층에게는 생소한 ─ 기사들은 이런 경지들을 품위 없는 상태로 여겼다 ─ 이 경지들은 농민에게는 지식인층의 〈신비주의〉에 상응하는 것이었다.

3) 경제 시민계층

　이제 마지막으로 살펴볼 계층은 시민계층이다. 이 범주에는 서구적 의미에서의 〈**부르주아적**〉 계층, 다른 지역에 존재했

　인간 간의 중간적 존재를 의미하였다. 후에 기독교에서는 악령·악마 또는 이교(異敎)의 신을 가리키게 되었다. 본문에서는 원래의 그리스어 의미로 사용되고 있다.

던 이에 상응하는 집단, 즉 수공업자, 상인, 가내 공업적 기업가 및 이런 집단들의 근대 서구 특유의 변종들이 속하는데, 이런 시민계층은 종교적 입장이 가장 애매모호한 계층이었다. 그리고 이 애매모호성은 우리가 특별히 주목해야 할 관점이다. 시민적 종교성의 이러한 성격을 보여주는 예들을 열거해보자. 교황의 기반이었던 중세도시에서 볼 수 있는 가톨릭 교회의 성사적 교회은총, 고대도시 및 인도에서의 밀교적 성사은총, 중동의 광란적 그리고 명상적 수피 및 탁발승 종교, 도교적 주술, 불교적 명상과 밀교자들의 영적 지도 하에 있던 아시아에서의 의례주의적 은총 획득, 크리슈나에서 예수숭배에 이르기까지 전세계에서 볼 수 있는 모든 형태의 구세주 사랑 및 구원신앙, 합리적 율법의례주의 및 유대인들의, 모든 주술을 제거한 교회당-예배, 그노시스적[27] 고대종파들 및 금욕적 중세종파들, 청교도와 감리교도의 예정론적 은총과 윤리적 거듭남 및 온갖 종류의 개별적 구원추구 등 지금까지 열거한 이 모든 현상은 다른 어느 계층에서보다도 바로 이 시민계층에 특히 강하게 뿌리박고 있었다.

물론 다른 모든 계층(가령 기사, 농민 등)의 종교성도 앞에서 그들과 특별히 선택적 친화력[28]이 있다고 규정한 그러한 성격

---

27) 그노시스파는 1~2세기 헬레니즘 시대에 로마 · 그리스 · 소아시아 · 이집트 등지에 널리 퍼져 있던 그리스도교의 이단이다. '그노시스'는 지식 특히 영지(靈知)를 뜻하는 말이다. 그들은 보통 기독교 신앙지식 이상의 신비적 신앙지식에 도달하려고 하였다.

28) wahlverwandt의 역어. Wahlverwandtschaft는 원래 화학용어로서 두

만을 가졌던 것은 결코 아니며, 다른 다양한 성격도 가질 수 있었다. 그러나 〈시민계층〉은 이 점에서는 일견 전반적으로 훨씬 더 큰 다양성을 지닌 듯이 보인다. 그런데 이런 외견상의 인상과는 달리, 오히려 우리는 바로 이 계층이 특정한 유형의 종교성에 대해 주목할 만한 선택적 친화력을 가지고 있음을 확인할 수 있다. 이 계층의 생활양식은 경제활동 면에서 자연에 훨씬 덜 예속되어 있었는바, 이로 인해 이 계층은 **실천적** 합리주의에 의거하여 생활하는 경향을 공통적으로 가지고 있었다. 얼마나 효율적으로 자연과 인간을 기술적 또는 경제적 계산과 지배의 대상으로 만들 수 있느냐에 이들의 전 존재가 달려 있었기 때문이다. 물론 전래된 방식의 생활기술(生活技術)은 이 계층에게도 전통주의에 고착되어 있을 수 있었으며, 이것은 어디서나 항상 반복되어 일어난 일이다. 그러나 이 계층에서는, 기술적 그리고 경제적 합리주의로의 경향에 접목하여 하나의 **윤리적으로** 합리적인 생활관리 방식을 탄생시킬 수 있는 가능성이 항상 존재했다. 비록 그 가능성의 정도는 매우 다양했고, 또 이러한 윤리적으로 합리적인 생활관리 방식이 (대부

원소가 상호 친화력으로 인해 결합하여 새로운 화합물을 만들어 내는 현상을 지칭한다. 베버는 역사적 요인들 간의 상호작용 관계를 엄밀하고 결정론적 인과관계보다는 흔히 이러한 선택적 친화력의 관계로 묘사하고 있다. 참고로 독일의 문호 괴테는 1809년에 간행된 *Die Wahlverwandtschaften*이라는 소설에서 두 쌍의 남녀 간에 이루어지는 애정관계의 미묘함을 친화력의 작용에 빗대어 서술하고 있다. 대단한 괴테 숭배자였던 베버는 선택적 친화력 개념을 사용하면서 이 작품을 염두에 두고 있었을 것이다.

분) 주술적으로 상투화된 전통과의 투쟁에서 어디서나 관철될
수 있었던 것은 아니지만 말이다.

4) 예언자 : 〈소명예언〉과 〈모범예언〉

그런데 이러한 윤리적으로 합리적인 생활관리 방식은 예언
자의 등장을 통해 하나의 종교적 하부구조를 얻게 되었다. 이
종교적 하부구조는 앞으로 자주 논의하게 될 예언자의 두 가지
기본 유형 중 어느 하나의 영향 하에 형성되었다. 그 첫 번째
유형은 〈모범적〉 예언으로서, 이 경우 예언자는 구원으로 인
도하는, 주로 명상적이고 무열정적-망아적 삶을 **모범적으로 살
아 보여주었다.** 두 번째 유형은 〈소명-예언〉으로서, 이 경우
예언자는 신의 이름으로 세계에 요구를 제시하는데, 이 요구
는 당연히 윤리적 그리고 흔히 적극적 금욕적 성격을 띠고 있
었다. 후자의 예언방식, 즉 현세 내에서 적극적으로 행동할 것
을 요구하는 예언방식은 바로 시민계층에서 특별히 유리한 토
양을 발견했으며, 이것은 시민계층 자체가 사회적으로 비중이
크면 클수록, 그리고 시민계층이 금기적 예속과 친족적 분파
및 카스트적 분파에서 해방되었으면 되었을수록 더욱더 그러
했다. 그리고 소명-예언의 영향 하에 있는 시민계층은, 상류
지식인층에 의해 주도되는 종교들이 최고의 가치로 간주했던
신의 소유나 신심에 찬 명상적 침잠이 아니라 오히려 적극적
금욕과, 스스로가 신의 〈도구〉라는 의식 하에 신의 의지에 따

르는 **행동**을 더 선호하였으며 이것이 이 계층의 주된 종교적 자세가 되었다. 서구의 경우 신의 도구로서 행동해야 한다는 이러한 자세는 명상적 신비주의와 광란적 또는 무감각적 망아경지 ― 이런 신비주의와 망아경지는 서구에서도 잘 알려져 있었다 ― 를 지향하는 자세를 재삼재사 압도하면서 주도적 위상을 유지했다. 물론 이러한 〔적극적 행동지향적〕 자세가 시민계층에만 한정되어 있었다는 말은 아니다. 그런 유의 명백한 사회적 결정성은 여기서도 결코 존재하지 않았다. 귀족과 농민을 대상으로 하는 조로아스터교와 무사를 대상으로 하는 이슬람교의 예언 역시 이스라엘의 예언과 고대 기독교의 예언 및 설교와 마찬가지로 이러한 적극적 성격을 가졌으며, 이것은 불교적, 도교적, 신피타고라스적, 그노시스적 또는 수피적 선교와는 대조적이었다. 그러나 앞으로 보게 되겠지만 소명-예언의 몇 가지 특수한 결과들은 바로 〈시민적〉 토양에서만 발생하였다.

소명-예언의 경우, 신도는 자신을 신성(神性)이 담긴 그릇으로 느끼는 것이 아니라 신의 도구라고 생각한다. 이 소명-예언은 하나의 특정한 신 개념(神槪念)과 매우 깊은 선택적 친화력을 가지고 있는바, 그것은 초월적이고, 〔인간의 모습을 갖추고 있다는 뜻에서〕 인격적이고, 분노하고, 용서하고, 사랑하고, 요구하고, 처벌하는 창조신 개념이다. 소명예언의 이러한 인격신적 개념과는 대조적으로 모범적 예언에서는 ― 예외가 없는 것은 결코 아니지만, 그러나 대체적으로 ― 비인격적인 지고(至高)의 존재가 상정된다. 이 지고의 존재는 단지 명상을 통해서만 도달할 수 있는 경지이기 때문에 비인격적이다. 첫 번째 신 개념(창조신)은 이란과 중동의 종교 및 이 종교에서 도출된 서구의 종교성을 지배했고, 두 번째 (비인격적) 신 개념은 인도와 중국의 종교성을 지배했다.

그러나 위의 차이들이 처음부터 있었던 것은 아니다. 전혀 그렇지 않으며, 이 차이들은 원래 어디서나 유사한 형태로 존재했던 원시적 정령주의적 귀신 관념과 영웅주의적 신 관념이 전반적으로 승화되면서 비로소 생겨나기 시작했다. 물론 이 승화과정은 방금 언급한 맥락, 즉 구원재(救援財)로 평가되고 추구되었던 종교적 경지들과의 밀접한 연관 하에 진행되었다. 다시 말하여, 이 종교적 경지들에서 다양한 신의 개념이 도출되었는바, 이러한 신의 개념화가 어떤 방향을 취하는가 라는 문제는 어떤 경지를 가장 가치 있는 구원상태로 보는가에 따라 결정되었다. 즉, 명상적 신비적 체험 또는 무감각적 망아 또는 광란적 신 소유 또는 환상적 계시와 〈소명〉 등의 경지 중 어느 것이 가장 가치 있는 구원상태로 간주되었는가에 따라 결정되었던 것이다. 오늘날 매우 널리 퍼져 있고 또 물론 상당부분 올바른 견해, 즉 감정내용이 유일하게 본질적인 것이며 사상(思想)은 단지 이 감정내용을 이차적으로 다듬어 표현한 것에 불과하다는 견해를 가진 사람들은, 인과관계 면에서 볼 때 〈심리적〉 요인이 〈합리적〉 요인보다 더 우선함을 전적으로 믿고 후자는 단지 전자의 해석에 불과한 것이라고 주장하는 경우가 있다. 그러나 이런 주장은 사실들의 증거를 두고 볼 때 너무 지나친 것이다. 초월적 신 개념으로 발전하느냐 아니면 내재적 신 개념으로 발전하느냐 라는, 후에 중대한 결과를 낳은 이 문제는 수많은 순수하게 역사적 요인에 의해서도 결정되었던 것이다. 그리고 신 개념〔즉 합리적 요인〕이 어느 쪽으로 발전하느냐에 따라 이것은 다시금 구원체험〔즉 심리적 요인〕의 구성방식에 매우 지속적 영향을 미쳤는바, 이 과정은, 앞으로 자주 논하게 되겠지만, 특히 초월적 신 개념의 경우에 분명히 드러난다. 심지어 마이스터 에카르트[29] 까지 간혹 명시적으로 〈마르타〉를 〈마리아〉보다 상위에 두었는데, [30] 이것의 궁극적 이유는, 에카르트로서는 서양의 천지창조론 및 신에 대한 믿음의 모든 결정적 구성요소들을 전적으로 포기하지 않고서는 신비주의자들의 특성인 신의 범신론적 체험을 얻을 수 없었기 때문이다. 다시 말하여 한 종교의 합리적 요소들, 즉 그것의 〈교리〉— 가령 인도의 업보론, 칼뱅교의 예정론, 루터교의 신앙을 통한 정당화, 가톨릭의 성사론 등 — 는 자신의 고유법칙성

---

29) 마이스터 에카르트(Meister Eckhart , 1260~1327) 는 독일의 대표적 신비주의 사상가이다.

30) 마르타(Martha) 는 신약성서에 나오는 베다니아 마을에 살았던 여인이며, 그녀의 동생이 마리아이다(요한 11 : 1) . 본문에서 언급된 내용의 배경은 다음과 같다. 어느 날 예수를 모시고 있는 가운데 동생 마리아가 손님 접대에 바쁜 자기를 돕지 않고 예수의 가르침에만 열중하자 동생에게 불평하였다. 이때 예수는 '동생이 좋은 몫을 차지했다'고 칭찬하였다. 마르타는 남을 돌보아 주기 좋아하는 유형의 여인을 대표하는 이름으로 오늘날 교회 안에서 전해지고 있다.

도 가지고 있는 것이다. 그리고 신에 대한 관념 및 〈세계상〉에서 도출되는 합리적·종교적 구원-실천방식은 다시금 일상적 생활양식의 형성에 때때로 심대한 영향을 끼쳤던 것이다.

4. 종교적 엘리트 집단의 성격과 경제윤리

1) 〈대가 종교성〉과 〈대중 종교성〉

지금까지의 서술에서 전제되었듯이, 한 종교에서 추구되는 구원재의 성격은 지배계층의 외적 이해상황의 성격 및 이에 상응하는 생활양식의 성격에 의해, 다시 말하여 사회적 계층구조에 의해 강하게 영향을 받았다. 그러나 역으로 생활양식 전체는 다시금, 이것이 계획적으로 합리화된 곳이면 어디서나 이 합리화가 준거로 삼았던 궁극적 가치들에 의해 지극히 깊은 영향을 받았다. 이러한 궁극적 가치들을 규정한 힘에는 종교 **역시** 포함되어 있었다. 물론 그 힘이 항상 종교였던 것은 아니고, 또 전적으로 그랬던 것은 더더구나 아니지만, 그러나 **윤리적** 합리화가 시작한 이후 그리고 이 합리화 과정이 영향을 끼치기 시작한 이후부터는 이러한 궁극적 가치들은 그 결정적 요소에서 대부분 **종교적으로** 규정된 가치평가 및 입장정립이었다.

그런데 외적 그리고 내적 이해관계상황의 이러한 상호 연관성의 성격을 보면 한 가지 사실이 매우 중요했음을 알 수 있다. 즉 어떤 종교가 약속하는, 지금까지 열거된 〈최고〉의 구원재들이 반드시 가장 보편적인 구원재들이었던 〔즉 아무나 획득할 수 있었던〕 것은 아니라는 사실이 그것이다. 이를테면 열반에 드는 것, 신적인 것과의 명상적 합일, 광란의 수단으로 또는 금욕의 수단으로 얻은 신들림 등은 결코 아무나 도달할 수 있는 것들이 아니었다. 설사 종교적 도취상태 또는 꿈의 상태로 몰입하는 것이 약화된 형태로 하나의 보편적 민중숭배의 대상이 된 경우에도, 이런 경지들은 적어도 일상적 삶의 구성요소는 아니었던 것이다. 내가 보기에 모든 종교사의 맨 처음에는 인간의 **불평등한** 종교적 자질이라는 중요한 경험적 사실이 자리 잡고 있는데, 이 불평등성의 지극히 냉혹한 합리주의적 모델이 교리화된 곳이 칼뱅주의적 예정론의 〈은총특수주의〉이다.

최고로 평가된 종교적 구원재들 — 가령 온갖 종류의 무당, 주술사, 금욕주의자 그리고 그노시스론자의 망아적 그리고 환상적 능력 — 은 아무나 획득할 수 있는 것이 아니었으며, 이런 능력의 소유는 하나의 〈카리스마〉로서 이것을 갖출 수 있는 자는 일부이지 모든 사람이 그럴 수 있었던 것은 아니었다. 이런 이유에서 모든 강력한 종교는 카리스마적 자질 차이에 근거한 일종의 **신분적** 분화 경향을 갖게 되었다. 즉, 〈영웅주의적〉 종교성 또는 〈대가(大家) 종교성〉31) 과 〈대중(大衆) 종교성〉이 서로 맞서게 되었던 것이다. 물론 여기서 〈대중〉이란 세속적 신분질서에서 사회적으로 낮은 지위를 가진 사람을 뜻하는 것이 아니라 **종교적으로** 〈음치〉인 사람을 뜻한다〔종교적

---

31) 원주: 여기서는 〈대가성〉(大家性)이라는 개념에서 이 개념이 오늘날 지닌 모든 가치함의가 제거되어야만 한다. 나는 이런 가치함의의 부담 때문에 오히려 〈영웅주의적〉 종교성이라는 표현을 쓰고 싶지만, 이 표현은 여기에 속하는 많은 현상들에게는 부적절하다.

감수성이 적은 사람). 주술사와 성스러운 무용가의 연합, 인도의 사문(沙門)[32]의 종교적 신분집단, 교단에 의해 명시적으로 하나의 특수 신분으로 공인된 고대 기독교의 〈금욕주의자〉, 바울주의적 그리고 더구나 그노시스파의 〈성령이 가득 찬 자〉들, 경건파의 〈집회〉, 모든 진정한 〈종파〉, 즉 사회학적으로 표현하자면 종교적 **자질을 갖춘 자들만**을 받아들이는 조직, 끝으로 전 세계의 모든 수도사 공동체 등 이 모든 것들은 위에서 언급한 의미에서의 대가-종교성의 신분적 담지자들이었다.

그런데 모든 대가-종교성은 그 자기법칙적[33] 발전에서 〈교회〉, 즉 관료들로 구성된 법인체적 성격의 은총수여 공동체인 〈교회〉의 교권주의적 관권(官權)에 의해 원칙적으로 배척당했다. 왜냐하면 교회는 제도화된 은총의 담지자로서 직접 대중 종교를 조직하고자 노력하며, 따라서 교회는 종교적 대가들이 스스로 종교적 신분자격을 부여하는 것을 배격하기 때문이다. 그 대신 교회는 공식적 공급 독점권을 가지고 독자적 구원재를 관철시키려고 노력한다. 교회는 그 본질상, 다시 말하여 이 조직의 관직보유자의 이해관계상, 구원재를 누구나 획득할 수 있도록 한다는 의미에서 〈민주적〉이어야만 한다. 교

---

32) 출가자를 뜻하며, 삭발을 하고 나쁜 일을 하지 않으며, 신심을 가다듬어 선행을 하고, 깨달음을 얻기 위하여 노력하는 사람을 말한다.

33) '독자적 법칙에 따른다'(*eigengesetzlich*)는 뜻인데, 다른 역주에서도 이미 지적했듯이 eigengestzlich는 베버 특유의 중요한 개념이므로 직역했다.

회는 은총보편주의를 지지하고 또한 자신의 조직권력에 순응하는 모든 사람들은 윤리적으로 충분한 (구원) 자격을 갖춘 것으로 간주하는 입장을 취하지 않을 수 없다. 이 과정은 사회학적으로 볼 때 정치영역에서 관료제가 귀족신분의 정치적 특권의 제거를 위해 벌이는 투쟁과 완전히 동일한 것이다. 모든 성숙한 정치적 관료제 역시 교권주의 체제와 똑같이 필연적으로 그리고 유사한 의미에서, 자신의 권력경쟁 상대이며 그래서 배척대상인 신분적 특권들을 평준화한다는 의미에서 〈민주적〉 지향을 가지고 있다. 항상 공식적 투쟁이었던 것은 아니었지만, 그러나 잠재적으로는 항상 존재했던 이 투쟁의 결과로 지극히 다양한 타협들이 생겨났다. (이 투쟁의 예들을 열거하자면: 울레마교[敎]가 회교탁발승 종교에 대해 벌인 투쟁, 초기 기독교 주교들이 성령주의자, 영웅적 종파주의자들 및 금욕적 카리스마의 엄청난 힘에 대해 벌인 투쟁, 루터교의 목사와 성공회의 성직자 교회가 금욕주의 전반에 대해 벌인 투쟁, 러시아의 국교회가 종파들에 대해 벌인 투쟁, 유교의 의례집행 관청이 불교적, 도교적 그리고 온갖 종류의 분파적 구원추구에 대해 벌인 투쟁 등이다.)

그런데 종교적 대가들은 대중고객을 획득하고 또 유지하기 위해 자신의 대가성(大家性) 유지에 필요한 조건들 중 일부를 일상인들의 종교적 욕구에 맞도록 이념적으로나 물질적으로나 양보하지 않을 수 없었다. 그리고 이 양보들이 어떠한 것이었는가 라는 것, **이 점이** 한 종교가 일상생활에 대해 어떤 영향을 끼쳤는가를 결정짓는 가장 중요한 요소였음은 당연한 일이다.

〔이 문제와 관련하여 두 가지 경우를 상정할 수 있다.〕 첫째, 거의 대부분의 동양 종교에서 그러했던 것처럼 대가들은 대중을 주술적 전통에 그대로 머물러 있게 할 수 있다. 둘째, 대가들은, 비록 스스로의 이상적 요구들에서 매우 많은 양보를 하기는 하지만, 그러나 일상의 윤리적 합리화에 착수하고 또한 이 합리화를, 대중을 위해서도 그리고 바로 대중만을 위해서, 일반적으로 관철시킬 수 있다. 이 두 가지 경우를 비교하면 대가들의 종교적 영향은 전자의 경우가 후자의 경우보다 비할 수 없으리만큼 적었다. 그러나 우리는 이러한 갈등의 마지막 결과로 형성되는 대가종교성과 대중종교성의 관계뿐 아니라 구체적 대가종교성의 특이성 그 자체에도 주목해야 하는데, 왜냐하면 이 종교적 대가들의 특이성은 〈대중〉의 생활양식의 발전에 대해서도 결정적 중요성을 가졌으며, 이와 함께 해당종교의 경제윤리에 대해서도 결정적 중요성을 가졌기 때문이다. 그도 그럴 것이 종교적 대가들의 이러한 특이성이야말로 사람들이 실제 생활에서 체험하는 종교의 〈본보기〉였을 뿐 아니라, 이 특이성이 결정하는 대가들의 생활양식이 어떠한 것이었느냐에 따라 하나의 합리적 일상윤리를 창출할 수 있는 가능성이 상당부분 결정되었기 때문이다.

2) 신비주의적 대가종교성과 경제윤리

대가종교성과 경제의 무대인 **일상생활** 간의 관계는 특히 이 대가종교성이 지향하는 **구원재**의 특성에 따라 매우 다른 양상을 보였다.

대가종교성의 구원재와 구원수단이 명상적 또는 광란적-망아적 성격을 지녔으면, 이런 대가종교성으로부터는 현실 내에서의 실천적 일상행위에 대한 어떤 연결점도 생겨나지 않았다. 이 경우에는 현세 내에서의 모든 다른 행동들과 마찬가지로, 경제활동 역시 종교적으로 열등한 것이었다. 뿐만 아니라 최고의 가치로 평가되는 경지〔명상 또는 망아 등〕는 간접적으로도 경제활동을 위한 어떠한 심리적 동기도 제공하지 않았다. 명상과 망아의 종교성은 그 가장 내면적 본질상 오히려 경제-적대적이었다. 그도 그럴 것이, 신비적 체험, 광란과 망아의 체험은 각별히 비일상적인 것, 우리를 일상과 모든 합리적 목적행위로부터 이탈시키는 것, 그리고 바로 **그렇기 때문에** 〈신성하다〉고 존중되는 것이었기 때문이다. 따라서 이런 성격의 종교에서는 〈평신도〉의 생활양식과 대가-공동체의 생활양식 간에는 깊은 괴리가 있었다. 이럴 경우 종교적 공동체 내에서의 종교적 대가신분집단의 지배는 곧잘 하나의 주술적 인간숭배의 길로 들어섰는바, 대가는 성인(聖人)으로서 직접적 경배의 대상이 되었거나, 또는 평신도들은 그의 축복과 그의 주술적 힘을 세속적 내지 종교적 구원을 증대시키는 수단으로 매입했다. 농민이 영주에게는 공납의 원천이었던 것과 같이, 평신도는 불교와 그리고 자이나교의 탁발승에게는 단지 하나의 공납의 원천이었을 뿐이며, 이 공납 덕분에 탁발승 스스로는 구원을 항상 위협하는 세속적 노동을 하지 않고 전적으로 구원의 목적만을 위해 살 수 있었던 것이다. 그럼에도 불구하고 여기서도 평신도 자신의 생활양식 역시 일정 정도 대가들에 의한 윤리적 규제를 받을 수 있었다. 왜냐하면 대가는 당연히 평신도의 목회자 또는 고해신부였고 영혼의 지도자였으며 따라서 흔히 엄청난 영향력을 행사했기 때문이다. 그러나 대가는 **자신**의 종교적 생활양식을 통해서는 평신도, 즉 종교적 〈음치〉에게 전혀 영향을 끼치지 않았거나 아니면 단지 예법과 의례와 관습의 세부사항들에서만 영향을 끼쳤다. 왜냐하면〔대가에게는〕원칙적으로 속세 내에서의 행동은 종교적으로 전혀 중요하지 않은 것이었으며, 속세 내의 행동은 종교적 목표를 위한 노력과는 바로 정반대되는 방향에 놓여 있었기 때문이다. 더욱이 순수한 〈신비주의자〉의 카리스마는, 진정한 주술사의 카리스마와는 달리, 자기 자신에게만 도움이 되는 것이지, 다른 사람들에게는 도움이 되지 않는 것이었다.

3) 금욕주의적 대가종교성과 경제윤리

사정이 전혀 다른 경우는, 종교적 자격을 갖춘 대가들이 하나의 금욕주의적 **종파**, 말하자면 현세 내에서의 삶을 신의 의

지에 따라 조직하려고 노력하는 **종파**로 뭉쳐졌을 경우이다. 그러나 가장 원래적 의미에서의 이러한 종파형성이 가능하기 위해서는 두 가지 조건이 필요했다. 첫째, 최고의 종교적 구원재가 명상적 성격이어서는 안 되었다. 즉, 이 구원재는 유한한 현세와는 대비되는 무한한 초 현세적 존재와의 합일 또는 광란적, 무감각적-망아적으로 도달할 수 있는 〈신과의 신비적 합일〉의 성격을 가져서는 안 되었다. 왜냐하면 이 신비적 합일은 항상 일상적 행동의 **바깥에** 있고 현존세계를 초월해 있으며 이 현존세계로부터 이탈시키기 때문이다. 둘째, 종파적 종교는 은총수단의 순수하게 주술적 그리고 성사(聖事)적 성격을 가능한 한 극복했어야만 한다. 왜냐하면 이러한 〔주술적-성사적〕 은총수단 역시 현세에서의 행동을, 종교적 측면에서 볼 때는, 기껏해야 상대적 중요성밖에 가지지 못한 것으로 늘 평가절하시키며 또 이러한 은총수단에 의존하는 종교는 일상적 합리성 **바깥에** 있는 영역들에서 우리가 거두는 성공에 따라 우리의 구원에 대한 결정을 내리고 있기 때문이다. 이 두 가지 모두, 즉 한편으로는 세계의 탈주술화와 다른 한편으로는 구원의 길을 명상적 〈현세도피〉에서가 아니라 행동을 통한 금욕적인 〈현세개조〉(現世改造)에서 찾는 것, 이 두 가지 다를 완전히 달성한 경우는, 전 세계에서 발견될 수 있는 몇 가지 소규모의 합리주의적 종파들을 제외한다면, 단지 서구의 금욕적 프로테스탄티즘에 의해 창출된 주요 교회 및 종파뿐이었다.

이것은 서구종교가 가졌던 몇 가지 중요한, 순수하게 역사적인 특수 조건들의 상호작용의 결과였다. 우선 서구종교를 둘러싸고 있던 사회적 주변환경의 영향, 무엇보다도 이 종교의 발전에 결정적으로 중요했던 사회계층의 영향을 들 수 있다. 그러나 다른 한편으로는, 위의 요인 못지않게 이 종교성의 본래적 성격 역시 강한 영향을 끼쳤는데 초월적 신 및 구원수단과 구원의 길의 특수성이 그것이다. 이 특수성은 역사상 이스라엘의 예언과 율법론을 통해 처음으로 형성되었다. 이 점은 이 논문집 앞부분에 수록된 논문들에[34] 부분적으로 서술되어 있으며 또 나중에 좀더 상세히 서술할 것이다. 종교적 대가가 신의 〈도구〉로서 세상에 내보내졌고 모든 주술적 구원수단에서 단절된 채 신으로부터 다음과 같은 요구를 받았을 경우를 상정해 보자. 세상의 제(諸) 질서 내에서 자신의 행동이 가진 윤리적 우월성을 통해서 그리고 **단지** 이 우월성을 통해서만 신 앞에서 ─ 그리고 실제로는 자기 자신 앞에서 ─ 스스로가 구원받을 자격을 가지고 있음을 〈증명하라〉는 요구를 받았을 경우, 이럴 경우 〈현세〉(現世)가 그 자체로서는 비열하고 죄의 온상이기 때문에 종교적으로 철저히 평가 절하되고 거부된다고 하더라도, 세속적 〈직업〉에서 신이 원하는 활동을 펼칠 무대로서의 현세는 위의 요구를 통해 심리적으로는 오히려 더욱더 긍정되었다. 이러한 현세 내적 금욕주의는, 품위와 아름다움, 아름다운 도취와 꿈, 순수하게 세속적인 권력과 순수하게

---

34) 《종교사회학 논문집》 제1권에 실린 '신교윤리와 자본주의 정신' 및 '신교종파와 자본주의 정신'을 뜻한다.

세속적인 영웅의 자부심 등과 같은 가치들을 신의 나라에 대한 경쟁가치들로 경멸하고 배척한다는 의미에서는 분명히 현세 거부적이었다. 그러나 이 금욕주의는 그렇다고 해서 명상적 신비주의와 같이 현세 도피적이었던 것이 아니라, 현세를 신의 계명에 따라 윤리적으로 합리화시키고자 했으며, 따라서 고대와 평신도-가톨릭주의에서 볼 수 있는 굴절되지 않은 인간관이 가진 순박한 〈현세긍정〉보다도 더욱더 집요하게 현세 지향적 자세를 유지했다. 종교적으로 자격을 갖춘 자의 은총과 선택됨은 바로 일상에서 증명되었기 때문이다. 그러나 현재 있는 그대로의 일상이 아니라 신에 봉사할 수 있도록 조직적으로 **합리화된** 일상행동에서 이 증명이 이루어지는 것이다. 다시 말해서 합리적 관점에서 직업으로 승화된 일상행동이 구원의 증거가 되었다. 이렇게 하여, 종교적 대가의 종파들은 서양에서는 경제행위를 포함한 생활양식의 조직적 합리화의 효소를 형성했다. 이에 반해 아시아의 명상적, 광란적 또는 무감각적 열광자의 공동체들은 현세 내적 행동의 무의미성으로부터 탈출하고자 하는 동경의 배출구 역할을 했던 것이다.

그런데 이러한 극단적 양극 사이에는 지극히 다양한 중간적 형태와 조합들이 존재했다. 왜냐하면 종교의 세계도 인간의 세계와 마찬가지로 결코 골똘한 사색을 통해 쓰인 책과 같은 것이 아니기 때문이다. 종교는 역사적 형상이지, 논리적으로 또는 적어도 심리적으로나마 모순 없이 구성된 형상이 아니었다. 종교는 매우 흔히 자기 자신 속에 여러 대열의 동기들을 수용하고 있었는바, 이 동기대열들은, 만약 우리가 그 각각을 따로 일관되게 추구한다면, 서로 방해했을 것이며, 흔히 서로 정면으로 충돌할 수밖에 없었을 것이다. 종교에서 〈일관성〉은 정상이 아니라 오히려 예외였다. 또한 구원으로의 길과 구원수단 자체는 대부분 심리학적으로 불분명했다. 가령 초기 기독교의 수도사와 퀘이커교도는 신의 추구에 있어 강한 명상적 성향을 가지고 있었다. 그러나 그들의 종교성의 전체 내용이, 그리고 무엇보다도 초월적 창조신과 은총의 확실성의 확보방식이 이들로 하여금 계속해서 〔명상의 길이 아니라〕 행동의 길로 나아가도록 만들었던 것이다.

다른 한편으로, 불교의 승려도 행동을 했다. 다만 이 행동은 모든 일관된 현세 **내적** 합리화에서 유리되어 있었는바, 왜냐하면 불교적 구원추구의 궁극적 목표가 다시 태어남의 〈수레〉로부터 도피하는 것이었기 때문이다. 일상생활에 종교를 철저히 침투시키는 주역들이었던 서구 중세의 종파주의자들과 여타 신도단체들 — 이 양자는 일상생활에 종교를 철저히 침투시키는 주역들이었다 — 과 같은 현상을 우리는 이슬람교의 신도단체들에서도 발견하는바, 이 단체들은 중세의 경우보다 오히려 더 보편적으로 발전했다. 그리고 이 신도단체들을 구성하는 전형적 계층 역시 상기한 서구 중세의 두 가지 경우와 동일했는바, 그것은 소시민 계층, 그 중에서도 특히 수공업자 계층이었다. 그러나 이 두 가지 〔즉 중세 기독교와 이슬람교〕 종교성의 정신은 서로 매우 달랐다. 또한 겉으로 보기에는 힌두교의 수

많은 종교적 공동체도 서구의 것들과 다를 바 없는 〈종파〉인 것 같다. 그러나 구원내용과 구원중재 방식은 이 두 경우 극단적으로 반대되는 방향을 취하고 있었다. 이러한 예들을 여기서 더 이상 열거하지 않을 것인데, 왜냐하면 우리는 앞으로 위대한 종교들 가운데 가장 중요한 종교들을 개별적으로 다루게 될 것이기 때문이다. 그런데 이 종교들은 그 상호관계에서, 상기한 관점에서나 또는 다른 관점에서나, 연쇄적〔발전〕유형들로 분류될 수 있는 것이 아니다. 즉, 한 유형이 다른 유형에 대해 하나의 새로운 〈단계〉를 의미하는 것은 아니라는 말이다. 오히려 이 종교들은 모두 지극히 복합적인 성격의 역사적 개체들이며, 이들 모두를 다 합한다고 하더라도, 이 합(合)은 우리가 고려할 수 있는 엄청난 수의 요인들로부터 구성될 수 있는 가능한 조합들의 지극히 적은 일부분을 나타내고 있을 뿐이다.

5. 방법론적 관점

따라서 다음 논의는 결코 하나의 **체계적인** 종교 〈유형론〉을 제시하고 있는 것이 아니다. 그렇다고 나의 논의를 순수하게 역사적 작업으로 볼 수도 없다. 다만, 다음과 같은 의미에서 나의 논의는 〈유형론적〉인 성격을 띠고 있다. 즉, 종교윤리들의 역사적 실상 가운데 **경제**관에 관련해 존재하는 커다란 차이들을 확인하기 위해 전형적으로 중요한 요인들에만 주목하고 다른 관점들은 무시한다는 의미에서 〈유형론적〉이다. 따라서 독자는 다음 논문의 그 어느 곳에서도, 이 논문이 여기 분석된 종교들의 완벽한 모습을 제시하고 있다는 유의 주장은 발견하지 못할 것이다. 또한 나는 다음 논문에서 개개 종교가 가진, 다른 종교들과 **대비되면서 동시에** 우리의 주제를 위해서 중요한 특성들을 매우 강하게 강조하지 않을 수 없었다. 물론, 내가 위에서 중요하다고 강조한 관점들을 수용하지 않는 자는, 이 주제를 여러 가지 면에서 나와는 다르게 서술할 것이다. 우선 그는 방금 언급한 각 종교의 특성들을 나보다는 덜 강하게 부각시킬 가능성이 높다. 또한 그가 〔내가 다루지 않은〕 다른 특성들을 추가할 것이라는 것은 거의 확실하며 그리고 아마도 그는 여기서 내가 할 수 있는 것보다 훨씬 더 강력하게 다음과 같은 사실도 부각시킬 것이다. 즉 ─ 상식적 사실이지만 ─ 모든 질적 차이점은 현실에서는 결국 순수한 양적 차이, 다시 말하여 개별 요소들이 혼합된 정도가 서로 다를 뿐이라는 의미에서의 순수한 양적 차이로 해석될 수 있다는 사실도 부각시킬 것이다. 그러나 우리가 이러한 상식을 여기서 매번 다시 강조하려고 한다면, 이것은 지극히 무익한 일일 것이다.

더 나아가, 경제윤리의 형성과정에서 중요한 역할을 한 종교적 특성들도 여기서는 주로 다음과 같은 하나의 특수한 관점에서만 관심의 대상이 될 것이다. 즉, 이 특성들이 경제적 합리주의와 어떤 종류의 관계를 맺고 있는가 하는 관점이 그것이다. 여기서 경제적 합리주의라는 개념을 좀더 〔역사적으로〕 자리매김하자면, 그것은 16~17세기 이래 서구를 지배하기 시작한 그런 유형의 경제적 합리주의를 뜻하며, 이 합리주의는 그 당시 서구에서 진행되던 시민적 생활합리화 과정의 한 부분 현상이다. 이러한 역사적 지적이 필요한 이유는 〈합리주의〉란 매우 다양한 의미를 지닐 수 있기 때문이다. 이 점을 나는 재차 강조하고자 한다. 합리주의는 가령 사변적 체계수립가가 세계상을 합리화해나가는 방식, 말하자면 더욱더 엄밀한 추상적 개념들을 통해 현실을 더욱더 이론적으로 지배해 가는 방식을 의미할 수 있다. 아니면 합리주의는 하나의 특정한 실천적 목표를 효율적으로 달성하는 데 적합한 수단을 더욱더 정확한 계산을 통해 찾아내려는 자세로 이해될 수도 있다. 이 두 가지 〔이론적 그리고 실천적〕 합리화 과정은, 궁극적으로는 서로 뗄 수 없이 연관되어 있음에도 불구하고, 서로 매우 다른 사안들이다. 심지어 현실의 성찰적 포착(이론적 합리주의) 내에서도 유사한 유형구분을 할 수 있다. 예컨대 사람들은 영국의 물리학과 대륙의 물리학의 차이를 이러한 이론적 사고유형의 차이로 환원시키려고 시도한 적이 있다.

아무튼 우리가 여기서 분석대상으로 삼고 있는 상기한 생활양식의 합리화는 매우 다양한 형태를 띨 수 있다. 예컨대 유교의 합리주의는 어떠한 형이상학도 담고 있지 않으며, 그리고 종교적 뿌리의 흔적을 거의 가지고 있지 않다. 그래서 유교는 우리가 〈종교적 윤리〉라고 부를 수 있는 것의 가장 바깥 경계선에 서 있다고 보아야 할 만큼 철저히 합리주의적이다. 동시에 유교는 매우 냉철한 이념체계, 즉 공리주의적이지 않은 판단기준은 철저히 배척한다는 의미에서 냉철한 이념체계이다. 유교의 이러한 합리주의와 냉철함은 아마도 벤담의 윤리체계를 제외하면 그 어느 윤리체계에서보다도 강할 것이다. 그러나 유교는 벤담 유의 실천적 합리주의 및 모든 서구적 유형의 실천적 합리주의와는 전적으로 다르다. 비록 이 둘 사이에는 진정한 유사성 또는 단지 그렇게 보이기만 하는 유사성이 계속 존재하기는 하지만 말이다. 〔합리주의의 또 다른 예들을 들자면〕 르네상스 시대 예술의 최고 이상은 하나의 타당한 〈전범〉에 대한 믿음을 담고 있다는 의미에서 〈합리적〉이었으며, 이 시대 예술가들의 인생관 역시, 플라톤적 신비주의가 가미되어 있었음에도 불구하고, 전통적 구속의 거부와 자연이성에 대한 믿음의 거부라는 의미에서는 합리주의적이었다. 또한 이와는 전혀 다른 의미에서 〈합리적〉이었던 것은, 요가 또는 후기불교에서의 기도기계를 통한 조작 등에서 보는 바와 같은 매우 일관성 있는 고행방법 또는 주술적 금욕방법 또는 명상법이었는바, 이들은 그 방법이 형식상 〈정연(井然) 하다〉라는 의미에서 〈합리적〉이다. 이와 동일한 의미에서, 즉 형식적 방법론에 기초한다는 의미에서 〈합리적〉이면서, 그러나 또한 규범적으로 〈타당한 것〉과 경험적 사실을 구분한다는 의미에서 〈합리적〉이었던 것은 확고한 구원목표를 체계적이고 명료하게 지향하였던 모든 종류의 실천적 윤리였다. 이 마지막으로 지적된 유형의 합리화 과정이 다음에서 우리의 관심 대상이다. 다음 논문은 바로 이러한 합리화과정의 유형론 구성에 기여하고자 하는바, 따라서 여기서 미리 이 유형론을 제시하는 것은 그리 적절하지 않을 것이다.

그러나 이러한 유형론 구성작업은 〈비역사적〉이 될 수밖에 없다. 그래서 이 논문은 개개 종교의 윤리를, 그것이 발전의 흐름 속에서 실제로 그러했던 것보다 훨씬 더 통일적인 것으로 서술하면서 체계화하고 있다. 여기서는 개별 종교 내에 존재했던 수많은 모순들, 발전단초들 및 지류적 발전들이 논의에서 제외될 수밖에 없으며, 따라서 우리의 주제를 위해 중요한 특징들이 흔히 현실에서 그러했던 것보다 더 논리적으로 완결된 형태로 제시될 수밖에 없으며, 또한 해당 종교의 발전과정은 도외시될 수밖에 없다. 이러한 단순화는, **만약** 이것이 자의적으로 수행된다면, 역사학적으로 〈틀린〉 결과를 낳을 것이다. 그러나 나는 이런 단순화를 자의적으로 수행하고 있지는 않다. 적어도 내 의도는 그렇지 않다. 오히려 나는 일관되게 한 종교의 전체상에서 **실천적** 생활양식의 형성에 결정적 역할을 한 특성들이면서 동시에 이 종교와 다른 종교들과의 **차이**를 형성하는 데 결정적 역할을 한 그러한 특성들을 강조하고 있다. [35]

---

[35] 원주: 고찰의 **순서**가 ─ 이 점도 언급해 둘 필요가 있다 ─ 지리적으로 동에서 서로 배열되어 있는 것은 단지 우연에 불과하다. 〔베버의 〈세계종교의 경제윤리〉 논문집은 동아시아의 유교-도교에서 시작하여 유대교로 끝난다: 역주〕 사실은 이러한 외적인 지역적 분배가 아니라, 아마도 앞으로의 상론이 보여주겠지만, 서술의 내적 합목적성이라는 이유가 이러한 순서에 결정적이었다.

6. 지배조직으로서의 종교 공동체

1) 지배유형론

이제 본격적 서술을 시작하기 전에 이 논문에서 자주 반복되는 용어의 특수한 의미를 미리 설명해 두고자 한다.[36]

완숙한 발전단계에 도달한 종교적 결사체와 공동체는 **지배**조직의 한 유형으로 간주될 수 있다. 이 유형에서는 지배권력이 구원자격의 수여권 또는 거부권의 독점을 통해 유지되며 따라서 이 유형은 〈교권제적〉 조직에 기초한다. 모든 지배권력은, 그것이 세속적인 것이든 종교적인 것이든 정치적 또는 비정치적인 것이든 간에, 몇 가지 순수유형의 변형 또는 근접형으로 간주될 수 있는 바, 이 순수유형들은 지배권력이 어떠한 **정당성** 근거를 주장하는가 라는 문제를 기준으로 구성될 수 있다. 다음에서는 이 순수유형들을 약술하고자 한다.

오늘날의 조직, 특히 정치적 조직은 〈합법적〉 지배유형에 속한다. 다시 말하여 명령권자가 가진 명령권의 정당성은 합

---

36) 원주: 이에 대한 더 자세한 서술은 *Grundriss der Sozialökonomik*(《사회경제학 개요》, Tübingen, J. C. B. Mohr)에 실린 "Wirtschaft und Gesellschaft"(《경제와 사회》)를 참조.〔《경제와 사회》제1부 제3장 "Die Typen der Herrschaft"(지배유형론, 122~176) 및 제5장 "Religionssoziologie"(종교사회학, 245~381)을 의미한다: 역주〕.

리적으로 제정된 규칙, 협약된 또는 승인된 규칙에 근거하며, 또한 규칙제정에 대한 정당한 권리는 다시금 합리적으로 제정된 또는 해석된 〈헌법〉에 근거한다. 명령권자는 개인적 권위의 이름으로가 아니라 비인격적 규범의 이름으로 명령하며, 이 명령을 발하는 것 자체 역시 자의나 은총이나 특권이 아니라 어떤 규범에 대한 복종이다. 〈관료〉는 명령권의 담지자이지만 그는 이 명령권을 결코 자신의 고유권한으로 행사하는 것이 아니다. 그는 이 명령권을 항상 비인격적 〈법인공동체〉[37] 로부터 위탁받아 소유하는 것이다. 여기서 〈법인공동체〉란 특정 인간들 또는 불특정하지만 법으로 정해진 자격기준을 충족시키는 사람들끼리의 생활공동체를 뜻하며, 이 생활공동체는 제정된 규칙의 규범적 지배 하에 있다. 명령을 내릴 수 있는

---

37) 〈Anstalt〉의 역어이다. 〈Anstalt〉는 번역이 무척 어려운 개념 중의 하나이다. 고심 끝에 맥락에 따라 두 가지 역어를 만들었다. 그 하나는 위에서 쓰인 〈법인공동체〉이고 다른 하나는 〈공법기관〉이다. 뜻을 풀자면, 공법상으로 규정된 자격기준을 충족시키는 자면 누구나 자동적으로 (그리고 준강제적으로) 가입이 되는 공동체 조직을 의미한다. 베버가 드는 가장 전형적 사례는 근대 국민국가와 가톨릭 교회 조직이다. 전자의 경우 출생시 일정한 법적 조건만 갖추면 〔가령 부모가 해당 국가 국민이라든지, 아니면 미국같이 출생지주의를 견지할 경우 그 국가 지역 내에서 출생했다는 조건 등〕 자동적으로 그 국가의 시민권을 획득하게 된다. 후자의 경우 (대개) 유아기에 영세라는 성사(聖事)를 치르면 가톨릭 신자가 된다. 물론 그 외에도 이 예들에 준하는 수많은 조직들이 있으며, 따라서 맥락에 따라 간혹 다른 의역 (가령 '제도적')을 택한 경우도 있음을 미리 밝혀둔다. 앞으로 본문에서 서술되겠지만 베버에게 있어 이러한 공법기관의 발전은 합리화 과정과 밀접하게 연계되어 있다.

대상영역을 업무별로 정해 주는 〈관할영역〉이라는 개념은 관료의 정당한 권력의 범위를 한계 짓는 개념이다. 관료들은 〈심급단계〉를 거쳐 〈상관〉에게 이의제기를 위한 청원을 할 수 있다. 이러한 〈상관-부하〉 관계 중심의 위계구조에 맞서 있는 것이 〔국가의 경우에는〕 〈시민〉이고 〔그 외의 공법조직들의 경우에는〕 그 조직의 〈일반구성원〉이다. 이것은 오늘날의 교권적 조직, 즉 교회의 경우에도 마찬가지다. 목사 또는 신부는 명료히 구획된 〈관할영역〉을 가지고 있는바, 이 영역은 규칙들을 통해 확정되어 있다. 이것은 교회의 최고수장에게도 적용된다. 오늘날의 〈교황무류성〉[38]은 하나의 관할영역 개념으로서, 그 내적 의미상 그전의 〈교황무류성〉 개념(이노센트 3세 시기까지도 아직 유효했던 개념)과는 다르다. 〈공적 영역〉(교황무류성의 경우 공적 영역은 〈교황직에 의해〉 정의된다)과 〈사적 영역〉의 구분은 정치적 (또는 다른) 관료의 경우와 똑같이 교회에서도 관철되어 있다. (현물형태 아니면 현금형태의) 행정수단으로부터 관료를 법적으로 〈분리〉시키는 것은 자본주의적 경제에서 노동자가 생산수단으로부터 〈분리〉되는 것과 똑같이 정치적 및 교권적 조직의 영역에서도 관철되어 있다. 이 두 가지 분리과정은 전적으로 상응하는 과정이다.

그러나 이 모든 것들은, 비록 그 단초들은 이미 아주 먼 과

---

38) 교황무류성(教皇無謬性)이란 교황이 전 세계 로마 가톨릭 교회의 수장(首長)으로서 신앙 및 도덕에 관하여 내린 정식 결정은, 하느님의 특별한 은총으로 말미암아 오류가 있을 수 없다고 하는 주장.

거에도 발견이 되지만, 완숙하게 발전된 형태로는 근대에 와서야 비로소 나타난 특유의 현상들이다. 과거에는 정당한 지배의 근거들이 달랐다. 물론 이 과거의 정당성 근거들의 흔적은 현재까지도 곳곳에 남아 있다. 여기서 나는 정당한 지배의 이러한 근거들을 적어도 개념적으로나마 간략하게 설명하고자 한다.

1. 다음 논의에서 〈카리스마〉라는 표현은 한 인간의 **비일상적** 자질(이 자질이 진정한 것이든 스스로 주장하는 것이든 또는 추정된 것이든, 그것은 전혀 상관없다)을 뜻한다. 따라서 〈카리스마적 권위〉는 피지배자들이 한 특정 **인간**의 비일상적 자질에 대한 믿음 때문에 그에게 복종함으로써 성립되는, 인간에 대한 (외적 또는 내적) 지배를 뜻한다. 주술적 마술사, 예언자, 수렵 또는 약탈전의 지도자, 전쟁수장, 이른바 〈시저 같은〉 지배자, 또는 정당의 개인적 수령 등이 상기한 지배자 유형의 예들인데, 이들은 자신의 제자, 추종자, 자신이 모집한 군부대, 당 등에 대한 카리스마적 지배자이다. 이들의 지배정당성은 비범한 것, 보통 인간의 자질을 넘어서는 것, 따라서 (원래는) 초자연적인 것으로 평가되는 것에 대한 믿음과 헌신에 근거한다. 다시 말하여, 이 지배정당성은 주술적 신앙 또는 계시신앙 및 영웅신앙에 근거하는데, 이런 신앙은 지배자가 기적, 전쟁에서의 승리 및 다른 성공적 업적들 그리고 피지배자들의 안녕 확보 등을 통해 자신의 카리스마적 자질을 〈증명〉했기

때문에 생겨난 것이다. 그렇기 때문에 피지배자의 믿음과 또 카리스마적 지배자가 내세우는 권위는 상기한 증명이 중단되고 카리스마적 자질의 소유자가 자신의 주술적 힘을 잃어버리거나 자신의 신으로부터 버림받은 것으로 보이는 순간, 사라지거나 또는 사라질 위험에 처하게 된다. 여기서 지배는 일반적 규범들 — 그것이 전통적 규범들이든 합리적 규범들이든 간에 — 에 의거해서 행사되는 것이 아니라, — 원칙적으로는 — 구체적 계시와 영감에 의거해 행사되며 이런 의미에서 이 지배는 〈비합리적〉이다. 이 지배는 어떤 기존체제에도 얽매이지 않는다는 의미에서 〈혁명적〉이다. 〈이렇게 씌어 있으되 — 그러나 내가 너에게 말하노니…〉

2. 이 논문에서 〈**전통주의**〉란 일상적으로 **익숙한** 관행을 행위의 어길 수 없는 규범으로 믿고 그것을 행위의 정신적 표준으로 삼는 태도를 뜻한다. 이러한 기반, 다시 말해 항상 있었던 것(이것은 진정으로 있었을 수도 있고 또는 단순히 그렇다고 주장되거나 또는 추정되는 것일 수도 있다)에 대한 외경이라는 기반을 가진 지배관계를 우리는 〈**전통주의적**〉 권위라고 부르고자 한다. 전통주의적 권위에 기초한 지배, 즉 자신의 정당성을 전통에 의존하는 지배의 가장 중요한 유형은 가부장주의이다. 가장, 남편, 가족의 최연장자, 친족의 최연장자 등이 행사하는 가족 구성원 및 친족 구성원에 대한 지배, 노예, 농노, 노예였다가 자유민이 된 사람들에 대한 주인과 후견인의 지배, 하인

및 집사에 대한 주인의 지배, 집사, 궁정관료, 가계관리(家計官吏), 피후견인, 가신에 대한 봉건영주의 지배, 가산제 군주 및 영주(〈국부〉)의 〈신민〉에 대한 지배 등이 그 예이다. 가부장적 지배(그리고 이 유형의 변형인 가산제적 지배)의 특징은, 이것이 두 가지 세계로 구성되어 있다는 점이다. 그 하나는 절대적으로 신성하다고 간주되기 때문에 〔지배자 자신도〕 어길 수 없는 규범들, 만약 어길 경우 주술적 또는 종교적 화를 불러일으킬 그러한 규범들의 세계이고, 다른 하나는 지배자가 마음대로 행사할 수 있는 자의와 은총의 세계이다. 이러한 자의와 은총은 원칙적으로는 〈객관적〉 관계가 아니라 〈사적〉 관계에 의거해 행사되며 이런 의미에서 그것은 〈비합리적〉이다.

3. 신성함 또는 비일상적인 것의 가치에 대한 믿음에 근거하는 카리스마적 지배, 그리고 일상적인 것의 신성함에 대한 믿음에 의지하는 전통주의적 지배는 과거에는 모든 지배관계의 가장 중요한 두 가지 유형이었다. 그런데 전통이 모든 타당성 판단의 기준이 되는 세계에 〈새로운〉 법이 도입될 수 있는 유일한 길은 카리스마 소지자를 통하는 길이었는바, 가령 예언자의 신탁 또는 카리스마적 전쟁군주의 명령 등을 통한 새로운 법의 도입이 그러한 경우이다. 계시와 칼은 두 가지 비일상적 힘이었고 동시에 두 가지 전형적인 개혁세력이었다. 그러나 이 두 세력은 자신의 임무를 완수하는 순간 일상화 과정에 빠져드는 것이 일반적이었다. 가령 예언자와 전쟁군주의 사망과

함께 후계자의 문제가 발생한다. 이 문제는 선발(원래는 〈선거〉가 아니라 카리스마를 기준으로 한 간택) 또는 카리스마의 성사적(聖事的) 객관화 (가령 서품수여를 통한 후계자 임명, 교권적 또는 사도적 〈승계〉 또는 혈통의 카리스마적 자격에 대한 믿음(가령 세습 카리스마, 세습 왕국 그리고 세습 교회정치) 을 통해서 해결되었다. 이와 함께 항상 어떤 방식으로든 **규칙들**의 지배가 시작되었다. 더 이상 순수하게 개인적 자질에 의해서가 아니라 기득(旣得) 된 또는 세습된 자질에 의거한 또는 선발절차에 의거한 정당성 획득을 통해서 군주 또는 교회수장은 지배를 하게 되었다. 이로써 일상화의 과정, 말하자면 전통화의 과정이 시작되는 것이다. 그리고 아마도 이보다 더 중요한 점은, 지배의 조직화가 지속됨에 따라 카리스마적 지도자가 의존하고 있던 막료집단, 즉 제자, 사도, 추종자 등이 이제 사제, 봉토가신 그리고 무엇보다도 관료로 일상화된다는 점이다. 그 전까지는 경제와는 매우 거리가 먼 방식으로, 즉 선물, 적선, 전쟁노획물 등에 의지하여 공산주의적으로 생활했던 카리스마적 공동체가 이제는 토지이용권, 수수료, 현물급여, 봉급, 한 마디로 **봉록**을 통해 유지되는, 지배자의 보조 인력계층으로 변하게 된 것이다. 이 계층은 이제부터 자신의 정당한 권력을 — 매우 다양한 점유단계를 거치면서 — 봉토수여, 양도(임대), 임명관직 등에서 도출한다. 대부분의 경우 이것은 지배권력의 **가산제화**를 의미했는바, 가산제는 순수한 가부장제로부터 가부장의 엄격한 권력이 와해됨에 따라 발전되어 나왔다. 관직을 수여받은 봉록자 또는 봉토소유자는 이 수여에 의거하여 해당 관직에 대한 독자적 **권리**를 가지게 되는 것이 상례이다. 그는 행정수단을 소유하게 되며, 이것은 수공업자가 경제적 생산수단을 소유하는 것과 유사하다. 따라서 봉록자는 자신의 수수료 수입 또는 다른 수입들에서 **그 스스로** 행정비용을 부담하게 된다. 아니면 그는 신민들로부터 징수한 수입들 가운데 단지 일부분만을 상전에게 납부하고 나머지는 스스로 취한다. 그는 — 특수한 경우 — 자신의 관직을 다른 소유물과 똑같이 세습시키거나 매각할 수 있다. 카리스마적 초기상황에서든 가부장적 초기상황에서든 간에, 지배권력의 점유가 진행된 결과로 지배구조가 방금 언급한 발전단계에 도달한 경우 이것을 우리는 **신분적** 가산제라고 부르고자 한다.

그러나 발전이 이 단계에 머무른 경우는 드물다. 어디서나 우리는 (정치적 또는 교권적) 지배자와, 새로이 신분적 지배권리를 점유-소유하게 되었거나 또는 이런 권리를 찬탈한 집단 간의 **투쟁**을 보게 된다. 지배자와 이 신분집단은 서로 상대방의 권리를 박탈하려고 시도한다. 지배자가 다음 두 가지 점에서 성공하면 할수록, 상기한 투쟁은 지배자에게는 유리하게, 그러나 서서히 권리를 박탈당하는 신분적 특권소유자들에게는 불리하게 결판이 난다. 즉, 한편으로는 지배자가 그만을 추종하고 그와 이해관계를 공유하는 관료들로 이루어진 독자적 막료진을 소유하게 되고, 다른 한편으로는 — 이것은 위의 사안과 연계되지만 — 그가 스스로 확고히 관장하는 독자적 행정수단을 소유하게 되면 될수록 지배자의 승리가능성은 커진다(예를 들어 정치적 지배자 및 교권적 지배자의 독자적 재정 확보 — 후자의 경우 서구에서는 이노센트 3세에서 요한 12세까지 계속 증대하는 바이지만 —, 세속적 지배자에게는 군대와 관료의 부양을 위한 독자적 보급창고 및 병기창 확보). 지배자가 신분집단의 지배권력을 박탈하기 위한 투쟁에서 도움을 받고 의존하는 관료계층의 **성격**은 역사적으로 볼 때 매우 다양했는바, 예를 들면 다음과 같다. 성직자 계층(전형적으로 아시아와 서구의 중세 초기), 노예와 피후견인(전형적으로 근동), 노예에서 자유민으로 풀려난 계층(어느 정도 전형적으로 로마의 원수정치〔元首政〕), 인문주의적 문인층(전형적으로 중국), 그리고 끝으로 법률가(전형적으로 근대 서구의 교회 및 정치적 조직에서). 군주권력의 승리 및 〔신분귀족들의〕 특권의 제거과정은 어디서나 적어도 행정합리화의 가능성을 내포하고 있었고, 또 흔히 행정합리화를 실제로 실현시키기도 했다. 그러나 앞으로 보게 되겠지만 이 합리화 과정이 진행된 정도와 또 그 성격은 지극히 다양했다. 무엇보다도 우리는 행정과 법 집행의 **실질적** 합리화와 **형식적** 합리화를 구분해야 한다. 실질적 합리화는 가산제 군주에 의해 진행되는 경우로서 여기서 군주는 자신의 신민들을 공리적으로 그리고 사회 윤리적으로, 마치 훌륭한 가장이 자신의 가족구성원들에게 그렇게 하듯이, 행복하게 만들고자 한다. 형식적 합리화는 훈련된 법률가들의 주도 하에 모든 〈국가시민〉이 보편적 구속력을 가진 법규범들의 지배를 받게 되는 과정이다. 이 두 가지 합리화 과정 간의 차이가 매우 유동적이었던 것은 사실이지만 (가령 바빌론, 비잔틴, 호헨슈타우퍼 시대의 시칠리아, 스튜어드 시기의 영국, 부르봉 왕가 시기의 프랑스), 그러나 이 차이는 분명히 존재했다. 그리고 근대 서구 〈국가〉 그리고 서구의 〈교회들〉의 탄생은 결정적으로 **법률가들의** 작품이었다. 그러나 서구 법률가들은 어디서 이 과업의 수행에 필요한 힘과 이념내용 및 기술적 수단들을 얻었는지는 여기서 아직 논의할 단계가 아니다.

형식주의적 법률적 합리주의의 승리와 함께 서구에서는 기존의 전래된 지배유형들에 곁들여 **합법적** 지배유형이 나타나는바, 이 유형의 유일하지는 않지만 가장 순수한 형태는 **관료적** 지배였고 또 현재도 그러하다. 근대의 국가공무원 및 지방공무원, 근대 가톨릭 교회의 사제와 부사제, 근대 은행과 자본주의적 대기업의 관료와 사무직 사원 등의 위상은 이미 언급했듯이 이런 관료적 지배구조의 가장 중요한 유형을 보여준다. 이 개념의 결정적으로 중요한 특징은 위에서 이미 지적한 바 있다. 즉 이 지배유형에서 복종의 근거는 가령 예언자와 영웅같이 카리스마적 은총을 입은 특정 **인간**에 대한 믿음과 헌신이 아니며, 또한 신성한 전통도 아니며 전통적 질서를 통해 규정된 상전이라는 **인물** 자체에 대한 외경도 아니며 또한 — 경우에 따라서는 — 이 상전이 특권과 봉토수여를 통해 **독자적** 권리행사의 정당성을 부여해준 관직봉토소유자 또는 관직봉록소유자에 대한 외경도 아니다. 이 지배유형에서 복종은, 일반적으로 명시된 **객관적** 〈직책의무〉에 대한 비인격적 〔객관적〕 속박에 근거한다. 이 직책의무는, 이에 상응하는 지배권 내지 〈관할 영역〉과 함께, **합리적으로 제정된** 규범들(법률, 행정명령, 규제 등)을 통해 확고히 규정되어 있다. 이와 함께 이제 지배의 정 당성은 **규칙**의 합법성에서 도출되는바, 여기서 규칙이란 일반 적이며 의도적으로 고안되고, 형식적으로 결함 없이 제정되고 공포된 규칙이다.

물론 위에서 약술된 유형들 간의 차이점은 비단 지배구조에 만 한정되는 것은 아니다. 오히려 이 차이점들은 각 유형에서 관철된 사회구조뿐 아니라 경제구조의 극히 세세한 부분에서 까지 확인된다.

그런데 여기서 우리가 선택한 구분의 방식과 개념들이 어느 정도 합목적적인지는 앞으로 전개될 체계적 서술을 통해서 비 로소 증명될 수 있을 것이다. 이 자리에서는 다음과 같은 점만 강조하고자 한다. 즉, 우리는 위의 구분방식이 가능한 유일한 구분방식이라고 주장하는 것은 결코 아니며, 모든 경험적 지 배현상들이 상기한 유형들 중의 하나에 〈순수하게〉 상응한다 고 주장하는 것은 더더구나 아니다. 전혀 그렇지 않으며, 경험 적 지배현상들의 대다수는 상기 유형들의 조합이거나 또는 여 러 개의 상기 유형들 간의 상호이행 상황을 나타낸다고 보아야 할 것이다. 그래서 우리는, 가령 〈가산관료제〉 같은 조어를 제시하면서, 해당 현상의 특징적 속성들 중 일부분은 합리적 지배형식에 속하고, 다른 부분은 전통주의적 ― 이 경우 신분적 — 지배형식에 속한다는 식의 지적을 피할 수 없는 경우가 앞으로 자주 있을 것이다. 더 나아가 (상기한 유형들 이외에도) 지극히 중요한 형태들이 더 있다. 이 형태들은, 가령 봉건적 지배구조같이, 역사상 보편적으로 퍼져 있었지만, 그 중요한 특성들은 위에서 구분된 세 가지 형태들 중 어느 하나에도 깨끗이 귀속될 수 없고, 단지 다른 개념들(이 경우에는, 〈신분집단〉의 개념 및 〈신분영예〉의 개념)과의 조합을 통해서만 이해될 수 있는 형태들이다. 또한 가령, 순환제-명예직 및 이와 유사한 방식을 통해 지배하거나 또는 국민투표를 통해 지배하는 **순수한** 민주체제의 간부들이라든지 또는 특정한 종류의 명망가지배(이것은 전통주의적 지배의 한 특수 형태이다) 같은 현상의 경우, 이 현상의 일부분은 〈지배〉 원칙 이외의 원칙에서, 또 다른 부분은 카리스마 개념의 독특한 변형에서 이해되어야 한다. 어쨌든 위의 [민주체제 또는 명망가 지배 관련] 현상들은 정치적 합리주의를 촉발시킨, 역사적으로 가장 중요한 효소들에 속했다는 점도 함께 지적해두고자 한다.

요약컨대, 여기서 제시된 개념들은 역사적 현상의 무한한 다양성을 도식 안에 강제로 편입시키려는 것이 아니라, 단지 특정한 목적을 위해 유용한 개념적 준거점들을 마련하려는 의도에서 구성된 것일 뿐이다.

2) 〈신분〉과 〈계급〉

방금 언급한 관점은 이제 마지막으로 제시할 개념적 구분〔즉 '신분'과 '계급'의 구분〕에도 적용된다. **신분적** 상황이란, 여러 사회집단들이 **주로 생활양식**의 차이(이것은 대부분의 경우 **교육**의 차이다)로 인해 적극적 또는 소극적 사회적 **명예**를 획득할 수 있는 가능성은 서로 차별화된 상황을 뜻한다. 그리고 이차적으로 신분적 상황은 — 이와 함께 우리는 앞에서 서술한 지배형태의 개념에 접목하게 된다 — 특정한 종류의 지배권 또는 수입기회 및 영리기회의 독점과 연계되는 것이 일반적이다. 이 독점권은 해당 계층에게 **법적으로** 보장되어 있다. 다시 말하여, 위에서 지적된 모든 특성들을 충족시킬 경우(물론 이런 경우가 항상 있는 것은 아니지만)〈신분〉은 고유한 생활영위양식, 관습적인 특수한 명예개념 및 법적으로 독점된 경제적 기회를 가진 인간집단인바, 이 집단은 반드시 단체형태로 조직된 것은 아니지만, 그러나 항상 어떻게든 사회적으로 결속된 집단이다. 특정 집단들이 (〈사회적〉 친교라는 의미에서) 서로 교류하고 통혼한다면, 그것은 관련 집단들이 신분적으로 **대등**하다고 판단할 수 있는 전형적 근거가 된다. 따라서 상호교류와 통혼의 결여는 신분적 차이를 의미한다.

이에 반해 〈계급상황〉은 주로 **경제**에 관련된 전형적 상황들을 뜻한다. 가령 특정한 종류의 재산을 통해 또는 수요가 많은 기능의 숙련도 등을 통해 얻어지는 생계비 조달기회와 영업기회 및 여기서 도출되는 전형적인 일반 생활조건들(가령 〔노동자가〕 자본가의 공장규율에 순응해야 하는 필연성) 등이 그러한 상황이다. 〈신분적 상황〉은 〈계급상황〉의 원인일 수도 있고 그 결과일 수도 있지만, 그러나 이 두 가지 인과관계 중 어느 것도 필연적인 것은 아니다. 계급상황은 다시금 일차적으로 **시장**(노동시장 및 상품시장)**에 의해 규정되어** 있을 수 있으며, 오늘날 현대 특유의 전형적 계급상황에서는 실지로 그러하다. 그러나 이것은 결코 필연적으로 그런 것은 아니다. 가령 지주와 소농은 시장관련 정도가 적을 경우 시장의 영향을 거의 받지 않는 것이 당연하며 다양한 종류의 〈불로소득생활자〉(지대금리생활자, 노예주, 국가금리생활자, 주식금리생활자)는 다양한 의미에서 그리고 다양한 정도로 시장에 의해 규정되어 있다. 다시 말해서 〈소유계급〉과 (주로 시장에 의해 규정되는) 〈영리계급〉은 서로 구분되어야 한다. 오늘날의 사회는 주로 계급으로 계층화되어 있으며, 특히 영리계급들로 계층화되어 있다. 그러나 〈교양〉 계층의 고도의 신분적 영향력을 두고 보면 현대사회는 매우 명백한 신분적 계층구조 요소도 가지고 있는바, 이것은 자격증 소유자들이 행사하는 경제적 독점력 및 이들이 가진 사회적으로 유리한 기회에서 가장 분명하게 구현되고 있다. 과거에는 신분적 계층구조가 훨씬 더 결정적으로 중요했으며, 이것은 특히 한 사회의 **경제**구조에 관련해서도 그러했다. 왜냐하면 신분구조는 한편으로는 소비의 제한과 규제 및 — **경제적** 합리성의 관점에서 볼 때는 비합리적인 — 신분적 독점을 통해서, 다른 한편으로는 해당 지배계층의 모범적 신분 **관습**들의 효과를 통해서 경제구조에 엄청난 영향력을 행사했기 때문이다. 이 관습들은 다시금 **의례주의적** 정형화(스테레오타입화)의 경향을 가질 수 있었다. 그리고 이러한 정형화 경향은 아시아의 신분적 계층구조에서 매우 두드러졌는바, 이제 우리는 우선 이 문제를 다루고자 한다. 39)

---

39) 원문에서는 연이어서 〈유교와 도교〉에 대한 분석이 뒤따른다.

세계종교와 경제윤리 : 비교 종교사회학적 시도

중간고찰
종교적 현세거부의
단계와 방향에
대한 이론

| 원제 |

Zwischenbetrachtung

| 출처 |

Gesammelte Aufsätze zur Religionssoziologie I,
제 7 판, 1978, J.C.B. Mohr, 536~573쪽

베버는 중국 경제윤리에 대한 분석을 마친 후 인도 종교(불교와 힌두교)에 대한 분석에 들어가기 전에 《사회과학 및 사회정책논총》 1915년도 11월호에 〈중간고찰〉을 발표한다.

〈서론〉과 마찬가지로 〈중간고찰〉 역시 그의 전 종교사회학적 연구의 잠정적 종합이라고 말할 수 있다. 단지 여기서 베버는 〈서론〉보다는 더 구체적으로 자신의 이론적 분석틀을 제시하고 있는바, 이것은 〈종교적 현세거부의 단계와 방향에 대한 이론〉이라는 부제에서도 표현되고 있다.

〈중간고찰〉은 직전에 발표된(1915) 유교논문과 앞으로 수행될(또는 계획된) 힌두교, 불교, 고대 유대교, 탈무드 유대교, 초기 기독교, 중세의 교단과 종파 및 이슬람교에 대한 연구 간의 가교역할을 하도록 구상되었다. 이러한 가교가 필요했던 이유는, 유교논문은 철저한 현세적응윤리에 대한 연구였던 반면에,* 그 이후의 연구대상은 모두 매우 다양

---

* 베버의 유교관련 서술이 독자들의 특별한 관심을 끌 것은 당연한 일이다. 여기 번역된 〈서론〉과 〈신분집단, 계급 그리고 종교〉에서 확인할 수 있는

한 단계와 방향을 가진 현세거부의 종교윤리들이기 때문이다.

베버의 유교론 내지 중국사회론은 간혹 선입견과 역사적 사실에 대한 이해 부족을 보여주고 있으며, 이 점은 그동안 많은 중국학자와 유교전문가들로 부터 정당한 비판을 받았다. 여기서 이러한 비판을 평가할 여유는 없지만, 한 가지 흔히 발견되는 오류만을 지적하고자 한다. 이 오류란, 베버가 마치 유교문화권에서는 근대적 자본주의가 정착할 수 없다고 주장했듯이 그의 유교론을 해석하는 것이다. 그래서 이른바 '유교 자본주의'가 융성했던 시 기(즉 1997년까지!)에 적잖은 학자들이 베버의 유교론이 이 문제에 관한 한 잘못되었음을 지적하곤 했다. 그러나 베버가 그의 종교사회학 내지 그의 역사사회학 전반에서 제기하고 있는 문제는, 왜 근대적 자본주의 체제가 서구에서 역사상 최초로 '발명'되었는가 하는 것이다(그리고 이 체제가 서 구에서 처음으로 탄생했다는 것은 움직일 수 없는 역사적 사실이다). 그에 반해 베버는 이렇게 한 번 '발명'된 자본주의 체제가 다른 문명권에서도 성 공적으로 정착할 수 있다는 데에 대해서는 조금도 의심을 품지 않았다. 더 나아가, 베버는 이러한 성공적 정착을 위해 매우 유리한 조건을 갖춘 문명 권이 바로 유교문명권 내지 중국일 수 있다는 입장까지도 표명하고 있다. 가령 〈유교와 도교〉 말미에서 베버는 다음과 같이 말하고 있다.

"중국인은 일본인 못지않게, 또는 어쩌면 일본인보다 더 훌륭히, [서구의] 근대 문화권에서 완숙한 발전에 도달한 자본주의를 익혀서 자기 것으로 만 들 수 있을 것임은 거의 틀림없다"(RS I, 535).

따라서 일본을 비롯한 이른바 '네 마리 용'의 한때의 비상에 대해 아마도 가장 적게 놀랐을 사람 중 하나는 베버였을 것이다. 물론 이렇게 간단히 처 리하기에는 이 문제는 너무나 복합적이다. 다만, 역자는 베버 종교사회학은 이 문제에 대해서도 많은 함의를 지니고 있다고 믿는다.

1. 현세거부 동기의 합리적 체계화 작업이 가진 의미 [1]

  우리가 이제 분석하려고 하는 **인도** 종교는,[2] 중국의 경우와
는 극히 대조적으로 이론과 실천의 차원에서 인류가 창출한 가
장 현세거부적인 종교윤리 형태의 요람이다. 또한 인도에서
이런 형태의 종교윤리에 상응하는 〈기술〉 역시 가장 고도로
발달되었다. 수도생활과 금욕 및 명상의 전형적인 기법들은
여기서 가장 먼저 그리고 매우 일관되게 개발되었으며, 아마
도 이러한 합리화 과정은 역사적으로도 여기에서부터 전세계
로 전파되었을 것이다. 그런데 인도의 종교성에 대한 분석에
들어가기 전에, 도대체 어떤 동기에서 현세거부적 종교윤리들
이 생겨났으며 또 어떤 방향으로 그 발전이 진행되었는지를 간
략한 개괄적-이론적 도식을 통해 명료하게 할 필요가 있다고
생각한다. 현세거부적 종교윤리가 가질 수 있는 〈의미〉는 과
연 무엇일까?

  여기서 구성되는 분석 틀의 유일한 목적은 이 주제와 관련된
연구를 위한 일종의 **방향타** 역할을 할 수 있는 이념형적 **수단**을
제공하자는 것이지 어떤 독자적 철학을 가르치자는 것은 아니
다. 내가 이 분석틀에서 〔정치, 경제, 예술, 과학 등과 같은〕

---

  1) 이하 소주제들은 원문에 제시된 것들이다.
  2) 〈중간고찰〉에 연이어 분석되는 불교와 힌두교를 말한다.

〈삶의 질서들〉간의 갈등양상에 대해 구성하는 유형들이 의미하는 바는 단지, 이러이러한 지점에서는 이러이러한 내적 갈등이 **가능하고** 또 〈그럴법하다〉는 것일 뿐이다. 따라서 나는 가령 어떤 다른 특정한 관점에서 보면 이 갈등들이 〈지양되었다〉고 간주될 수도 있음을 부인하는 것은 **결코** 아니다. 다음 글을 보면 쉽게 알 수 있듯이 나는 여기서 각각의 가치영역[3] 을 하나의 합리적 통일체로 구성하고 있는데, 이런 합리적 통일성〔또는 일관성〕을 가진 가치영역은 현실에서는 **매우 드물게 나**타나지만, 물론 나타날 수는 있으며 또 역사상 중요한 형태로 **나타났다.** 그럼 이러한 합리적 구성물의 기능은 무엇인가? 우선 우리는, 만약 어떤 역사적 현상이 위의 가치영역들 가운데 하나에 부분적으로 또는 그 전체적 성격에서 근접할 경우, 이 현상이 이론적으로 구성된 〔합리성〕 유형과 얼마나 가까운지를 규명함으로써 이 현상의 — 말하자면 — 유형론적 위치를 확인할 수 있게 될 것이다. 그런 이상 이 구성물은 개괄과 개념화를 용이하게 하기 위한 기술적 보조수단에 불과하다. 그러나 물론 이 구성물은 경우에 따라서는 그 이상의 것일 수도 있다. 왜냐하면 이 구성물이 표현하고 있는 합리성, 즉 하나의 이론적 또는 실천 윤리적 입장이 가진 논리적 또는 목적론적 〈일관

---

3) 베버는 인간의 다양한 정신적-실천적 활동영역들을 〈가치영역〉(*Wertsphäre*)이라는 개념으로 표현하고 있다. 가령 이 논문에서는 〈정치〉, 〈경제〉, 〈예술〉, 〈에로틱〉, 〈과학〉, 〈종교〉 등을 그러한 가치영역으로 다룬다.

성〉이라는 의미에서의 합리성도 인간에게 영향력을 행사하기 때문이다(그리고 예로부터 행사했기 때문이다). 비록 이 영향력이 역사적 삶의 다른 세력들에 비하면 매우 제한되고 또 불안정한 것이었고 또 현재도 그러하기는 하지만 말이다. 그런데 특히 지식인들이 창출한 (그 의도로 볼 때는) 합리적인 종교적 세계해석과 윤리야말로 일관성 유지라는 원칙을 준수할 것을 특별히 강하게 요구받았다. 이 세계해석들이 각각 설사 〈무모순성〉의 요구에 부합하지 않고 또 이들이 설사 합리적으로 도출될 수 **없는** 입장을 자신들의 윤리적 계명에 편입시켰다고 하더라도 지식인들의 세계해석은 어떻게든 합리성 원칙의 영향을 받았으며, 특히 실천적 요구[실천윤리]를 목적론적[4]으로 정당화하려는 경향이 강한 경우가 많았다. 이러한 객관적 이유에서도 우리는 적절히 구성된 합리적 유형들을 통해서, 다시 말하여 확고히 주어진 전제조건들에서 도출될 수 있는 실천적 행동의 내적으로 〈가장 일관된〉 형태들의 구성을 통해서 우리 주제와 관련된 현상들이 가진, 개괄조차 힘든 다양성을 좀더 쉽게 서술할 수 있게 되리라고 믿는다. 끝으로 그리고 무

---

4) teleologisch의 역어. 목적론이란 인간의 의식적 행동뿐만 아니라, 세계 안에서 일어나는 모든 사건과 자연의 현상도 목적에 규정되어 있다는 가정(假定) 및 이러한 가정에 바탕을 둔 사고방식이다. 그리스어로 목적을 뜻하는 'telos'와 이성을 뜻하는 'logos'에서 유래하였으며, 작용인(作用因)만으로 설명하는 방식과 대비하여 목적인과론이라고도 한다. 목적의 내용과 그 대상에 의해서 윤리적 목적론은 쾌락주의·이기주의·공리주의 등 다양한 특수 형태로 분류된다.

엇보다도, 이런 종류의 종교사회학적 시도는 동시에 합리주의 유형론 및 합리주의에 대한 사회학적 연구에도 기여해야 하며 또 기여하고자 한다. 따라서 이 시도는 현실이 취할 수 있는 가장 합리적 형태들에서 출발하여, 이론적으로 설정 가능한 특정한 합리적 결론들이 현실에서 어느 정도로 끌어내어졌는지, 그리고 경우에 따라서는 왜 이런 결론들이 끌어내어지지 않았는지를 규명하고자 한다.

2. 금욕주의와 신비주의의 유형론

초월적 창조신관이 종교윤리에 대해 가진 중대한 의미, 특히 〔서구의〕 적극적 금욕적 구원추구 방향에 대해 가진 중대한 의미는 〈서론〉 부분5) 및 그 후의 다른 많은 나의 서술에서도 이미 언급된 바 있다. 초월적 창조신관에 기초한 적극적 금욕적 구원추구의 방향은, 신적인 힘의 탈인격화 및 신적인 힘의 내재성이라는 관념에 내적으로 기초한 구원추구의 방향과는 대립되는 것이다. 그러나 초월적 창조신관과 적극적 금욕적 구원추구의 이러한 연계성6)은 어떤 절대적 연계성이 아니며, 초월적 신관 그 자체가 서구의 금욕주의의 방향을 결정지은 것은 아니다. 이 점은 신인적(神人的) 구세주와 성인들을 가진 기독교적 삼위일체설이 유대교의 신, 특히 후기 유대교의 신 또는 이슬람교의 알라보다 근본적으로 덜 초월적 신관이라는 것을 생각하면 분명해진다.

그렇지만 유대교는 신비주의는 발전시켰으나 서구적 유형의 금욕주의는 거의 발전시키지 못했으며, 또한 초기 이슬람교에서 금욕주의는 전적으로 거부되었다. 다른 한편으로 이슬람 탁발승-종교의 〔금욕주의적〕 특이성은 초월적 창조신에 대한 관

---

5) 여기 번역된 논문인 〈세계종교의 경제윤리 — 서론〉을 뜻한다.

6) 원주: 이 연계성은 트뢸취(E. Troeltsch)가 되풀이해서 매우 강력하게 부각시키고 있는바, 나는 그의 이런 입장에 동의한다.

계에서 유래하는 것이 아니라 전혀 다른 (신비적-망아적) 원천에서 유래하며 또한 그 내적 본질도 서구의 금욕주의와는 거리가 멀었다. 그러므로 초월적 신관이 매우 중요했던 것은 사실이지만, 이 신관은 소명예언[7]과 금욕적 행동과의 연계성에도 불구하고 그 자체 단일 요인으로서가 아니라, 단지 다른 상황들, 무엇보다도 종교적 약속의 성격과 이 약속을 통해 규정된 구원의 길의 성격과의 결합 하에서만 영향력을 행사하였던 것이 분명하다. 이 문제는 앞으로 되풀이해서 논의하게 될 것이다. 여기서는 우선, 개념의 명료화를 위해서, 지금까지 서로 상극적 개념으로 이미 자주 사용하지 않을 수 없었던 표현인 〈금욕주의〉와 〈신비주의〉를 좀더 구체적으로 설명하고자 한다.

〈서론〉에서 이미 지적한 대로, 현세거부 방식에는 두 가지 유형이 서로 대립하고 있다. 이 대립구도의 한편에는 적극적 금욕주의, 다시 말하여 신의 도구로서 신의 의지에 따른 **행동**이 있으며, 다른 한편에는 신비주의의 명상적 구원**소유**가 있다. 신비주의에서는 행동이 아니라 〔구원의〕 〈소유〉가 교리의 핵심을 이루며 여기서는 개개인이 신적인 것의 도구가 아니라 신적인 것을 담고 있는 〈그릇〉이고 따라서 신비주의자에게는 현세 내에서의 행동은, 철저히 비합리적인 현세외적 구원지위를 위협하는 것으로 보일 수밖에 없다. 금욕주의와 신비주의 간의 이러한 차이는, 만약 금욕주의가 '현세 내적 금욕주의'로

---

7) '소명예언'에 대해서는 여기 번역된 〈서론〉을 참조.

발전하고 신비주의가 '현세 도피적 명상'의 방향을 취할 경우에는, 더욱더 극단적으로 커진다. 즉, 만약 행동적 금욕주의가 현세 내에서 이 현세를 합리적으로 관장하면서 세속적 〈직업〉에서의 노동을 통해 피조물 특유의 타락성을 억제하도록 작용하고(현세 내적 금욕주의), 신비주의는 근본적 현세도피를 철저히 실행할 경우(현세 도피적 명상), 상기한 차이는 극단적 차이가 된다. 그러나 만약 금욕주의가 '현세 도피적 금욕주의'의 방향을 취하고 신비주의가 '현세 내적 신비주의'로 발전할 경우, 금욕주의와 신비주의 간의 차이점은 약화된다. 즉 한편으로는 행동적 금욕주의가 인간의 본성에 내재한 피조물 특유의 타락성을 억제하고 극복하는 데만 한정되고 그 결과 신이 분명히 원하는 적극적 집중적 구원노력이 현세적 질서 내에서의 행동을 회피하는 것으로까지 확대되며 (현세 도피적 금욕주의) 따라서 금욕주의가 그 외적 행동양태로 볼 때는 현세 도피적 명상에 근접하고, 다른 한편으로 명상적 신비주의자가 현세도피를 일관되게 실천하지 않고 현세 내적 금욕주의자같이 현세의 질서 내에 머무르는 경우(현세 내적 신비주의자), 금욕주의와 신비주의 간의 차이는 약화된다. 이 두 가지 경우의 차이는 실천과정에서 실제로는 사라질 수 있으며 또한 구원추구의 상기 두 가지 유형의 특정 조합이 이루어질 수도 있다. 그러나 이 차이는 외적으로 유사한 모양새 하에서도 계속 존재할 수 있다. 가령 진정한 신비주의자에게는, 신이 말할 수 있도록 피조물은 침묵해야 한다는 원칙은 계속 유효할 것이다. 그는 현세 〈안〉에 있으며 외적으로는 현세의 질서에 〈순응〉하지만, 그러나 그의 목표는 오히려 이 현세에 반(反)하여, 세상만사를 중요하게 여기도록 유혹하는 힘들을 이겨냄으로써 자신의 은총의 지위를 확보하는 것이다. 우리가 노자에서 볼 수 있듯이 하나의 특수하게 굴절된 겸허, 행동의 최소화, 현세 속에서의 일종의 종교적 익명생활이 신비주의자의 전형적 태도이다. 그는 자신의 존재가치를 현세에 **반(反)하여**, 현세 속에서의 자신의 행동에 **반하여** 증명하는 것이다. 이와는 달리 현세 내적 금욕주의는 정반대로 행동을 **통해서** 자신의 존재가치를 증명한다. 현세 내적 금욕주의자가 보기에는 신비주의자의 태도는 나태한 자기향락이며, 신비주의자가 보기에는 (현세 내적으로 행동하는) 금욕주의자의 태도는 우쭐한 독선에 가까운 태도이며, 신과는 소원한 세상만사에 휘말린 자의 태도이다. 흔히 전형적인 청교도의 특성이라고 간주되는 예의 그 〈행복한 편협성〉을 가지고 현세 내적 금욕주의자는 피조물 세계의 질서들, 즉 신이 규정한 합리적 질서들 내에 제시된 바와 같은 신의 의지를, 비록 그 궁극적 의미를 알 수는 없지만, 그러나 분명히 존재하는 신의 의지를 실행하는 것이다. 그에 반해 신비주의자에게는 오히려 바로 이 궁극적이고 전적으로 비합리적인 의미를 신비적 체험을 통해 포착하는 것만이 구원을 위해 유일하게 중요한 것이다. 이 두 가지 행동방식의 현세 도피적 형태들은 위와 유사한 대조점들을 기준으로 구분될 수 있으며 이 점은 나중의 개별 서술에서 다루어질 것이다.

3. 현세거부의 방향

이제 우리는 현세와 종교 간의 긴장관계를 구체적으로 분석하고자 한다. 이를 위해 여기서도 〈서론〉에서 지적한 사항들에 접목할 것이지만, 그러나 동시에 이 사항들을 약간 달리 조명하게 될 것이다.

이미 언급하였듯이, 하나의 체계적 생활양식으로 발전하여 금욕주의와 신비주의의 싹이 되었던 그런 유의 행동방식들은 애초에는 주술적 환경에서 생겨났다. 즉, 이 행동방식들은 카리스마적 자질을 일깨우기 위해서 아니면 사악한 마법의 작용을 예방하기 위해서 개발되었던 것이다. 물론 전자〔즉 카리스마 일깨우기〕가 발전사적으로는 더 중요한 것이었다. 왜냐하면 금욕주의는 여기서 이미, 다시 말하여 등장의 문지방에서 이미 이중 얼굴을 보여주고 있기 때문이다. 즉, 한편으로는 현세도피, 그리고 다른 한편으로는 이 도피를 통해 얻게 된 〔카리스마적〕 힘을 이용한 현세지배라는 두 얼굴이 그것이다. 주술사는 예언자의 발전사적 전신(前身)이었으며, 또한 모범적 예언자 및 소명예언자 그리고 구세주의 전신이었다. 예언자와 구세주는 대부분 자신의 정당성을 자기가 주술적 카리스마를 소유하고 있다는 사실에서 찾았다. 다만 우리가 주목해야 할 점은, 이 카리스마가 그들에게는 자신의 인격이 가진 모범적 의미 또는 소명자격 또는 구세주적 자질을 인정하고 추종하도록 하기 위한 수단에 불과했다는 점이다. 왜냐하면 예언 또는 구세주계명의 내용은 구원자격획득을 위한 노력을 생활영위의 중심으로 삼는 것, 즉 이런 의미에서, 적어도 상대적으로는, 생활양식을 합리적으로 체계화하는 것이었지〔단순히 주술적 카리스마의 소유가〕아니었기 때문이다. 이 체계적 합리화는 부분적일 수도 있었고 또 전반적일 수도 있었다. 후자가 모든 진정한 〈구원종교〉, 즉 자신의 추종자들에게 고통으로부터의 **해방**을 약속하는 모든 종교들에서 일반적인 것이었다. 그리고 고통의 본질이 승화되고, 내면화되고 근본적이 되는 정도가 높으면 높을수록 생활양식의 전반적 체계화의 정도도 높았다. 왜냐하면 이럴 경우 추종자로 하여금 고통에 대해 내면적으로 끄떡없게 만드는 그러한 **영속적** 상태에 도달하도록 하는 것이 중요했기 때문이다. 다시 말하여, 망아적 주신제 축제 또는 금욕 또는 명상을 통해 급조되고 비일상적으로, 즉 일시적으로 획득된 성스러운 상황 대신에 신성하고 그래서 구원이 확실한 영속적 구원자-생활양식이 성취되어야만 하는 것이다. 추상적으로 표현하자면, 이것이 구원종교의 합리적 목표였다.

그런데 예언 또는 구세주-전도(傳道)의 결과로 하나의 종교적 공동체가 생겨나고 나면, 생활규제의 관리는 우선 이 예언자 또는 구세주의 후계자와 제자들 가운데 카리스마적으로 이 과업수행의 자질을 갖춘 자들의 관할영역이 되었다. 더 나아가 이 과업은 특정한 조건들 하에서는 — 이 조건들은 곳곳에서 반복해서 나타나는데, 여기서는 아직 논의하지 않고자 한다 — 사제적, 세습적 또는 관직적 교권제의 관할영역이 되었다. 그런데 사실 예언자나 구세주 자신은 대부분의 경우 바로 기존의 교권적 권력과 주술가 또는 사제들에 대립하고 있었으며 이들의, 전통에 의해 신성화된 권위에 대해 그는 자신의 개인적 카리스마를 대안으로 제시하면서 그들의 권력을 붕괴시키거나 또는 이 권력을 자신의 목적에 봉사하도록 만들고자 등장했던 것이다.

지금까지의 서술이 당연한 것으로 전제하고 있듯이, 예언적 종교와 구세주 종교는, 발전사적으로 특별히 중요한 수많은 경우에 있어, 현세와 현세의 제 질서들에 대해 (우리가 채택한 용어에 의하면 당연한 것이지만) 비단 일시적 긴장관계뿐 아니라 하나의 지속적 긴장관계에 처하게 된다. 그리고 이것은 해당 종교가 진정한 구원종교일수록 더욱더 그러하다. 이 점은 구원의 의미 및 예언적 구원론의 본질이 낳는 결과이다. 예언적 구원론이 합리적 윤리로, 즉 **내적인** 종교적 구원재를 구원수단으로 삼는 그러한 합리적 윤리로 발전하는 순간 그리고 이러한 발전이 근본적이면 근본적일수록, 현세와의 긴장관계는 더욱더 지속적인 것이 된다. 이것을 통상적인 언어로 표현하자면, 예언적 구원론이 의례주의에서 벗어나 〈심정종교〉[8]로 승화되

---

8) Gesinnungsreligiösität의 역어. 〈심정종교〉(또는 '신념종교')란 외적 의례와 율법의 준수보다는 내적 신앙과 신념('마음' 내지 '심정')이 구원에서 더 중요한 조건이 되는 종교라고 풀이할 수 있다. 〈Gesinnung〉은 '심정'과 '신념'이라는 두 가지 뜻을 가지고 있기 때문에 맥락에 따라서는 '신념'이라고 번역하는 것이 더 적절할 수도 있다. 가령 베버의 유

면 될수록 상기한 긴장관계는 더욱더 지속적인 것이 된다. 그리고 다른 한편으로 (가장 넓은 의미에서의) 세속적 재화의 외적 그리고 내적 소유의 합리화와 승화가 그 나름대로 진전되면 될수록 이 긴장은 예언적 구원론 쪽에서 더욱더 강해졌다. 왜냐하면 인간이 여러 가지 다양한 외적 그리고 내적, 종교적 그리고 세속적 소유영역들과 맺는 관계가 합리화되고 의식적으로 고양되면 될수록 사람들은 개개 영역의 **내적인 자기법칙성**과 그것의 결과를 **의식하지 않을 수 없게** 되며 또한 이러한 의식의 심화과정의 결과로 개개 영역들은 서로 긴장관계에 들어서게 되기 때문이다. 이 긴장관계는 인간이 외부세계에 대해 자연 그대로의 순진무구한 관계를 가졌던 시대에는 아직 감춰져 있었던 그런 긴장관계이다. 이 긴장관계는 (현세 내적 그리고 현세 외적) 재화획득이 합리적 행동양식, 즉 의식적으로 추구되고 **지식**을 통해 고양되는 그러한 행동양식으로 발전하는 과정이 낳은 매우 일반적이면서, 종교사를 위해서는 대단히 중요한 결과이다. 이제 일련의 이러한 재화들을 중심으로 매우 다양한 종교윤리들에서 반복해서 나타나는 전형적 현상들을 살펴보자.

명한 두 가지 윤리유형의 하나인 〈Gesinnungsethik〉의 경우는 〈신념윤리〉라는 역어가 더 적절하다.

1) 구원종교와 혈연공동체

구원예언[9]이 순수하게 종교적 성격의 공동체를 창출했을 경우, 이 예언과 갈등을 겪게 되는 첫 번째 세력, 또 이 예언을 통해 평가절하될 것을 두려워해야 하는 첫 번째 세력은 자연발생적 **혈연**공동체이다. 자신의 가족, 아버지 그리고 어머니와 적이 될 수 없는 자는 예수의 제자가 될 수 없다 라든지, "나는 평화를 가져다주러 온 것이 아니라, 칼을 가져다주러 왔다"(마태복음 10장 34절) 등의 성경구절은 이런 맥락에서 (그리고 유의할 것은, 이런 맥락에서만) 이해될 수 있다. 물론 대다수의 종교는 현세 내의 경애(敬愛) 관계[10]도 규제한다. 그러나 구원의 목표가 포괄적이고 내면적이면 내면적일수록 신도는 더욱더 당연하게 구세주, 예언자, 사제, 고해사제, 믿음의 형제가 자연적 친척과 혼인공동체 그 자체보다 궁극적으로는 더 가까운 관계라야 한다고 생각했다. 예언은 상기한 현세 내적 관계를 적어도 상대적으로 평가절하하고 친족관계의 주술적 구속과 배타성을 타파하면서 하나의 새로운 사회적 공동체를 창출했

---

9) Erlösungsprophetie의 역어. 여기서 '구원예언'이란, 앞서도 언급했고 또 지금까지의 서술이 보여주듯이, 현세에서의 일시적 복이 아니라 내세에서의 영원한 구원을 약속하고 동시에 이 구원에 필요한 윤리적 생활자세를 요구하는 예언자 중심의 종교운동을 뜻한다. 앞선 논문들에서와 같이 다음에서도 '예언'이라는 용어는 이러한 의미로 쓰이고 있다.

10) Pietätsbande의 역어. 베버의 경우 이 개념은 주로 부모 내지 조상에 대한 효성과 외경의 뜻으로 쓰인다.

는바, 이것은 예언이 구세론적 교단종교성으로 발전한 경우 특히 그러했다. 이 새로운 사회적 공동체 내에서 예언은 종교적 형제애 윤리11)를 발전시켰다. 이런 발전은 처음에는 〈선린 조직〉 — 가령 마을-친족-수공업조합-항해-사냥-출정동료들의 공동체 — 이 제공하는 태고의 사회 윤리적 행동원칙들을 단순히 인수하는 형태로 시작했다. 그런데 이 선린공동체들은 두 가지 기본원칙을 가지고 있었다. 첫째, 대내(對內) 도덕과 대외(對外) 도덕12)을 구분하는 이원주의, 둘째, 대내도덕의 경우 소박한 상호주의, 다시 말하여 "네가 나에게 해주는 만큼 나도 너에게 해준다"라는 원칙이다. 그러나 이러한 선린공동체적 원칙들은 경제영역에서는 다음과 같은 방식으로 나타났다. 즉 대내도덕에 한정된 형제애적 긴급지원의무의 원칙, 대가없는 사용허가, 무이자 대부, 재산가 및 상류층의 무자산가에 대한 접대 및 지원의무, 이웃전답에서의 무보수 청원노역 또는 주인전답에서 무료 숙식만 제공받는 무보수 청원노역 등으로 이 모든 것은 다음과 같은 원칙 — 물론 이것은 합리적으로 **숙고된 것**은 아니지만, **감정** 속에는 함께 작용하는 원칙이다

---

11) Brüderlichkeitsethik의 역어. 종교적, 특히 구원종교적 '형제애 윤리'란, 가장 일반적 의미에서, 출신성분이나 사회적 배경과는 무관하게 모든 신앙동지를(그리고 극단적으로는 인류 전체를) 형제자매로 여기는 보편적 사랑의 윤리를 뜻하며 동시에 철저한 신앙 및 정신 절대주의적 윤리를 뜻한다. 물론, 다음에서 보게 되겠지만, 신앙공동체의 성격에 따라 형제애 윤리의 성격도 다양한 모습을 띤다.

12) Binnenmoral과 Außenmoral의 역어. '대내도덕'이란 내부그룹에만 적용되는 도덕률이고 '대외도덕'이란 외부그룹에 적용되는 도덕률이다.

220

― 에 따른 것이다. 즉 오늘 너에게 부족한 것이 내일은 나에게 부족할 수도 있다는 원칙이 그것이다. 이에 상응하여 (교환과 대여에 있어서) 흥정 및 (가령 채무의 결과로서의) 지속적 노예화는 단지 동지(同志)가 아닌 자에 대해서만 유효한 대외도덕에 한정된다. 교단종교는 이 오래된 경제적 선린윤리를 신앙형제에 대한 관계에 적용했다. 미망인, 고아, 병자 그리고 궁핍해진 신앙형제에 대한 명망가와 부유한 자의 긴급지원의무, 특히 음유가, 주술가 및 금욕가들이 경제적으로 의존하고 있던 부자들의 적선 등은 윤리적으로 합리화된 모든 종교의 기초가 되었다.

그런데 특히 구원예언에서는 모든 신도들에게 공통된 고통, 즉 실제적 **고통** 또는 항상 도래할 수 있는 외적 그리고 내적 **고통**이 이들의 공동체 관계 형성의 기초였다. 따라서 구원의 이념이 합리적이 되면 될수록 그리고 신념윤리적으로 승화되면 될수록, 선린조직의 상호성 윤리에서 자라 나온 상기한 계명들은 외적으로 그리고 내적으로 더욱더 강화되었던 것이다. 즉 외적으로는 형제애적 사랑의 공산주의로까지 강화되었고, 다른 한편 내적으로는 자선, 고통받는 자 그 자체에 대한 사랑, 이웃사랑, 인간사랑 그리고 종국에는 적에 대한 사랑으로까지 강화되었던 것이다. 왜냐하면 현세를 부당한 고통의 장으로 보는 입장에서는 신앙연대의 한계와 특히 증오의 존재는 고통을 야기시키는 것과 똑같은 요인, 즉 모든 경험적인 것의 불완전성과 타락성이라는 요인의 결과로 보였기 때문이다.

그러나 〔비단 구원이념의 합리화를 통해서 뿐만이 아니라〕 특히 모든 종류의 승화된 종교적 망아의 경지가 가진 특이한 도취경도 순전히 심리학적으로는 대개 위에서 언급한 것과 같은 방향의 결과를 낳았다. 다시 말하여, 경건한 감동에서부터 신과 직접 함께 하고 있다는 느낌에 이르기까지, 앞서 지적한 모든 종류의 종교적 망아의 경지는 대상이 없는 범우주적 사랑으로 흘러 들어가는 경향을 가지고 있었다. 따라서 무차별적 자비의 모든 대가들이 가진 깊고 조용한 희열감은 구원종교에서는 항상 자기 자신뿐 아니라 모든 인간 존재의 자연적 불완전성에 대한 동정심에 찬 인식과 결합되어 있었다. 물론 여기서 이러한 내적 태도의 심리적 색깔과 또 이 태도의 합리적 윤리적 해석은 매우 다양한 성격을 가질 수 있었다. 그러나 이런 태도에 내재하는 윤리적 요구는 항상 자신의 신도조직을 포함하여 사회적 조직의 모든 경계선을 넘어서 하나의 보편주의적 형제애 쪽으로 향했다. 이러한 종교적 형제애는, 일관되게 실천되면 될수록 더욱더 강하게 현실의 제 질서들 및 가치들과 충돌하는 것이 상례였다. 그리고 이 갈등은, ─ 이 점이 여기서는 중요하다 ─ 현실의 제 질서와 가치들이 그들대로 자신들의 고유법칙에 따라 합리화되고 승화되면 될수록, 더욱더 화해 불가능한 갈등으로 표출되는 경향이 있었다.

2) 경제적 영역

상기한 갈등이 가장 명백하게 드러난 곳은 **경제적** 영역이었다. **개별적** 이해관계를 위해 귀신과 신들에게 영향을 끼치려는 모든 원시적 시도들 — 그것이 주술적 시도이든 비교(秘敎)적 시도이든 간에 — 은 장수, 건강, 영예, 후손 그리고, 경우에 따라서는, 내세에서의 운명의 개선 등과 같은 목표 이외에 부(富)를 당연한 목표로 추구했는바, 이것은 엘레우시스 비교(秘敎),[13] 페니키아 종교, 베다종교, 중국의 민중종교, 고대 유대교, 초기 이슬람교 그리고 경건한 힌두 및 불교 신도들에 대한 약속 등에서 모두 그러했다. 그에 반해 승화된 구원종교와 합리적 경제는 서로 점점 더 높은 긴장관계를 형성하게 된다. 합리적 경제는 객관적 **경영**이다. 합리적 경제는 **시장**에서 사람들간에 진행되는 이해관계 투쟁의 결과로 발생하는 **화폐**가격에 준거한다. 화폐가격에 의한 평가 없이는, 즉 상기한 이해관계 투쟁 없이는 어떤 **계산**도 불가능하다. 화폐는 인간생활에 존재하는 가장 추상적인 것이고 가장 〈탈인격적인 것〉[14]이다. 따라

---

13) 고대 그리스의 아티카국의 도시 엘레우시스에서 행해졌던 여신 데메트 제전의 비교(秘敎) 의식.

14) Das Unpersönlichste. '탈인격적'(또는 '비인격적')이라는 개념에 대해서는 앞의 〈세계종교와 경제윤리: 서론〉 역주 23 참조. 다시 한번 강조하지만, '탈인격적' 내지 '탈인격화'란 구체적 개별 인간을 보지 않고 객관적 이해와 목표 또는 추상적 '인간 그 자체'를 행위의 중심으로 삼는 태도 및 이런 태도가 관철되어 가는 과정을 일컫는다.

서 근대의 자본주의적 경제 세계는 자신에 내재하는 자기법칙성을 따르면 따를수록 종교적 형제애윤리와는 더욱더 멀어져서 이 윤리와는 어떤 관계도 맺을 수 없게 되었던 것이다. 이것은 자본주의 경제가 합리화되면 될수록 그리고 이와 함께 탈인격적이 되면 될수록 더욱더 그러했다. 가령 사람들은 주인과 노예 간의 대인(對人) 관계는, 바로 그것이 인간 대 인간의 관계이므로, 윤리적으로 남김없이 규제할 수 있었다. 그러나 우리는 한 부동산 은행의 저당채권의 계속 바뀌는 소유주와 역시 계속 바뀌는 채무자 — 소유주는 이 채무자를 알지도 못한다 — 간의 관계를, 적어도 주인과 노예의 경우와 같은 **의미**에서 그리고 같은 **정도로는**, 윤리적으로 남김없이 규제할 수는 없는데, 왜냐하면 이들간에는 어떤 대인적(對人的) 유대도 존재하지 않기 때문이다. 그럼에도 불구하고 만약 우리가 이 관계를 규제하려고 한다면, 그 결과는 우리가 중국에서 확인할 수 있었던 그런 결과일 것이다. 즉 형식적 합리성의 저해라는 결과가 그것이다. 왜냐하면 상기한 규제 문제의 핵심은, 형식적 합리성과 실질적 합리성이 서로 갈등관계에 처해 있다는 점이기 때문이다.

그런데 구원종교 그 자신이야말로 우리가 위에서 보았듯이 무차별적 사랑을 추구한다는 의미에서 사랑의 독특한 탈인격화 경향을 가지고 있었다. 비록 그렇기는 하지만, 구원종교는 그 자신과는 다른 의미에서 역시 탈인격적이며 바로 그렇기 때문에 각별히 형제애에 적대적인 경제적 세력들의 발전을 깊은 불신을 가지고 대했다. 가톨릭의 〈신이 달가워하는 일은 아니다〉라는 경구는 구원종교가 영리생활에 대해 가진 변함없는 태도를 특징적으로 표현하고 있으며, 화폐와 재화에 집착하는 것에 대한 경고는 모든 합리적 구원방법론에서 단호한 거부로까지 강화되었다. 그러나 종교적 공동체 그 자체의 생존 및 이 공동체의 전도활동과 정착을 위해서는 경제적 수단이 필요했으며 또 대중의 문화적 욕구와 일상적 이해관계에 대한 적응이 필수적이었기 때문에 종교적 공동체는 〔경제문제에 관해〕 타협을 하지 않을 수 없었는바, 이자금지(利子禁止)의 역사는 이러한 타협들에 대한 **하나의** 예에 불과하다. 그러나 상기한 긴장관계 그 자체는 진정한 구원종교에서는 종국적으로는 거의 극복될 수 없는 것이었다.

이 긴장관계에 대해 종교적 대가(大家) 윤리[15]는 외적으로는 가장 극단적 반응을 보였다. 즉, 대가윤리는 경제적 재화의 소유 자체를 거부했던 것이다. 이 긴장관계에 대한 현세 도피적 금욕주의의 반응은 수도사의 개별적 소유의 거부, 자신의 노동에 의한 생존, 그리고 특히 이에 상응하여 욕구를 절대 필수적인 것에 한정하는 것 등이었다. 모든 합리적 금욕주의의 역설, 즉 금욕주의는 자신이 거부하는 부(富)를 스스로 창출한다는 역설은 이 과정에서 모든 시대의 수도사 층을 함정에 빠뜨렸다. 즉, 어디서나 사찰과 수도원은 그 자신 합리적 경제의 장이 되었던 것이다. 한편 현세 도피적 명상가의 경우에는

---

15) Virtuosenethik의 역어. 종교적 '대가'('대가종교성')에 대해서는 여기 번역된 〈서론〉 참조.

원칙적 입장에서 다음과 같은 기본지침이 정립될 수밖에 없었다. 즉, 무소유의 수도사에게는 노동도 그를 명상적 구원재에 대한 집중으로부터 이탈시키는 것이기 때문에 그는 자연이 주는 것 그리고 인간들이 자발적으로 그에게 제공해 주는 것만을, 즉 딸기나 포도 등 자발적 적선만을 향수(享受)해야만 한다는 기본지침이 그것이다. 그러나 현세 도피적 명상가들도 탁발구역을 만들어 결국 타협을 했다(가령 인도).

상기한 긴장을 원칙적으로 그리고 **내적으로** 피하는 데는 단지 두 가지 일관된 길만이 있었다. 그 하나는 청교도적 직업윤리의 역설이다. 대가(大家) 종교적인 이 윤리는 사랑의 보편주의를 포기하고, 이 세상에서의 모든 활동을 신의 의지에 대한 봉사로, 즉 그 궁극적 의미는 이해할 수 없지만 그러나 그럼에도 불구하고 우리가 인식할 수 있는 유일한 구체적 신의 의지에 대한 봉사로 이해하고 또한 현세적 활동을 자신의 은총상황에 대한 시험으로 이해하였다. 그러면서 청교도윤리는 현세의 모든 활동을 합리적으로 객관화하고 이와 함께, 현세 전체와 마찬가지로 비천하고 타락한 것으로 평가절하된 경제적 세계도 신의 의지가 깃든 곳으로 수용하고 또한 의무완수의 대상으로 받아들였던 것이다. 이러한 태도는 궁극적으로는 인간이 도달할 수 있는, 그것도 모든 인간이 도달할 수 있는 목표로서의 구원을 원칙적으로 포기하는 태도이며, 이러한 보편적 구원 대신 그 이유를 알 수는 없지만, 그러나 항상 단지 특수한 사람에게만 주어지는 은총을 지향하는 태도이다. 사실 이러한 비형제애적 입장은 더 이상 진정한 〈구원종교〉는 아니었다. 진정한 구원종교에서는 단 하나의 길, 즉 형제애가 〈자비〉로 승화되는 길밖에 없다. 이 자비란 신비주의자의 무차별적 사랑이 극히 순수하게 체현하고 있는 그러한 〈자비〉이며, 자신이 희생적으로 봉사하는 인간에 대해〔그가 누구인지〕전혀 묻지 않으며, 궁극적으로는 이 인간에 대해 거의 관심이 없는 〈자비〉, 길에서 우연히 만난 사람이 — 이 사람이 누구든 간에, 그리고 단지 그를 길에서 만났다는 이유 하나 때문에 — 외투를 요구하면 외투뿐 아니라 내의까지 벗어주는 그러한 〈자비〉이다. 이것은 어떤 임의의 사람에게도 베푸는 대상 없는 헌신이라는 형태의 특이한 현세도피로서 이 헌신은 인간을 위한 헌신이 아니라 헌신 그 자체를 위한 헌신인바, 보들레르[16]의 말을 빌자면 〈영혼의 성스러운 매음(賣淫)〉을 위한 헌신이다.

3) 정치적 영역

구원종교의 일관된 형제애 윤리와 세속의 정치적 질서와의 긴장관계 역시 경제적 질서에 대한 긴장관계 못지않게 첨예해질 수밖에 없었다. 주술적 종교 및 직능신-종교의 세계에서는 이 문제는 존재하지 않았다. 고대의 전쟁신(神)과 법질서를 보장해주던 신 등은 직능신들로서 이들은 일상재화들을 확고하

---

16) Baudelaire, Charles-Pierre(1821~1867). 근대시의 최대 걸작의 하나로 꼽히는 《악의 꽃》(Les Fleurs du Mal, 1857)을 쓴 프랑스 시인.

게 보호했다. 그리고 지역신, 부족신 그리고 제국신 등은 단지 자신의 조직의 이해관계에만 관심을 가졌다. 이 신들은 공동체와 더불어 자기와 동류인 다른 신들과 투쟁해야만 했으며 그리고 바로 이 투쟁에서 자신의 신적인 힘을 증명했어야만 했다.

그런데 이러한 공동체간의 장벽들이 보편주의적 종교를 통해 무너지게 되면서, 다시 말하여 하나의 통일된 세계신이 탄생하게 되면서 비로소 〔정치적 질서와의 긴장의〕 문제가 생겨나게 된다. 그리고 이 문제가 가장 첨예하게 대두된 곳은 상기한 세계신이 〈사랑〉의 신이라고 간주되는 경우였는데, 구원종교에서 이것은 형제애 요구라는 형태로 나타났다. 그리고 여기서도 경제영역에서와 같이, 정치적 질서가 합리적이 되면 될수록 긴장의 문제는 더욱더 첨예해졌다. 관료적 국가기구 및 이 기구에 통합된 정치인간은, 경제인간과 똑같이, 〈개별 인간에 대한 고려 없이〉, 〈분노도 없고 편애도 없이〉, 증오도, 따라서 사랑도 없이 불의의 처벌을 포함한 자신의 모든 업무를 공평무사하게 수행하는 바, 이러한 업무수행 자세야말로 국가 권력질서의 합리적 규칙들이 요구하는 가장 이상적 자세인 것이다. 따라서 아직 상관 개인에 대한 외경의무가 존재했고 바로 〈인간을 고려하면서〉 개별 경우를 구체적-개인적으로 평가하였던 과거의 가부장적 질서보다 관료적 국가기구는 여러 면에서 실질적 윤리화의 가능성을, 비록 겉으로 보기에는 정반대인 것 같아 보이지만, 오히려 더 적게 가지고 있었으며, 이것은 정치질서의 탈인격화의 결과였다. 왜냐하면 관료적 국가의 경우, 법 집행과 행정에서 국가기구의 내정적(內政的) 기능들의 전 과정은 그 모든 〈사회정책〉에도 불구하고 결국에는 불가피하게 항상 국가이성(國家理性, 레송데타)[17]이라는 객관적인 실제적 이해관계에 의거해서 조정되는 것이기 때문이다. 즉, 내적 그리고 외적 권력분배의 유지(또는 변경)라는 절대적 자기목적성 — 이런 자기목적성은 모든 보편주의적 구원종교의 눈에는 종국적으로 무의미하게 보이지만 — 에 의거해서 조정되는 것이기 때문이다. 이것은 특히 외교정책의 경우에 그러했으며 또 아직도 그러하다. 그런데 모든 정치적 조직체의 매우 본질적 속성은, 그것이 단순히 대외적으로뿐 아니라 대내적으로도 강제수단의 적나라한 폭력성에 의존한다는 것이다. 더 정확히 말하자면, 폭력성에 대한 이러한 의존이야말로, 우리의 개념에 의하면, 이 조직체를 비로소 하나의 정치적 조직체로 만드는 요소인 것이다. 〈국가〉란 **정당한 폭력수단의 독점**을 주장하는 그러한 조직체이며, 우리는 국가를 달리 정의할 수가 없다. 〈악에 대해 폭력으로 저항하지 말라〉라는 산상수훈의 요구에 대해 국가는 〈불의에 대한 책임은 너에게 있으며 따라서 **너는 폭력**을 사용해서라도 정의가 승리하도록 **해야 한다**〉라는 대립되는 요구를 제시한다. 이러한 요구가 없었다면, 〈국가〉도 없었을 것이며,

---

17) Staatsräson의 역어. 앞의 주석에서도 설명했듯이, 이 개념은 자기목적적 존재인 국가가 국가를 유지·강화하기 위하여 지켜야 할 법칙이나 행동기준을 뜻한다. 국가이유(國家理由), 국가술수(國家術數) 또는 단순히 국익(國益)이라고도 번역된다.

그러면 평화주의적 〈무정부주의〉가 득세했을 것이다. 그러나 폭력과 또한 폭력사용의 위협은 모든 행위의 숙명적 속성에 따라 불가피하게 항상 새로운 폭력성을 창출한다. 이 과정에서 국가이성은 대외적으로나 대내적으로나 자신의 고유의 법칙을 따른다. 그리고 폭력 또는 폭력위협 그 자체의 **성공** 여부는 물론 궁극적으로는 권력관계에 달려 있지 윤리적 〈권리〉에 달려 있는 것은 **아니다.** 설사 우리가 이러한 윤리적 권리의 객관적 기준들을 어디에선가 발견할 수 있다고 가정하더라도 말이다. 아무튼 자연스럽고 야생적인 영웅성과는 대비되는 현상이면서 특히 합리적 국가에서 전형적으로 발견되는 현상이 있는바, 그것은 권력투쟁에서 서로 대치하고 있는 집단들 또는 권력자들이 각자 전적으로 선의에서 〈자신이 옳다〉고 믿는다는 현상이다. 합리화 과정을 거친 종교 일반의 관점에서 보면 이 현상은, 만약 여기서 일관된 사고를 전제한다면, 윤리에 대한 속임수에 지나지 않으며 더구나 이 정치적 폭력투쟁에 신을 끌어들인다는 것은 그의 이름을 무색하게 만드는 짓이다. 그에 반해 정치적 담론에서 차라리 모든 윤리적 요소를 전적으로 배제해 버리는 것이 오히려 유일하게 순수하고 정직한 자세로 보일 수 있을 것이다. 합리화된 종교의 관점에서 보면 모든 정치는, 이것이 〈객관적〉이 되면 될수록, 계산적이 되면 될수록, 그리고 정열적 감정, 분노 그리고 사랑에서 해방되면 될수록 단지 더욱더 형제애-적대적인 것으로 될 수밖에 없다.

그런데 이 두 가지 영역이 각자 완전히 합리화되었을 경우

이 두 영역간의 이질성은 더욱더 첨예화된다. 왜냐하면 정치는, 경제와는 달리, 결정적으로 중요한 점들에서 종교적 윤리의 직접적 경쟁자로 등장할 수 있기 때문이다. 예컨대 폭력위협이 실현된 결과인 **전쟁은**, 특히 근대적 정치 공동체에서는, 열정과 공동체 의식을 창출하며 이 과정에서 전사(戰士)들 간의 헌신과 무조건적 희생공감대를 형성시키며 더 나아가 곤궁에 처한 자에 대한 동정을 불러일으키고, 모든 자연발생적 조직의 장벽을 무너뜨리는 사랑을 확산시킨다. 그런데 사실 이런 유의 헌신과 사랑의 공감대는 종교에 있어서는 단지 형제애 윤리의 대가(大家) 공동체만이 제공해 줄 수 있는 것이며 따라서 상기한 현상은 종교와 경쟁적 관계를 이루게 된다. 그리고 더 나아가 전쟁은 전투병 자신에게, 그 생생한 의미심장함에 있어서 다른 어떤 곳에서도 찾을 수 없는 유일무이한 어떤 것을 제공해준다. 즉, 죽음이 어떤 의미를 가졌다는 느낌과 죽음만이 가진 독특한 숭고함에 대한 느낌이 그것이다. 전장에 서 있는 군대 공동체는 오늘날, 마치 가신 시대와 같이, 죽음의 순간까지 뭉쳐진 공동체이며 이런 성격의 공동체로서는 최대의 것이다. 그리고 인간의 공통된 운명일 뿐인 죽음, 왜 하필 내가, 그리고 왜 하필 지금 내가 죽어야만 하는지에 대해서는 전혀 알지 못하면서 누구도 피할 수 없는 이 죽음이라는 운명, 문화적 재화들은 그 끝을 짐작할 수 없게 더 발전하고 고양되어 가는 마당에서 항상 새로운 시작만이 의미 있는 일인 듯이 보이는 상황에 마침표를 찍어 버리는 죽음이라는 운명, 이러한, 그저 피할 수 없는 운명으로만 받아들여지는 죽음과 전장에서의 죽음은 다음과 같은 점에서 다르다. 전장에서는, 그리고 이런 대량현상으로는 **단지 여기서만**, 개개인은 자기가 〈무엇인가〉를 위해 죽는다는 사실을 안다고 **믿을 수 있게 된다는 것이다**. 그가 죽음을 견디어내어야만 한다는 것, 또한 왜 그리고 무엇을 위해 그가 죽음을 견디어내어야만 하는가 하는 문제는 전투병에게 — 그리고 그 이외에는 단지 〈순직〉하는 사람에게만 그러할 것이다 — 대부분 너무나 자명한 것이라서, 가장 일반적 의미에서의 죽음의 〈의미〉라는 문제 — 이 문제가 구원종교들이 죽음을 다루게 되는 동기이다 — 는 여기서는 전혀 발생할 여지가 없는 것이다. 정치적 강압조직체[18]의 존재가치를 정당화하려는 모든 시도는 궁극적으로 〔이 조직체가〕 죽음을 이렇게 유의미하고 숭고한 사건의 반열에 귀속시킬 수 있다는 점에 근거하고 있다. 그러나 여기서 죽음이 유의미한 것으로 파악되는 방식은 형제애적 종교에서의 죽음의 신정론과는 근본적으로 다른 방향을 취하고 있다. 형제애적 종교의 눈에는 전쟁을 통해 연대하게 된 인간집단의 형제애는 전투의 기술적으로 정교한 잔혹성의 단순한 반영에 불과하기 때문에 무가치한 것으로 보일 수밖에 없으며 전사(戰死)의 상기한 현세 내적 숭고함은 형제살인의 미화로 보일 수밖에 없는 것이다. 그러나 전쟁 형

---

18) Gewaltsamkeitsverbadn의 역어인데, 여기서 Gewaltsamkeit라는 단어는 적나라한 '폭력성'이라는 뜻도 가지고 있으므로 '폭력조직체'라고 직설적으로 번역할 수도 있다.

제애와 전사의 비일상성이야말로 — 전사의 이 비일상성은 신성한 카리스마 및 신과의 합일체험이 가진 비일상성과 통한다 — 종교와 정치 간의 경쟁관계를 최고조에 달하게 한다. 여기서도 일관된 해결책은 두 가지밖에 없다. 직업적 금욕에 기초한 청교도의 은총특수주의와 신비주의적 반-정치주의.

먼저 청교도적 은총특수주의의 경우를 보자. 은총특수주의는 신이 — 덧붙여 말하자면 전혀 이해할 수 없는 신이 — 내린 확고한 계명들을 믿으며 신의 의지를 다음과 같이 이해한다. 즉, 이 비천하고 그래서 폭력성과 윤리적 야만성의 지배를 받고 있는 현세에게 바로 이 현세 자신의 수단, 즉 폭력을 이용해서라도 계시된 신의 계명들을 강요하라는 것이 신의 의지라는 것이다. 그러나 이것은 신의 〈대의〉를 위해 형제애 의무를 〔저버리는 것은 아니지만〕 적어도 제한하는 것을 의미한다. 그 다음 무차별적 자비와 형제애에 기초한 신비적 구원추구의 극단적 반-정치주의의 경우를 보자. 이 신비적 구원추구는 〈악에 저항하지 말라〉라는 명제 및 〈다른 뺨도 갖다 대어라〉라는 격률 — 이 격률은 자신감에 찬 모든 현세적 영웅윤리의 눈에는 천하고 품위 없는 격률로 보일 것이다 — 에 의거하여 모든 정치적 행위가 숙명적으로 지니고 있는 폭력 속성을 피해간다. 〔위의 두 가지 이외의〕 다른 모든 해결책은 타협의 결과이거나 아니면, 진정한 형제애 윤리의 눈에는 필연적으로 부정직하게 보이거나 또는 수용될 수 없어 보이는 그러한 전제조건들을 내포하고 있다. 그럼에도 불구하고 이런 해결책들 중의 몇 가지는 유형으로서의 가치 때문에 우리의 각별한 관심을 끈다.

보편주의적 은총-**교회기관**[19] 내의 구원 관련 조직은 하나같이 모든 인간의 영혼, 또는 자신에게 위탁된 모든 인간의 영혼에 대해 신 앞에 책임을 지고 있다고 생각한다. 따라서 이 조직은 신도들이 신앙에 있어 그릇된 길로 인도되어 위험에 처하게되는 것에 대해서는 가차 없는 폭력을 동원해서라도 대처하고또한 이들을 〔위험으로부터〕 구해주는 은총수단의 확산을 조장할 권리와 또 의무를 가지고 있다고 생각한다. 그리고 구원귀족주의도, 만약 이 귀족주의가 칼뱅주의에서와 같이 (다른 방식이긴 하지만 이슬람교에서도) 신의 영광을 위해 죄의 세계를 지배하라는 신의 계명을 받들고 있을 경우 적극적 〈종교전사〉(宗敎戰士) 집단을 탄생시킨다. 그러나 동시에 여기서 〈성스러운〉 또는 〈정의로운〉 전쟁, 다시 말하여 신의 계명을 실현하기 위해, 그리고 신앙을 위해 수행되는 전쟁 — 이런 전쟁은 항상 어떤 의미에서건 종교전쟁이다 — 은 다른 모든 전쟁들, 즉순전히 세속적이고 그래서 철저히 무가치한 다른 전쟁들과는구분된다. 따라서 종교전사는 성스럽지 못하고 신의 의지에 부합하지 못한다고 판정된 세속적 전쟁, 그리고 자신의 양심이수긍하지 않는 〔세속적〕 정치권력들간의 전쟁에 대한 강제징집을 거부할 것이다. 크롬웰의 승리에 찬 성자(聖者) 군대가 군복무 의무에 대한 입장표명에서 바로 이런 거부권을 행사했다.

---

19) Anstalt의 역어. 이 개념에 관해서는 여기 번역된 〈서론〉에 있는 주석
   참조. 여기서는 가톨릭 교회 같은 기관을 염두에 두고 쓰인 개념이다.

이들은 강제 징집제보다는 차라리 용병제를 선호했다. 그리고 인간이 신의 의지를, 특히 신앙을 이유로, 압제할 경우, 신도는 인간보다는 신에게 더 복종해야 한다는 원칙에 따라 이들은 적극적 신앙혁명을 시도했을 것이다. 그러나 가령 루터파의 교회-종교의 입장은 정반대였다. 루터교는 신앙의 세속적 박해에 대한 종교전쟁과 적극적 저항권은 구원의 문제를 폭력의 세계로 끌고 들어가는 독선으로 보고 거부하였으며, 이 문제에 관한 한 단지 소극적 저항만을 허용했다. 그에 반해 세속적 권위에 대한 복종은, 심지어 이 권위가 전쟁을 명령하는 경우에도, 문제가 될 것이 없다는 것이 루터교의 입장이었다. 왜냐하면 루터교는 이에 대한 책임은 개개인에게 있는 것이 아니라 세속적 권위에게 있는 것이라고 믿었으며 또한, 내면적으로 보편주의를 표방하고 있는 (가톨릭의) 구원조직과는 달리, 세속 권력의 윤리적 독자성을 인정하고 있었기 때문이다. 루터의 개인적 기독교관의 특징인 예의 그 신비주의적 종교성향이라는 요소는 여기서 어정쩡한 태도를 취했던 것이다. 왜냐하면 우리가 종교적 대가들에게서 발견하는, 진정한 신비주의 또는 성령주의에 기초한 구원추구, 즉 종교적 의미에서 카리스마적 구원추구는 그 본질상 어디서나 비정치적 또는 반정치적이었기 때문이다. 이들의 구원추구는 세속적 질서의 독자성을 기꺼이 인정하기는 했지만, 이들이 여기서 도출해낸 유일한 일관된 결론은, 세속적 질서는 극단적으로 악마적 성격을 가졌다는 것, 또는 적어도 세속적 질서에 대해서는 철저히 무관심해야 한다는 것이었으며 이런 입장은 "황제에게 속한 것은 황제에게 주어라"(왜냐하면, 도대체 황제에게 속한 것들이 구원에 대해 무슨 의미를 가진단 말인가?)라는 원칙에 표현되고 있다.

종교적 조직들이 그 스스로 권력이해와 권력투쟁에 얽혀 들어가 있다는 사실, 현세에 대한 극도에 달한 긴장관계도 항상 결국에는 타협과 상대화를 통해 느슨해져 버리기 마련이라는 사실, 종교적 조직이 대중의 정치적 순치에 유용하고 또 그렇게 사용된다는 사실, 기존의 권력들에게 종교적 정당성을 부여하고자 하는 욕구의 존재 등 이 모든 사실들이 역사상 개개 종교가 정치적 행위에 대해 취한 현실적 입장들에 영향을 끼쳤다. 이 입장들은 거의 대부분 원래의 종교적 구원가치를 상대화시키고 이 구원가치에 내재한 윤리관의 합리적인 자기법칙성을 상대화시키는 것이었다. 그러나 이 입장들 가운데 실제적으로 가장 중요한 유형은 〈유기체적〉 사회윤리였는바, 이 윤리는 다양한 모습으로 널리 퍼져 있었으며 이 윤리의 직업개념은 현세적 금욕주의의 직업관념과는 그 원칙이 극단적 대조를 이루고 있었다.

상기한 유기체적 사회윤리도 (만약 이것이 종교적 기초를 가졌다면) 〈형제애〉를 바탕으로 하고 있다. 그러나 신비주의의 무차별적 사랑의 윤리와는 달리 이 윤리를 지배하고 있는 것은 하나의 질서정연한 합리적 형제애 요구이다. 이런 유기체적 윤리의 출발점은 종교적 카리스마가 불평등하게 배분되어 있다는 경험상으로 확인할 수 있는 사실이다. 바로 이 점, 즉 구원이 이렇게 모두에게가 아니라 단지 몇 사람에게만 가능할 뿐이라는 점이 유기체적 윤리론자들에게는 참을 수 없는 일이다. 그래서 이들의 사회윤리는 바로 이러한 카리스마적 자질의 불평등성을 세속의 신분적 계층구조와 연계시키면서, 세계를 신의 뜻에 맞는 활동들로 이루어진 직업분업적 세계로 만들고자 한다. 이 세계 내에서 개개인 그리고 개개 집단은 그들의 개별적 카리스마에 따라, 그리고 운명적으로 주어진 사회-경제적 상황에 따라 규정된 과업들을 배정받는 것이다. 대체로 이 과업들은 사회 윤리적으로 보나 섭리로 보나 —〔위에서 언급한 세속과의〕그 모든 타협에도 불구하고 결국에는 —신의 뜻에 맞는 그러한 상황을 실현하는 데 기여하는 과업들이다. 신의 뜻에 맞는 이 상황은, 세상이 죄로 물들었다는 점을 고려하면 그래도 죄와 고통을 상대적으로 억제하고 또한 위험에 처한 다수의 영혼들을 가능한 한 신의 나라를 위해 보호하고 구원할 수 있게 해주는 상황인 것이다. 그런데 인도의 업보이론은, 위의 경우와는 정반대로 순전히 개개인의 이해관계에 초점을 맞춘 구원-실현방식을 제공하고 있는데, 이를 통해 업보이론은 유기체적 사회이론을 훨씬 더 비장한 신정론으로 만들고 있다. 이 점에 관해서는 다음에서 곧 논의하게 될 것이다. 아무튼 이와 같은 매우 특수한 연계성을 이해하지 못한다면, 모든 유기체적 사회윤리는 세속 세계 특권층의 이해관계에 대한 적응에 지나지 않는 것으로 보이게 된다. 그리고 철저한 신비주의에 기초한 종교적 형제애 윤리는 유기체론적 사회윤리를 실제로 그렇게 평가하고 있다. 또한 현세적 금욕주의의 입장에서 보면 이러한 유기체적 사회윤리는 개개인의 삶 전체를 윤리적으로 합리화하는 데 필요한 내적 동기를 결여하고 있는 것이다. 왜냐하면 이 사회윤리에서는 개개인이 자기 자신의 구원을 위해 스스로 삶을 합리적이고 **체계적으로** 구성하는 데 대한 보상 (프리미엄) 이 없기 때문이다. 이와는 반대로 유기체적 구원론 쪽에서는 또 그 쪽대로 삶의 질서들의 합리적 객관화에 기초한 현세적 금욕주의의 구원귀족주의를 무애정(無愛情) 과 무형제애(無兄弟愛) 의 가장 가혹한 형태로 간주할 수밖에 없으며, 또한 신비주의의 구원귀족주의를 자기 자신의 카리스마를 고상하게, 그러나 사실은 비(非) 형제애적으로 즐기는 것에 불과한 것으로 간주할 수밖에 없다. 유기체론자가 보기에 신비주의적 구원귀족주의는 무계획적 무차별적 사랑의 윤리를 단지 자신의 구원추구를 위한 이기주의적 수단으로 사용하고 있는 것에 불과한 것이다. 이 두 유형의 귀족주의는 사회적 세계를 결국에는 전적으로 무의미한 것으로 저주하거나 아니면 적어도 신이 이 사회적 세계에서 목표로 하는 바는 전혀 알 수 없는 것으로 간주한다. 그러나 종교적 유기체론이 가지고 있는 사회이론적 합리주의는 이러한 생각을 견디어내지 못하며 그래서 그 나름대로 현세를 그 모든 죄로 인한 타락상에도 불구하고 신적인 구원계획의 흔적을 내포한, 즉 적어도 상대적으로는 합리적인 코스모스로 파악하려고 하는 것이다. 그러나 다른 한편으로 바로 이러한 상대화가 대가종교성의 절대적 카리스마주의의 눈에는 진정으로 비난받아야 마땅한 것으로, 또 구원과는 무관한 것으로 보이는 것이다.

경제 및 정치영역에서의 합리적 행동이 자신의 고유의 법칙성을 따르듯이, 현실세계 내의 다른 모든 합리적 행동도 현실세계의 조건들에 피할 수 없이 묶여 있고 이 조건들을 수단으로 또는 목적으로 활용할 수밖에 없다. 그런데 이 현실세계적 조건들은 형제애와는 무관한 것이며 따라서 어떻게 해서든 형제애 윤리와는 긴장관계에 빠지게 된다. 그러나 합리적 행동은 〔형제애 윤리와는 무관하게〕 그 자체 내에도 하나의 깊은 긴장요소를 내포하고 있다. 왜냐하면 다음과 같은 가장 기초적인 문제조차도 해결할 수 있는 수단이 전혀 없는 듯이 보이기 때문이다. 즉 개개의 구체적인 경우에 우리는 무엇을 기준으로 하여 한 행동의 윤리적 가치를 규정해야만 하는가? 다시 말하여, 이 행동의 **결과** 아니면 이 행동 자체에 내재하는 ─ 어떻게든 윤리적으로 판단되어야 할 ─ 독자(獨自) 가치 중 어느 것을 기준으로 이 행동의 윤리적 가치를 규정해야만 하는가 라는 문제가 그것이다. 행위자가 자신의 행위결과에 대해 책임을 질 경우 이것은 그가 택한 수단을 정당화시킬 수 있는가, 그리고 어느 정도까지 정당화시킬 수 있는가, 아니면 정반대로 그 행위를 이끄는 신념이 높은 가치를 가지고 있으면, 행위자는 자신의 행위의 결과에 대한 책임은 거부할 권리를, 그리고 이 결과를 신의 탓으로 또는 신이 묵인한 현세의 타락상과 어리석음의 탓으로 돌릴 권리를 얻게 되는 것인가? 종교적 윤리의 신념윤리적 승화는 후자, 즉 〈기독교도는 올바르게 행동할 뿐 그 결과는 신에게 맡긴다〉는 원칙 쪽으로 기울 것이다. 그러나 만약 기독교도가 이런 입장을 진정으로 일관되게 실현할 경우, 그는 자신의 행동의 결과가 현세의 독자적 법칙성들을 기준으로 볼 때 비합리적이 된다는 운명을 피할 도리가 없는 것이다.[20] 이런 문제에 직면하여, 승화된 구원추구는 무차별적 사랑의 윤리를 더욱더 강화하여 결국에는 목적 합리적 행동 그 자체, 수단과 목적이라는 범주 하에 있는 모든 행동 그 자체를 현세에 구속되어 있고 신과는 무관한 것으로 보고 거부하고자 할 수 있다. 이러한 거부는, 앞으로 보게 되겠지만 성경의 들판의 백합 비유에서 시작하여 가령 불교의 더욱더 원칙적인 정식화에 이르기까지 다양한 일관성을 가지고 수행되었다.

유기체적 사회윤리는 어디서나 각별히 보수적이고 혁명에 적대적 힘이다. 그에 반해 진정한 대가종교성으로부터는 경우에 따라서는 **혁명적** 결과가 나올 수 있다. 물론 이것은 특정한 전제조건 하에서만 가능하다. 그 전제조건이란, 대가종교가 폭력의 속성, 다시 말하여 폭력은 다시금 폭력을 낳으며 단지 바뀌는 것은 폭력적 지배를 행하는 사람과 그리고 기껏해야 그 방법일 뿐이라는 속성을 모든 피조물의 지속적 속성으로 인정

---

20) 원주: 앞으로 보게 되겠지만, 이것은 바가바드기타(*Bhagavadgita*)에서 가장 일관되게 이론적으로 수행되었다. 〔바가바드기타는 힌두교에서 3대 경전의 하나로 여기는 중요 경전이다. 약칭하여 《기타》라고도 한다. '지고자(至高者: 神)의 노래'라는 뜻이다: 역주〕

하지 않아야 한다는 것이다. 그러나 대가종교성의 성격에 따라 그것의 혁명적 전환은 원칙적으로 두 가지 형태를 띨 수 있다. 그 첫 번째 형태는 현세 내적 금욕주의로서, 만약 현세 내적 금욕주의가 현세의 비천하게 타락한 경험적 질서들에 대해 하나의 절대적인 신적 〈자연법〉을 그 대안으로 제시할 수 있을 경우에는 어디서나 혁명적 전환이 발생한다. 이 경우, 신도 (信徒)라면 인간에게보다는 신에게 더 복종해야 한다는 원칙 — 이것은 모든 합리적인 종교에서는 어디서나 그리고 어떤 의미에서든 타당한 원칙이다 — 에 따라, 상기한 자연법의 실현은 금욕주의자에게는 하나의 종교적 의무가 되는 것이다. 이러한 유형에 대한 예로는 우선 원래적 의미의 청교도 혁명을 들 수 있지만, 다른 곳에서도 유사한 예를 발견할 수 있다. 상기한 자세는 종교전쟁에 대한 의무와 전적으로 상응한다. 그러나 신비주의자의 경우에서와 같이 신성소유의 상태로부터 신들린 상태21)로의 전환 — 이러한 전환은 심리적으로 언제든 일어날 수 있다 — 이 진행되는 경우에는 사정이 다르다. 이러한 전환이 다음과 같은 경우에 가능하리라는 것은 충분히 납득이 가는 일이다. 즉, 무차별적 형제애의 시대가 범세계적으로 즉각 도래할 것이라는 종말론적 기대가 크게 타오르는 경우,

---

21) Gottbesitz와 Gottbesessenheit를 각각 〈신성 소유의 상태〉 및 〈신들린 상태〉로 번역했다. 역자가 이해하기에는 〈신성 소유의 상태〉란 자신의 능동적 노력으로 신과의 신비적 합일을 체험한 상태를 뜻하고 〈신들린 상태〉란 피동적으로 신에 의해 '소유'된 상태를 뜻한다.

다시 말하여 현실세계와 비합리적이고 신비한 구원 세계 간의 긴장에 대한 믿음이 사라질 경우가 그것이다. 이럴 경우 신비주의자는 구원자와 선지자가 되는 것이다. 그러나 그가 전파하는 계명들은 합리적 성격을 가지고 있지 않다. 이 계명들은 그의 카리스마의 산물로서 구체적인 계시들이며, 또한 그의 극단적 현세거부는 쉽게 극단적 **무규범주의**로 전환한다. 왜냐하면 현실세계의 계명들은 신들림을 보장받은 자에게는 유효하지 않기 때문이다. 세례파 혁명에 이르기까지 모든 천년왕국설[22]은 어찌되었든 이런 배경을 가지고 있다. 즉 〈신을 가짐〉으로 인해 구원받은 자에게는 자신의 행동방식은 구원에 대해 아무런 의미를 가지지 않는 것이다. 우리는 앞으로 인도의 지반무크티에서 유사한 현상을 보게 될 것이다.

4) 심미적 영역

앞서 우리는 종교적 형제애 윤리가 현세 내에서의 〔정치, 경제 등과 같은〕 목적 합리적 행위영역들이 가진 독자적 법칙성과 긴장관계를 형성하고 있음을 보았다. 그러나 종교적 형제애 윤리는 비단 이러한 목적 합리적 세력들에 대해서뿐 아니라 그 본질상 비합리적 또는 반합리적 현세 내적 세력들과도 그에 못

---

22) 초대 그리스도교 시대에 나온 설(說)로서, 신의 최후의 심판에 앞서, 그리스도가 지상에 재림하여 1,000년간 이 세상을 통치하고 그 뒤에 세상의 종말이 온다는 것이다.

지않은 긴장관계를 형성한다. 특히 심미적 영역과 성애적[23] (에로틱) 영역과의 관계에서 그러하다.

심미적 영역은 주술적 종교성과 지극히 밀접한 관계를 가지고 있다. 〔예컨대 회화의 원시적 시초단계인〕 자연주의를 극복하는 첫 걸음은 우상, 성화상(聖畵像) 및 다른 종교적 인조물들 그리고 이들의 잘 검증된 형상화 방식을 주술적으로 정형화하여 하나의 고정된 〈스타일〉을 정립하는 것이었다. 음악을 망아경지 또는 악마 쫓기 또는 재앙을 막아 주는 주술의 수단으로 사용하는 것, 신성한 음유가 및 무용가로서의 주술사, 주술적으로 검증된, 그래서 주술적으로 정형화된 음정 등은 조성(調聲)의 최초의 단계들이며, 주술적으로 그리고 망아경지의 수단으로 검증된 무용 스텝은 율동론의 원천 중 하나였다. 또한 사원과 교회는 모든 건축물 가운데 가장 위대한 건축물로서, 이 건축사업은 〔신의 찬양이라는〕 영구히 확정되어 있는 목적에 의거하여 건축양식을 정형화하였으며, 그리고 그 건축형태 역시 마술적 검증을 통해 정형화되었다. 모든 종류의 예배용 비품 및 교회집기들은 공예업의 대상이었으며 이것은 사원과 교회가 〔신도들의〕 종교적 열정 덕분에 축적할 수 있었던 부와 연결되어 있다. 이 모든 사정은 예전부터 종교를 한편으로는 예술적 계발가능성의 무한한 원천으로 만들었으나, 또 다

---

23) geschlechtliche Liebe 또는 Erotik을 '성애'(性愛)로 번역했다. 그러나 다음에서는 우리말에서도 이미 일상어가 된 '에로틱'이라는 말도 병행해서 역어로 사용했다.

른 한편으로 종교는 예술적 양식을 전통에 구속시키는 가장 강한 힘으로 작용하기도 했다.

그러나 〔주술의 단계를 벗어난〕 종교적 형제애 윤리와 엄격한 도덕주의는 하나같이 예술을 주술적 작용의 담지자로 보았으며 따라서 예술을 단순히 평가절하할 뿐 아니라 매우 수상쩍은 것으로 간주했다. 한편에서는 종교적 윤리와 구원추구의 승화, 그리고 다른 한편에서는 예술의 자기법칙성의 발전, 이 두 과정은 어차피 그 자체로서 상호간의 긴장관계를 증대시키는 경향을 가지고 있다. 모든 승화된 구원종교는 구원에 중요한 사물과 행동의 의미에만 주목하지 그 형식에는 주목하지 않는 것이다. 구원종교에게는 형식이란 우연적인 것, 비천한 것, 의미로부터 우리의 주의를 빼앗는 것에 불과한 것이 된다. 예술의 입장에서 보면 〔종교에 대한〕 구김 없는 관계가 온전하게 남아 있거나 또는 이 구김 없는 관계가 다시 회복될 수 있는 경우는 특히 다음과 같은 경우이다. 즉, 수용자의 의식적 관심이 형상화된 것의 형식 그 자체가 아니라 내용에만 소박하게 집중되어 있는 경우 그리고 예술가의 업적이 (원래는 주술적인) 〈기능〉(技能) 의 카리스마로서 느껴지거나 아니면 자유로운 작용으로 느껴지는 경우가 그것이다. 그러나 주지주의의 발전과 생활의 합리화는 이 상황에 변화를 가져온다. 예술은 이제 점점 더 의식적으로 자신의 독자적 가치를 인식하고 이 독자적 가치의 코스모스를 형성해 간다. 또한 예술은 현세 내적 **구원** ─ 이것이 어떻게 해석되든 상관없이 ─ 의 기능을 수임한다.

즉, 일상으로부터의 구원 그리고 무엇보다도 이론적 그리고 실천적 합리주의의 점점 증대하는 압박으로부터의 구원이라는 기능을 수임한다. 그러나 이러한 자기주장과 함께 예술은 이제 구원종교에 대해 직접적 경쟁관계에 들어서게 되는 것이다.

모든 합리적인 종교윤리는 〔예술이 제공하는〕 이러한 현세내적 비합리적 구원의 세계를 무책임한 향락 — 적어도 종교윤리의 입장에서는 그렇게 보인다 — 과 은폐된 사랑결핍의 제국으로 간주하고 이에 저항하게 된다. 〔이제 이러한 저항의 배경을 살펴보고자 한다.〕 우선 독자성을 확보해 가는 예술영역의 특징인 윤리적 판단에 대한 책임거부 현상을 보자. 물론 윤리적 판단에 대학 책임의 거부는 주지주의 시대 일반의 특징으로서, 이것은 한편으로는 주관주의적 욕구의 결과이고 다른 한편으로는 전통적-속물적 편견을 가졌다는 인상을 주는 것에 대한 두려움의 결과이기도 하다. 아무튼 윤리적 판단에 대한 책임의 거부는 실제로 윤리적 가치판단을 취향판단으로 전환시키는 경향을 가지고 있다. (예컨대 '부도덕하다, 사악하다' 대신에 '무미건조하다'라고 사람들은 말한다.) 그리고 이러한 취향판단은 반론의 여지가 없기 때문에 토론을 배제시킨다. 그런데 이와는 달리 윤리적 규범을 〈보편타당한 것〉으로 보는 자세는 공동체 형성에 기여한다. 적어도 다음과 같은 의미에서는 그러하다. 즉, 이런 자세를 취할 경우 우리는 어떤 행동에 대해 윤리적으로는 거부감을 느끼지만 인간적으로는 언제 자기에게도 〔같은 불운이〕 닥칠지 모른다고 느끼며 자기 자신의 피조물적 부족함을 알고 윤리적 규범에 복종하게 되는 것이다. 방금 언급한 윤리적 보편주의자의 자세와는 달리, 윤리판단을 취향판단으로 전환하는 자세는 합리적이고 윤리적인 입장정립의 필연성으로부터 도피하는 것이며, 구원종교는 이런 자세를 분명히 매우 저급한 형태의 비형제애적 자세로 **간주할 수 있을 것이다.** 다른 한편으로 예술가나 예술작품으로부터 심미적 감흥을 받은 감상자에게는 윤리적 규범 그 자체가 진정으로 창조적인 것의 억압, 그리고 가장 사적인 것의 억압으로 보이기 쉽다. 그러나 종교적 행위의 가장 비합리적인 형태, 즉 신비적 체험은 그 가장 내면적 본질에서는 형식과는 전혀 무관하고, 형식으로 나타낼 수 없고 또 표현될 수 없을 뿐 아니라, 더 나아가 형식-적대적이다. 왜냐하면 신비적 체험이란 바로 모든 형식을 파괴했다는 느낌 속에서 비로소 모든 종류의 규정성과 형상화 바깥에 놓인 전일(全一)에 침잠할 수 있다고 믿는 것이기 때문이다. 그래서 신비주의자는 예술적 감동과 종교적 감동 간의 명백한 심리학적 친화성은 단지 예술적 감동이 가진 악마적 성격의 증거에 불과하다고 생각할 것이다. 특히 예술 중에서도 가장 〈내면적〉 예술인 음악, 그 중에서도 가장 순수한 형태인 기악은 〔한 개인이 가질 수 있는〕 최초의 종교적 체험에 대한 하나의 무책임한 대용물로 등장할 수 있는 능력을 가지고 있다. 즉 〔인간의〕 **내면**에 기반하지 않는 〔음악〕세계의 자기법칙성은 마치 최초의 종교적 체험을 대신하는 듯한 환상을 불러일으킬 수 있는 것이다. 트리엔트공의회24)에서 표명된 그 유명한 입장은 이러한 느낌에 근거하는 부분도 있을 것이다. 이럴 경우 예술은 〈피조물 신격화〉가 되고 종교에 대한 경쟁 세력 및 사람을 미혹하는 기만이 되며, 종교적 사안에 대한 회화와 비유는 그 자체로서 신성모독이 된다.

물론 역사 속의 경험적 현실에서는 상기한 바와 같은 심리학적 친화성은 되풀이해 예술과 종교 간의 연대로 이끌었으며, 이런 연대는 예술의 발전을 위해 매우 중요했고 또한 대부분의 종교들은 이런 연대를 수용했다. 그런데 이런 연대는 해당 종교가 보편주의적 대중종교를 지향하면 할수록, 그래서 대중에 대한 영향력 행사와 정서적 전도에 대한 의존도가 높으면 높을수록 더욱더 체계적으로 수행되었다. 예술에 대해 가장 냉담했던 부류는 모든 진정한 대가종교성이었던바, 그 이유는 내적 대립관계의 속성 때문이며, 이것은 적극적 금욕주의적 유형의 대가종교성에서나 신비주의적 유형의 대가종교성에서나 마찬가지였다. 그리고 이들이 신의 초세속성 또는 구원의 비세속성을 강조하면 할수록 이들의 예술에 대한 태도는 더욱더 냉혹했다.

5) 성애 (性愛, 에로틱)의 영역

구원종교의 형제애 윤리는, 심미적 영역과 긴장관계를 유지했듯이, 가장 강력한 비합리적 생명력인 성적(性的) 사랑과도

---

24) 1545~1563년까지 트리엔트에서 개최된 가톨릭공의회. 여기서 가톨릭의 반종교개혁적 입장이 확립되었다.

깊은 긴장관계를 가지고 있었다. 그리고 여기서도, 성적 감정과 행동이 승화되면 될수록, 그리고 형제애의 구원윤리가 철저히 일관되게 발전하면 할수록 이 윤리의 성적 사랑에 대한 자세는 더욱더 냉혹해졌다. 그런데 이 두 영역도 원래는 서로 아주 밀접한 관계를 맺고 있었다. 성교는 매우 흔히 주술적 광란축제[25]의 일부분이었고, 신성한 매음 — 이것은 이른바 〈원초적 난혼제〉(난혼제가 원초적이라는 것은 주장에 불과하다) 와는 전혀 무관한 것이다 — 은 모든 망아경지를 '신성한 것'으로 간주하는 이러한 관습의 잔재이다. 이성간 또는 동성간의 세속적 매음은 태곳적부터 있었고 흔히 꽤 세련된 방식으로 수행되었다. (이른바 자연부족들은 동성애적 여성을 키운 적도 있다.) 매음이 법적 수속을 거친 혼인으로 이행하는 과정은 온갖 종류의 중간단계들을 거쳐 진행되며 이 단계들간의 경계선은 불분명하다. 혼인을 여자의 확보 및 자손의 상속권 확보와 관련된 경제적 사안으로 보는 견해, 후손의 제사를 생각하면 내세(來世)에서의 운명을 위해서도 중요한 후손확보 제도로 보는 견해 등은 예언자 시대 이전의 현상이고 또 보편적 현상이다. 따라서 이런 견해들은 원래 금욕주의와는 아직 무관한 것이었다. 성생활은 그 자체, 다른 모든 기능들이 그러했듯이 자신만의

---

25) 원주: 아니면 성교는 광란적 흥분의 의도되지 않은 결과이었다. 러시아의 스콥첸(Skopzen) - 거세 종파의 창설은 '편타파'의 광란적 춤이 낳은 이러한, 부도덕하다고 평가되는 결과(성교)를 피하려는 노력에서 나온 것이다.

정령과 신을 가지고 있었다. 다만 사제들이 제사와 관련하여 지켰던 일시적 동정(童貞) 원칙 — 이것은 매우 오래된 원칙이다 — 에서 성생활과의 일정한 긴장이 등장할 뿐이었다. 규제된 공동체 제사의 엄격히 정형화된 의례를 기준으로 볼 때, 성은 이미 (이 단계에서도) 각별히 악마적인 것으로 간주되었다는 점이 아마도 상기한 동정원칙의 근거일 것이다. 그러나 후에 예언종교와 사제층이 통제하는 생활체계들은 **혼인제도**의 보호를 위해 거의 예외 없이 성행위를 규제하였는데, 이런 규제는 물론 우연이 아니다. 이것은 모든 합리적인 생활규제체계가 주술적 주신제와 비합리적 도취 형태 일반에 대해 가진 적대적 입장의 표현이다. 상기한 긴장관계는 양 영역에서 공히 진행되는 발전과정을 통해 더욱더 심화된다. 성적 영역에서는 성이 〈성애〉(에로틱)로 승화되고 이와 함께 — 농부들의 단순한 자연주의와는 달리 — 성은 하나의 **의식적으로** 가꾸어지는, 그리고 **비일상적** 영역으로 승화된다. 여기서 '비일상적'이란 반드시 관습을 벗어난다는 것만을 의미하는 것은 아니다. 이것은 가령 기사규범[26]이 바로 성애를 규범화의 대상으로 삼곤 했다는 것만 봐도 알 수 있다. 물론 이 경우 **특징적인 것**은 성의 자연적이고 유기체적인 측면은 감추어진다는 점이다. 비

---

26) 독일의 이른바 '민네장'(Minnesang)에 관련된 기사규범을 의미하는 것으로 보인다. 민네장이란 중세기사들이 읊은 서정시로서, '민네'란 여기서 궁정적 사랑을 의미한다. 여기서 남자는 기사이고 여자는 (대부분 기혼) 귀부인이다. 기사는 귀부인에게 아무런 보상도 바라지 않고 순수한 은총만을 바라고 사랑의 봉사를 한다. 다음 본문 참조.

일상성이란 바로 이렇게 성적인 것이 순수한 자연주의로부터 벗어나는 과정을 뜻하는 것이다. 그러나 이 과정의 근거와 그것의 의미는 문화의 합리화와 주지주의화라는 보편적 과정과 연계되어 있다.

이제 매우 압축된 방식으로 이 발전단계들을 살펴보고자 하는데, 설명에 필요한 예들은 서양에서 취하겠다.

인간존재의 내용 전체가 농민층 특유의 존재양식이 가진 유기체적 순환에서 벗어나게 되고, 삶이 서서히 지적 문화 또는 초개인적인 것으로 간주되는 문화를 통해 풍부하게 되어 감에 따라 삶의 내용은 점차 순수하게 자연적인 상태에서 멀어지게 되며, 이런 과정은 동시에 성애의 특수 위상을 강화시키는 방향으로 작용했다. 즉, 성애는 의식적으로 (가장 고상한 의미에서) 즐기는 대상으로 격상되었다. 이런 격상에도 불구하고 그리고 바로 이런 격상 때문에, 성애는 합리화의 기제들과는 대립되는, 삶의 가장 비합리적이고 가장 생생한 진수에 대한 관문으로 보이게 되었다. 물론 이 과정에서 사람들이 성애 그 자체에 부여한 가치의 정도와 성격은 역사적으로 지극히 변화무쌍했다. 무사층의 굴절되지 않은 정서에서는 여자 소유와 여자를 위한 투쟁은 재물과 권력정복을 위한 투쟁과 거의 같은 위상을 가지고 있었다. 예컨대 고전 이전 시기 그리스의 기사 낭만주의 시대에 살았던 아르킬로고스[27]에게는 성애에서의

---

27) Archilochos 기원전 7세기경의 그리스 서정시인이면서 무사.

실망은 대단하고 지속적 의미를 지닌 체험일 수 있었으며, 한 여자의 약탈이 전례 없는 영웅전쟁의 계기가 될 수도 있었다. 그리고 비극문학 시기에 이르기까지 신화의 여운들도 성적 사랑을 아직 진정한 운명의 힘으로 간주하고 있었다. 그러나 전체적으로 볼 때 한 여성, 즉 사포[28]의 성애 체험능력을 능가한 남자는 없었다. 그러나 그리스 고전 시대, 즉 중장비보병 시대는, 그 당시의 모든 시대증언들이 증명하듯이, 성적 사랑에 관해서는 상대적으로 매우 냉담했고, 중국의 교양계층보다 오히려 더 냉담했다. 물론 이들이 성적 사랑의 엄청난 진지성을 더 이상 알지 못했다는 것은 아니다. **그러나** 이러한 진지성이 아니라 오히려 그 정반대가 이 시대에 **특징적인 것**이었다는 말이다. 비록 아스파시아[29]가 있기는 했지만, 페리클레스[30]의 연설 그리고 무엇보다도 데모스테네스[31]의 유명한 발언을 상기해 보라. 전적으로 남성적 성격을 가진 이 〈민주주의〉 시대에서는 여성과의 에로틱한 체험을 — 우리의 용어로 표현하자면 — 〈삶의 운명〉으로 취급하는 것은 거의 미성숙하고 감상적인 것으로 보였을 것이다. 〈동지〉 또는 소년이 모든 사랑예식을

---

28) Sappho. 고대 그리스 최대의 여류시인. 사포가 미틸레네의 선원 파온과의 비련으로 절벽에서 몸을 던졌다는 말이 전해내려 오지만 후세에 꾸며낸 이야기일 가능성이 크다.

29) Aspasia. 기원 5세기 그리스의 미모와 재능을 겸비한 사교계 여성. 페리클레스와 결혼.

30) Perikles(BC 495~429). 고대 아테네의 정치가. 장군.

31) Demosthenes(?~BC 413). 고대 그리스 아테네의 장군.

다해 구애되는 대상이었으며, 이것은 바로 헬레니즘 문화의 중심부에서 그러했다. 그 결과 플라톤의 에로스는 그 모든 현란함에도 불구하고 하나의 강하게 **조절된** 감정이다. 따라서 **디오니소스적 정열**의 아름다움 그 자체는 플라톤의 에로스 관계에서 공식적으로는 수용되지 않았다.

성애영역에서 근본적 문제의식과 비극의 가능성이 등장하게 된 것은 우선 특정한 책임성이 제기되면서부터인데, 이 과정은 서양의 경우 기독교에서 유래한다. 그러나 서양에서 순수한 성애적 감흥 그 자체가 가진 가치가 강조되기 시작하는 것은 주로 봉건적 명예 개념에 기초한 문화가 정착하면서부터이다. 다시 말하여 기사적 충성관계의 상징체계가 성애적으로 승화된 성적 관계에까지 도입됨으로써 상기한 가치상승이 진행되었던 것이다. 가장 많은 가치상승이 이루어진 경우는, 성애가 성애를 은폐하는 종교와 결합하거나 또는 직접적으로 금욕주의와 결합했던 경우인데, 서구의 중세가 그런 경우였다. 기독교 중세의 기사사랑은 잘 알려져 있다시피 미혼 소녀에 대해서가 아니라 전적으로 외간 기혼녀에 대한 성애적 충성봉사였으며, 이 봉사는 〈이론상으로는〉 성적 관계가 없이 사랑의 밤을 보내는 것이고 또한 구체적 의무목록을 가지고 있었다. 이와 함께 남자의 〈자기증명〉은 ─ 이 점에서 그리스 문화의 남성주의와의 극명한 차이가 드러난다 ─ 남성들 앞에서가 아니라 성애에 관심을 가진 〈숙녀〉 앞에서 결정되기 시작하는 것이다. 그리고 〈숙녀〉라는 개념도 바로 이 기능을 통해서 비로소 형성되었다.

그런데 성애의 특별한 감각적 성격은 르네상스 문화가 살롱문화로 이행하면서 더욱더 심화된다. 다시 말하여, 본질적으로 남성적이고 투쟁적인 르네상스 문화, 그리고 그런 이상 고대문화에(많은 차이에도 불구하고) 더 친화적이며 기독교적 기사금욕주의를 벗어버리는 르네상스 문화 — 가령 〔16세기 르네상스의〕〈궁정인〉 시대와 셰익스피어 시대의 문화 — 는 점차 탈군사화되어 가던 살롱문화의 주지주의로 이행해 갔으며, 이 과정을 통해서 성애의 감각적 성격은 더욱더 심화된다. 살롱문화는 이성간의 대화가 가진 가치 창출적 힘에 대한 확신에 기초하고 있었으며, 이 대화를 위해서는 공개적 또는 잠재적으로 에로틱한 감각 및 기사가 숙녀 앞에서 벌이는 투쟁적 자기증명이 필수적인 자극제가 되었다. 포르투갈 서한[32] 이래 여성의 현실적 사랑문제는 하나의 특별한 정신적 시장상품이 되었고 여성의 사랑서신은 〈문학〉이 되었다. 그런데 성애영역의 강조가 마지막으로 가일층 강화되는 것은 주지주의적 문화의 토양 위에서이다.

주지주의적 문화에서 성애는 직업인간의 금욕주의적 경향과 불가피하게 충돌하게 된다. 합리적 일상과의 이러한 긴장관계 하에서 성생활은 비일상적인 것이 되어버리며 이 비일상적 성생활, 특히 혼외 성관계는, 옛날의 단순한 유기체적 농민적 삶의 순환에서 이제 완전히 벗어난 인간을, 모든 생명의 자연적

---

32) 포르투갈의 프란체스코수도회의 수녀 아르코프라도의 연애서한집.

원천과 그래도 아직까지 연결시켜주는 유일한 끈인 것 같이 보일 수 있었다. 합리적인 것으로부터의 현세 내적 구원이라는 이 매우 특수한 감정, 즉 합리적인 것에 대한 복된 승리라는 감정은 이렇게 해서 생겨나고 이것은 엄청난 가치를 얻게 되는 것이다. 성애의 이러한 엄청난 가치상승에 대해 모든 종류의 극단적 현세 외적 또는 현세 초월적 구원윤리는 격렬한, 그리고 불가피하게 극단적 거부반응을 보인다. 이 구원윤리에 의하면 정신의 육체에 대한 승리는 바로 여기, 즉 성의 영역에서 〔성 욕구의 극복을 통해〕 가장 완벽하게 실현되며 따라서 구원윤리는 성생활이야말로 동물적인 것과의 유일하고 제거될 수 없는 결합이라고 간주할 수밖에 없었다.

그러나 이 긴장이 가장 첨예해지고 또 가장 피할 수 없게 되는 경우란 한편에서는 성의 영역이, 성적 관계의 모든 순수한 동물적인 것을 미화하면서 재해석하는 에로틱한 감각체계, 즉 고도의 독자 가치를 지닌 감각체계로 분화되어 나오고, 다른 한편에서는 구원종교가 사랑의 종교, 형제애와 이웃사랑의 종교가 되는 경우이다. 이럴 경우에 긴장관계가 가장 첨예해지는 이유는 다름 아니라 에로틱한 관계가 위에서 지적한 조건 하에서는 사랑의 요구를 충족시키는 최고의 경지, 즉 두 인간 사이에서 영혼이 직접적으로 교감하는 경지를 가능하게 하는 듯이 보이기 때문이다. 모든 사무적인 것, 합리적인 것 그리고 일반적인 것에 가장 극단적으로 대립하는 이 비합리적 경지에서 인간은, 한 개별 존재가 다른 한 개별 존재 그리고 단지 이 개별 존재에 대해서만 가지게 된 유일무이한 의미에 무한히 헌신하는 것이다. 그러나 이 의미 및 이 관계의 가치는, 성애의 입장에서 보면 완벽한 **하나됨**, 즉 〈당신〉이 사라지고 〔둘이 완전히 하나로〕 느껴지는 그러한 공동체가 가능하다는 사실에서 표출되며 이 가능성에 대한 느낌은 너무나 압도적이라서, 이것은 〈상징적으로〉 하나의 성찬의식(聖餐儀式)과 같이 해석된다. 그리고 바로 여기에서, 즉 어떤 수단으로도 남에게 전달할 수 없는 자신의 체험의 이 무근거성과 무진장함 가운데서, ─ 그리고 **이 점에서** 이 체험은 신비적 〈〔신성〕소유〉와 유사한바, 이 둘은 비단 체험의 격렬성만이 아니라 체험의 직접성과 생생함 면에서도 유사하다 ─ 사랑하는 자는 어떤 합리적인 노력으로도 접근할 수 없는, 진정으로 살아 있는 것의 진수에 도달한 것으로 믿는다. 이와 함께 그는 합리적 질서들의 차가운 해골손으로부터뿐 아니라 무덤덤한 일상으로부터도 영원히 해방되었다고 믿는 것이다. 〈가장 생생한 것〉과 결합되어 있다고 믿는 이 사랑에 빠진 자는 신비주의자들의 (그가 보기에는) **대상이 없는** 체험들을 마치 창백하고 빛바랜 지하세계같이 여긴다. 성숙한 남자의 현명한 사랑과 청소년의 정열적 열광이 대비되듯이, 주지주의 시대의 성애가 가진 이러한 극단적 진지함은 기사의 사랑과 대비된다. 기사의 사랑에 비하면 이 에로틱은 성적 영역이 가진 바로 그 자연적 속성을 다시, 그리고 의식적으로 창조주적 힘의 화신으로 긍정하고 있는 것이다.

일관된 종교적 형제애 윤리는 위에서 언급한 모든 것에 대해 지극히 적대적인 태도를 취한다. 성애가 제공하는 이러한 ─ 그들이 보기에 ─ 현세 내적인 구원감정 그 자체는 비단 현세 초월적 신에 대한 헌신 또는 윤리적으로 합리적인 신의 질서에 대한 헌신 또는 개인주의화의 진정한 ─ 그들이 보기에는 유일하게 진정한 ─ 신비주의적 극복을 위한 헌신 등에 대해 가장 강력한 경쟁상대가 되는 것에 그치지 않는다. 더 나아가 바로 이 두 영역[즉 형제애와 성애 영역]이 가진 특정한 심리학적 친화성 관계가 이 긴장을 더욱더 강화시킨다. 최고도의 에로틱은 숭고한 신앙심의 특정한 승화된 형태들과 심리학적으로 그리고 생리학적으로 서로 대체 가능한 관계에 있기 때문이다.

성적인 것을 우선 그것이 가진 비합리성 때문에 거부하고 그래서 성애를 철저히 적대적 힘으로 인식하고 있는 합리적 적극적 금욕주의와는 대조적으로, 신비적인 신성체험과 성애는 서로 대체될 수 있을 만큼 특별한 관계를 가지고 있다. 그 결과 신비적 신성체험에 있어서는 동물성의 정교하고 치명적인 복수의 위험이 언제든 존재했고, 또한 신비적 신의 세계로부터 너무나 인간적인 세계로 뜻밖에 전락할 위험 역시 언제든 존재했다. 물론 바로 이러한 심리학적 근접성은 내적인 의미-적대성을 강화시킨다. 종교적 형제애 윤리의 입장에서 볼 때, 에로틱한 관계는 매우 특이하고 정교한 무자비함에 사로잡혀 있는바, 이것은 에로틱한 관계가 승화되었으면 되었을수록 더욱더 그러하다. 형제애 윤리는 에로틱한 관계를 비단 질투와 제3자에 대한 배타적 소유욕의 관계로만 보는 것이 아니라, 그것을 무엇보다도 하나의 투쟁 관계로 간주한다. 형제애 윤리는 이 관계를 두 당사자 중 [더 무자비한 자가] 덜 무자비한 상대의 영혼에 대해 행사하는 가장 내면적 억압의 관계 — 이것이 가장 내면적인 이유는 관련된 사람들 자신이 결코 이 억압을 알아채지 못하기 때문이다 — 로 보며 또한 다른 사람 속에서 자기 자신을 교활하게 — 왜냐하면 가장 인간적인 헌신을 가장하고 있기 때문에 — 즐기는 것으로 본다. 그에 반해 모든 완벽한 에로틱 공동체는 이 [두 사람의] 공동체가 서로에게 주어진 불가사의한 천명(天命), 즉 이 말의 가장 숭고한 의미에서의 **운명**을 통해서 맺어졌지 그 외의 어떤 다른 방식으로 맺어진 것이 아니라고 믿을 것이며 그리고 이런 운명을 통해 이 공동체는 (전적으로 비윤리적 의미에서) 〈정당화〉되었다고 믿을 것이다.

그러나 구원종교가 보기에 이 〈운명〉은 정열의 폭발이라는 순전한 우연 이외에 아무것도 아니다. 이렇게 형성된 병리적인 집착과 과민성, 그리고 균형감각과 모든 객관적 정의감의 왜곡 등은 구원종교에게는 형제애 자체의 완전한 부인이며 인간이 신의 종이라는 사실의 완전한 부인으로 보일 수밖에 없다. 그래서 행복한 사랑에 빠진 자가 〈자비〉로 느끼는 도취경, 온 세상이 즐거운 표정을 짓고 있는 듯 날조하고 싶은 욕구 또는 행복하게 해주겠다는 어리석은 열정에서 온 세상에 즐거운 표정을 선사하고자 하는 욕구 등은 (이 현상에 대한 심리학적으로 가장 일관된 서술을 우리는 톨스토이의 초기 저작에서 읽을 수 있다)[33] 진정으로 종교적인 그리고 철저한 형제애 윤리의 냉정한 조소에 부닥치기 마련이다. 형제애 윤리가 보기에는 바로 가장 승화된 에로틱이야말로 종교적으로 지향된 모든 형제애와는 상극을 이루는 관계로 남아 있을 수밖에 없다. 왜냐하면 승화된 에로틱은 그 가장 깊은 내면에서는 필연적으로 배타적이며 가장 지고의 의미에서 주관적이며, 절대 전달될 수 없는 경지이기 때문이다. 더 나아가 형제애 윤리는 에로틱 관계의 정열적 성격 그 자체를 자기통제의 상실, 신의 의지에 부합하는 규범들이 가진 합리적 이성에 대한 지향의 상실 또는 신적인 것의 신비적 〈소유〉에 대한 지향의 상실로 보며 이런 상실을 인간의 품위에 어긋나는 것으로 간주한다는 것은 두말할 나위도 없다. 그에 반해 에로틱에 빠진 자에게 **진정한** 〈정열〉은 그 자체로서 아름다움의 전형이며 정열을 거부한다는 것은 신성모독이다.

심리학적으로 그리고 의미상으로 에로틱한 도취와 조화를 이루는 유일한 종교성은 광란적이고 비일상적이며, 그러나 어떤 특정한 의미에서는 현세 내적인 종교 형태이다. 가톨릭교에서 혼인을 통한 **결합**, 즉 〈육체의 교합〉을 〈성사〉(聖事)로 인정하는 것은 상기한 바와 같은 비일상적 감정에 대한 양보이다. 비세속적이면서 동시에 비일상적인 신비주의와 에로틱은,

33) 원주: 특히 《전쟁과 평화》를 참조. 그리고 니체가 《권력에의 의지》에서 제시하고 있는 분석도 본질적으로 위의 입장과 전적으로 일치한다. 이러한 일치는 니체가 분명히 가치관계를 여기와는 정반대로 인식하고 있음에도 불구하고 또는 바로 그렇기 때문에 성립한다. 구원 종교의 입장은 〔인도시인〕 아츠바고샤(기원후 100~160)에서 매우 명료하게 되어 있다.

첨예한 내적 긴장관계에도 불구하고, 심리적인 상호대체가능성 때문에 하나의 대용물 관계 또는 상호용해의 관계를 맺기 쉬운데, 맺어지고 나면 이 관계는 광란적인 것으로 나락하기 십상이다. 현세 내적인 합리적 금욕주의(직업금욕주의)는, 합리적으로 규제된 혼인만이 〈욕정〉으로 인해 철저히 부패한 피조물에게 허용된 신적인 질서라고 보며 그런 한에서 이 질서를 수용할 수 있다는 입장이다. 혼인 내에서 인간이 해야 할 바는 혼인의 합리적 목적, 즉 자손을 낳고 교육하며 은총의 상태, 그리고 은총의 상태만을 서로 지원하고자 하는 목적에 따라 사는 것이다. 금욕주의는 혼인관계를 에로틱으로 변질시키는 어떠한 교묘한 시도도 극히 사악한 피조물 신격화로 보고 거부할 수밖에 없다. 합리적 금욕주의 그 자체는 원초적 자연상태의 농민적인 비승화된 성을 피조물의 합리적 질서 중의 하나로 수용한다. 그러나 그러고 난 후 모든 〈정열〉 관련 구성요소들은 원죄의 잔여물로 간주하는바, 이 잔여물은 루터에 의하면 신이, 더 사악한 것을 방지하기 위해, 〈너그럽게 보아주는〉 것이다. 현세 외적인 합리적 금욕주의(적극적 수도승 금욕주의)는 이 잔여물조차도 거부하며 이와 함께 모든 성적인 것을 구원을 위협하는 악마적인 힘으로 거부한다.

(윌리엄 펜34) 이 그의 부인에게 쓴 편지들에서 서술하고 있는 바와 같은) 퀘이커 윤리35) 가, 결혼의 의미에 대한 상당히 거친 루터

---

34) William Penn(1644~1718)은 영국 퀘이커교파를 미국에 정착시킨 인물이다.

식의 해석을 넘어서서, 결혼의 내적·종교적 가치에 대한 진정으로 인간적인 해석을 아마도 가장 성공적으로 수행한 경우일 것이다. 순수하게 현세 내적으로 보면, 서로에 대한 윤리적 책임성 — 이것은 순수하게 에로틱한 영역과는 양립할 수 없는 이질적인 관계범주이다 — 이라는 이념과의 연계만이 결혼에 대해 다음과 같은 느낌을 가질 수 있도록 해줄 것이다. 즉, 유기적 삶의 행로의 모든 섬세한 뉘앙스들을 함께 체험하면서 〈최고령의 매우 쇠진한 경지까지〉 책임을 의식하는 사랑의 감정의 변주곡 안에는, 그리고 (괴테가 말했듯이) 서로 아량을 베풀고 또한 서로 빚을 지는 과정 안에는 무언가 특이하고 또 지고의 것이 놓여 있을 수 있다는 느낌. 물론 삶이 이런 느낌을 순수한 모습으로 가져다주는 경우는 극히 드물다. 그리고 이런 느낌을 선사받는 자는 이것이 운명이 가져다 준 행운과 운명의 은총의 덕분이라고 말해야지 자기 자신의 〈업적〉이라고 말해서는 안 된다.

삶이 가진 가장 격렬한 체험방식들, 즉 예술적 그리고 에로틱한 체험방식에 대한 어떠한 자연스러운 헌신도 거부하는 태도는 그 자체로서는 부정적 태도에 지나지 않음은 사실이다. 그러나 분명한 것은, 〔비합리적 체험방식에 대한〕 이와 같은 부정적 태도가 윤리적 차원 및 동시에 순수한 지적 차원에서 인간의 정신적 기력(氣力)이 합리적 활동이라는 궤도로 더욱더

---

35) Quakers. 프로테스탄트의 한 교파. 프렌드 협회라고도 한다. 1647년 영국인 G. 폭스가 창시하였고 1650년대 이후 미국에 포교가 적극적으로 행해졌다.

많이 흘러 들어가도록 하였다는 점이다.

6) 지적 영역

그러나 물론 종교가 가장 깊고 원칙적인 긴장관계를 의식하고 있는 영역은 다름 아니라 성찰적 인식의 세계이다. 주술 및 우리가 중국에서 확인한 바와 같은 주술적 세계상의 범위 내에서는 종교의 세계와 인식의 세계 간에는 온전한 통일성이 존재한다. 그리고 순수하게 형이상학적인 사변과 종교 사이에도 매우 폭넓은 상호인정의 관계가 가능하다. 다른 한편으로 사변의 세계는 회의주의를 조장하는 경향이 농후하다. 이런 회의적 경향 때문에 종교의 입장에서 볼 때는 사변적 철학보다는 오히려 자연과학적 연구를 포함하여 순수하게 경험적인 연구가 종교의 관심사와 더 잘 합치된다고 생각하는 경우가 드물지 않다. 특히 금욕주의적 프로테스탄티즘이 그렇게 생각한다.

그러나 합리적 경험적 인식과정이 세계를 탈주술화시키고 또한 세계를 일관되게 하나의 인과적 메커니즘의 체계로 전환시키는 작업이 진행된 곳이면 어디서나 경험적 인식의 세계와 윤리적 계명의 세계 간의 긴장이 본격적으로 등장하기 시작한다. 왜냐하면 윤리적 계명의 입장에서 보면 현세는 신이 질서 지은, 따라서 어떻게든 윤리적으로 **유의미하게** 지향된 코스모스인 반면, 경험적 세계고찰, 특히 수학적으로 지향된 세계고찰은 현세 내적 현상의 〈의미〉를 묻는 모든 고찰방식을 원칙적으로 거부하는 태도를 발전시키기 때문이다. 경험과학의 합리주의가 발전하면 할수록 이로 인해 종교는 점차 합리적인 것의 영역에서 비합리적 영역으로 축출당하게 되고, 종교는 급기야 비합리적 또는 반합리적 인간 초월적 힘 그 자체가 된다. 물론 사람들이 이 대립관계를 어느 정도 의식하고 있었고 또 이 대립관계가 얼마나 일관성을 지녔는가는 역사적 상황에 따라 매우 달랐다. 아타나시우스[36]가 오성(悟性)의 명시적 희생을 강요하기 위하여, 그리고 합리적 토론의 확실한 한계를 받아들이도록 하기 위해 그 당시 그리스 철학자 다수와 투쟁하면서 자신의 — 합리적 관점에서 볼 때는 — 전적으로 부조리한 〔삼위일체설〕 공식을 관철시켰을 것이라는 생각은 그렇게 엉뚱한 생각은 아니며 또 이런 해석을 하는 사람도 있다. 그러나 곧 삼위일체설 그 자체가 합리적으로 정당화되고 또 논의되었다. 그리고 바로 이렇게 화해 불가능해 보이는 긴장관계 때문에 종교 — 예언자적 종교와 사제적 종교 — 는 되풀이해 합리적 주지주의와 은밀한 관계를 맺게 된다. 왜냐하면 종교가 주술에서 벗어나고, 또한 단순한 사변적 신비주의를 벗어나면 날수록 그리고 〈교리〉 종교가 되면 될수록 〔주지주의적〕 합리적 호교론에 대한 종교의 욕구는 더욱더 커지게 되기 때문이다. 그래서 사제층은 청소년에게 율법과 그리고 흔히 순수하게 행정기술적인 기법과목들, 특히 문자와 산수를 훈련시켰다. 사실

---

36) Athanasius. 아타나시우스(259~373)는 기독교 교부로서 니카이 공회(325년)에서 성부-성자-성신의 삼위일체설을 주창하였다.

사제층은 지속적으로 전통을 보존할 능력을 가진 유일한 계층이었는데, 이들은 원래 이 기능을 마술사로부터 이어받았다. 주지하다시피 마술사란 어디서나 신화와 영웅전설의 전형적인 보존자 역할을 했는바, 그도 그럴 것이 이들은 영웅금욕주의와 영웅부활을 목적으로 젊은 전사들을 교육시키고 훈련시키는 데 참여했기 때문이다.

그런데 한 종교가 경전종교 그리고 교리종교가 되면 될수록, 이 종교는 더욱더 문예적으로 되었으며, 따라서 사제로부터 자유로운 합리적인 평신도 사고(平信徒思考)를 고무하는 쪽으로 작용했다. 그러나 흔히 이러한 평신도 사고에서 사제-적대적인 예언자뿐 아니라 종교적인 구원을 사제 없이 찾는 신비주의자와 종파주의자 및 결국에는 회의주의자와 신앙-적대적인 철학자들이 발전해 나왔다. 이들에 대해 종교는 다시금 사제적 호교론의 합리화로 대응했다. 물론, 반종교적 회의(懷疑) 그 자체는 중국, 이집트, 베다 그리고 망명 후의 유대인 문헌 등에서 원칙적으로는 오늘날과 전혀 다를 바 없이 대변되었지만, 새로운 논거는 거의 추가되지 않았다. 따라서 청소년 교육의 독점이 사제층에게는 핵심적 권력문제가 되었다. 그리고 정치적 행정조직이 점차 합리화되어 감에 따라 사제층의 권력도 함께 증대해 갔다. 이집트와 바빌론에서 초기에는 이 계층만이 국가에게 글을 쓸 수 있는 자들을 공급했듯이, 중세 영주들에게도 행정의 문서화가 시작되면서 이들만이 서기들을 공급해 주었다. 교육학의 위대한 체계들 중 단지 유교와 지중해의 고대만이 사제계층의 이러한 권력에서 벗어날 수 있었고 그래서 사제종교를 배제할 수 있었는바, 이것을 유교는 국가관료제의 힘을 통해서, 그리고 고대는 정반대로 관료적 행정의 절대적 부재를 통해서 이룩할 수 있었다. 그 외의 경우에서는 사제층은 학교의 정규적 운영자였다. 그러나 비단 이러한 가장 본래적인 사제-이해관계만이 종교와 주지주의를 계속 연결시킨 것이 아니라 종교윤리가 가진 합리적 성격 및 각별히 주지주의적인 구원욕구에서 파생하는 내적인 필연성 역시 상기한 연결에 영향을 끼쳤다. 그런데 결과적으로 볼 때 개개 종교는 그것이 어떠한 심리적 그리고 사고적(思考的) 하부구조를 가졌느냐에 따라서 주지주의에 대해 각각 상이한 태도를 취했으며 또한 그 실천적 일관성 면에서도 서로 달랐다. 물론, 어떤 태도를 취하든 종교적 세계상과 주지주의적 세계상의 근본 지향점이 가진 불가피한 상이성에서 발생하는 궁극적인 내적 긴장은 결코 사라지지 않았지만 말이다. 삶의 힘으로 작용하는 온전한 종교 치고 〔자신의 교리체계 중〕 **어느 한 곳에서나마** 〈불합리하기 때문에 믿지 않는 것이 아니라, 오히려 불합리하기 때문에 나는 믿는다〉[37] 라는 의미에서의 〈오성[38]의 희

---

37) 초대 기독교 교부 데루돗리아누스의 말.

38) Intellekt의 역어. '지성'이라는 번역도 가능하지만 문맥상으로 Verstand라는 의미의 '오성'이 더 적절하다고 생각한다. 오성은 객관적 실재를 개념을 통해 논리적으로 파악하는 이론적 인식능력을 뜻하며 이러한 의미에서 오성적 사유는 논증적 인식과 동일하다. 주지하다시피 칸트는 '오성'과 '이성'을 엄격히 구분하고 있지만, 일반적으로 오성

생〉을 요구하지 않는 종교는 **없다**.

종교적 세계와 오성적(悟性的) 인식의 세계 간에 존재하는 이러한 긴장관계의 발전단계들을 여기서 세세히 제시할 필요는 없고 또 이것은 가능하지도 않다. 구원종교는 자만에 찬 오성(悟性)의 공격에 대해 가장 원칙적 차원에서는 다음과 같은 주장을 통해 자신을 방어한다. 즉, 구원종교의 인식은 오성과는 다른 영역에서 진행되며 그 성격과 의미에서 오성이 수행하는 것과는 전적으로 이질적이고 상이하다는 주장이 그것이다. 자기들이 제공하는 것은 존재하는 것 또는 규범적으로 타당한 것에 대한 궁극적 오성적 지식이 아니라, 세계의 〈의미〉의 직접적 포착을 통해 세계에 대한 궁극적 입장을 정립하는 것이라는 주장이다. 그리고 자기들은 이 의미를 오성의 수단을 통해서가 아니라 깨달음의 카리스마에 의거해 규명한다는 것이다. 그런데 이런 깨달음은 단지 다음과 같은 사람, 즉 깨달음용(用) 기술이라며 사람들을 오도(誤導)하는 허위 대용물들로부터 자신을 해방시키고 그래서 실제로 유일하게 중요한 과제, 즉 세계와 자신의 존재가 가진 의미의 파악이라는 과제를 받아들일 곳을 자신의 내면에 마련하는 사람에게만 주어진다는 것이다. 그리고 구원종교는 이렇게 사람들을 오도하는 허위 대용물들을 감각세계의 혼란스러운 인상의 산물로 보며, 이들은

과 이성은 모두 감성과 구분되는 인식활동으로서 동일한 의미로 사용된다. 본문에서 베버는 오성을 특히 종교적 인식활동과 구분하여 일반적 의미로 사용하고 있다.

구원과는 무관한 공허한 오성적 추상물들을 인식이라는 이름 하에 제공하고 있는 것이라고 말한다.

구원종교는 상기한 궁극적 의미를 표현 가능하도록 만들려는 철학의 시도, 그리고 이 궁극적 의미를 내포하는 (실천적) 입장을 표현 가능하게 만들려는 철학의 시도, 그리고 직관적 인식을 통해 원칙적으로 다른 차원에서 세계의 〈존재〉를 포착하려는 시도 등, 이 모든 철학적 시도들을 오성이 자신의 고유 법칙성을 벗어나려고 하는 시도 이외에 아무것도 아니라고 간주할 것이다. 그리고 무엇보다도 이런 시도들은 바로 상기한 합리주의의 특유한 산물인바, 주지주의는 〔역설적이게도〕 자신의 산물에서 기꺼이 도망치고자 하는 것이다. 그러나 역으로 만약 구원종교가 신비적 체험이 가진 절대적인 전달불가능성을 포기하게 되면, 이제는 구원종교가 자신의 일관성을 잃어버리고 〔오성의 영역을〕 침범하는 것이 되어 버린다. 왜냐하면 신비적 체험의 경우에는, 논리적으로 당연한 일이지만 이 체험을 사건으로 일어나게 하는 수단만 있을 뿐, 적절하게 전달하고 보여줄 수 있는 수단은 없기 때문이다. 따라서 세상에 영향을 미치려는 시도가 전도(傳道)의 성격을 띠는 순간 이 시도는 구원종교를 위험에 빠뜨릴 수 있다. 이것은 세계의미를 합리적으로 해석하려는 시도의 경우에도 마찬가지다. 물론, 그럼에도 불구하고 이것은 반복해서 시도되었다.

4. 현세거부의 제 단계

요컨대, 〈현세〉는 다양한 관점에서 종교적 계명과 갈등을 일으킬 수 있다. 그리고 갈등을 야기하는 바로 이 관점이 무엇인가 하는 점은 동시에 구원에 대한 지향이 어떠한 성격을 가지게 되는가를 결정하는 가장 중요한 내용적 기준이다.

한 종교의 내용을 구성하는 구원욕구, 그리고 의식적으로 관리되는 구원욕구는 항상 그리고 어디서나 삶의 현실을 체계적이고 실제적으로 합리화하려는 시도의 결과로 생겨났다. 다만 구원욕구와 합리화 시도 간의 이러한 연관관계의 명료성이 확인되는 정도가 경우마다 매우 다를 뿐이다. 달리 표현하자면, 구원욕구는 다음과 같은 요구 — 이 요구는 이 단계에서는 모든 종교의 전형적인 전제조건이다 — 의 결과이다. 즉 세계의 진행은, 적어도 이것이 인간의 관심사와 연계되어 있는 한, 하나의 어떻게든 유의미한 과정이라야 된다는 요구의 결과이다. 이 요구가, 우리가 보았듯이 처음에는 부당한 고통이라는 일상적 문제와 연관되어 등장했다는 것은 자연스러운 일이다. 다시 말하여, 이 요구는 현세 내에서 불평등하게 분배된 개개인의 행복에 대한 공정한 보상의 요구라는 문제로 등장했다. 이 요구는 여기서부터 단계적으로 현세를 점차 더 평가절하하는 경향을 지니게 되었다. 왜냐하면 사람들이 합리적 사고를 통해 상기한 문제, 즉 공정한 보상의 문제를 집중적으로 다루면 다룰수록, 이 문제의 순수한 현세 내적 해결의 가능성은 더욱더 적어지는 듯이 보였고 오히려 현세외적 해결이 더 개연성이 높거나 또는 더 의미 있는 것으로 보였기 때문이다. 실제로 세상사는 눈으로 확인할 수 있는 한 상기한 〔공정한 보상이라는〕 계명은 전혀 개의치 않은 채 진행되었던 것이다. 말하자면, 행복과 고통이 윤리적 근거도 없이 불평등하게 분배되어 있다는 사실뿐 아니라, ― 이것에 대해서는 그나마 보상을 생각해 볼 수 있는 듯이 보이지만 ― 고통이 존재한다는 단순한 사실 그 자체부터가 이해 불능의 비합리적 현상으로 계속 남아 있을 수밖에 없었다. 왜냐하면 고통의 보편적 확산이라는 문제에 대한 해결책이라고 해봐야 기껏 이 문제를 다른 하나의, 더 비합리적인 문제, 즉 죄의 기원이라는 문제로 대체하는 것밖에 없었기 때문이다. 물론 예언자와 사제의 교리에 의하면 고통은 죄로 인해 받는 벌 또는 징계수단으로 설명될 수 있었다. 그러나 죄를 짓도록 만들어진 현세는 고통받도록 운명지어진 현세보다 윤리적으로는 더 불완전하게 보일 수밖에 없었다. 아무튼 윤리적 계명의 입장에서 볼 때 이 현세의 절대적 불완전성은 확실한 것이었다. 단지 이 불완전성만이 현세의 무상(無常)함을 정당화하는 듯 보였다. 그러나 이 정당화는 현세의 가치를 더욱더 떨어뜨리기만 하는 듯이 여겨졌다. 왜냐하면 비단 가치 없는 것만이, 그리고 주로 이것이 무상한 것은 아니었기 때문이다. 그러나 이와 같은 죽음과 쇠퇴는 가장 훌륭한 사람과 가장 훌륭한 일, 가장 악한 사람과 가장 악한 일을 차별 없이 덮친다는 사실 〔즉 삶의 무상함〕의 인식은, 시간의 영원한 지속, 영원한 신 그리고 영원한 질서에 대한 관념이 일단 한번 생겨난 이후부터는, 바로 최고의 현세 내적 재화들 그 자체를 평가절하시키는 방향으로 작용하는 듯이 보였다. 그런데 이렇게 평가절하되는 현세 내적 최고 재화들과는 달리 이제 가치들, 특히 지고의 가치들은 〈시간을 초월하여〉 타당한 것으로 찬미되었다. 따라서 이 가치들을 〈문화〉 속에서 실현한다는 것은 그 구체적 실현결과가 얼마나 지속되는가와는 상관없이 그 자체 의미 있는 일이라는 관념이 등장할 경우, 이것은 경험적 세계의 윤리적 거부경향을 더욱더 강화시킬 수 있었다. 왜냐하면 이제 종교적 지평에 일련의 관념이 등장할 수 있게 되었기 때문인데, 이 관념들은 현세재화 일반의 불완전성과 무상함보다 훨씬 더 중요한 것이었다. 그 이유는, 이 관념들은 바로 통상적으로 가장 높이 평가되는 〈문화적 재화들〉을 탄핵하는 데 적절했기 때문이다. 그도 그럴 것이 이 모든 문화적 재화는 피할 수 없이 특수한 죄의 올가미에 씌웠다는 치명적 결함을 안고 있었기 때문이다. 즉 이 재화들은 정신의 카리스마 또는 취향의 카리스마에 묶여 있었고 이 재화들에 몰두하는 것은 형제애 요구에 반하는 행위이었다. 또한 이런 몰두를 위해 우리가 불가피하게 필요로 하는 듯이 보이는 그런 생활형태에서는 단지 자기기만을 통해서만 형제애요구에 부응할 수 있었다. 〔문화적 재화에 대한 위와 같은 집착이 쌓는〕 교양의 장벽과 취향문화의 장벽은 모든 신분적 차이 중 가장 내면적이고 또 가장 넘기 힘든 장벽이다. 그런데 종교적 죄는 단순히 간혹 있는 우연이 아니라 한 문화세계의 모든 문화, 모든 행위, 더 나아가 모든 조직된 삶 그 자체의 필수적 구성요소로 간주될 수도 있었다. 그럴 경우 이 세상이 제공하는 재화들 중 바로 가장 최고의 것이 가장 큰 죄를 안고 있는 것이 되었다.〔다음에서는 이러한 문화적 재화들의 몇 가지 예 — 국가공동체, 경제적 세계 등 — 를 살펴보고자 한다.〕

사회적 공동체의 외적 질서는, 이것이 국가라는 형태의 문화공동체의 모습을 취하게 되면 될수록, 명백히 어디서나 잔혹한 권력만으로 유지될 수 있었던바, 이 권력은 공정성에 대해서는 단지 명목적으로만, 아무튼 권력 자체의 이해관계가 허용하는 범위 내에서만 관심을 가졌다. 그리고 이 권력은 불가피하게 그 내부로부터 항상 새로운 폭력행위를 대외로 그리고 대내로 창출해 낼 뿐 아니라 또한 이러한 폭력행위에 대해 부정직한 명분들을 만들어 내었다. 다시 말하여, 이런 권력은 공개적인 또는, 이것보다 더 나쁘게 보일 수밖에 없는 것이지만, 위선적으로 은폐된 무자비성을 내포하고 있었다. 물상화된 경제적 세계, 즉 모든 현세 내적 문화를 위해서는 필수적인 물질적 재화공급의 바로 가장 합리적 형태인 경제적 세계는 그 뿌리부터 무자비성에 기반한 세계이다. 그리고 기존 현실 내에서 행해지는 다른 모든 종류의 행동도 위와 동일한 죄에 휘말려 있는 듯이 보인다.

가령 성적 사랑은 은폐된 그리고 고양된 잔혹성, 형제애 적대적인 괴팍성과 공정한 균형감각의 망상에 찬 왜곡 등을 불가피하게 수반하며, 이런 현상은 성적 사랑이 자신의 권력을 강하게 행사하면 할수록 더욱더 심해지며 그리고 참여자들 자신은 더욱더 이것을 의식하지 못하게 되거나 또는 더욱더 위선적으로 은폐하게 된다.

원래 윤리적 종교 자체도 합리적 인식에 의존했지만, 합리적 인식은 점차 자율적으로 그리고 현세 내적으로 자신의 고유한 규범들을 따르면서 진리의 세계를 구축해 나갔다. 그런데 이 진리의 세계는 합리적 종교윤리의 일관된 요구, 즉 세계는 그 전체가 **이 윤리의** 주문 사항들을 충족시켜야 한다는 요구, 또는 이 세계가 어떻게든 〈의미〉를 가지고 있어야 한다는 요구와 전혀 무관할 뿐 아니라 오히려 이런 요구를 원칙적으로 거부할 수밖에 없었다. 자연-인과성(因果性)의 코스모스와 윤리적 응보(應報)-인과성이 상정하는 코스모스는 서로 화해될 수 없는 대립관계에 처해 있었던 것이다. 비록 상기한 자연인과성의 코스모스를 창출한 과학은 자기 자신의 궁극적 전제조건들에 대해서는 확실한 답을 줄 수 없었음에도 불구하고, 과학은 〈지적 성실성〉의 이름 하에 자신이 사유적 세계고찰의 유일한 가능 형태라고 주장하면서 등장했다. 다른 모든 문화가치와 마찬가지로, 과학적 지성 역시 이 과정에서 지적 문화재산의 귀족층을 창출했는바, 이 귀족층은 인간의 모든 개인적 윤리적 자질들과는 무관한 비형제애적 귀족층이다.

그러나 이 문화재산, 다시 말하여 이 세계에서 〈현세 내적〉 인간에게는 가장 지고의 것인 이 문화재산에는 윤리적 죄의 증표 이외에도 그것의 소유를 더욱더 근본적으로 평가절하시킬 수밖에 없는 것이 수반되어 있었는바, 그것은 무의미성으로서, 이 무의미성은 만약 우리가 이 문화재산을 그 자체의 기준으로 평가했을 경우, 이 평가에서 불가피하게 얻게 되는 결론이다. 그런데 종교의 입장에서 보면 순수하게 현세 내적인 자기개발을 통해 문화인간이 된다는 것이 가진 무의미성, 다시 말하여 〈문화〉의 뿌리를 이루는 궁극적 가치의 무의미성은 결국은 죽음이라는 현상이 가진 — 바로 현세 내적 관점에서 볼 때 — 명백한 무의미성에서 도출되는 것으로서, 특히〔발달된〕〈문화적〉조건 하에서 죽음은 삶의 무의미성에 그야말로 마지막 구두점을 찍는 것이었다.

옛날의 농부는, 아브라함[39]이 그랬듯이, 〈삶에 대한 충족감〉속에서 죽을 수 있었다. 봉건영주와 전쟁영웅도 그렇게 할 수 있었다. 왜냐하면 이들은 자신의 존재의 유기체적 순환을 완료했고, 이 순환을 넘어서서 있는 것에 욕심을 내지 않았기 때문이다. 이렇게 해서 이들은 이들 나름대로 자신의 삶의 소박한 명료성에서 도출되는 그러한 현세 내적 완성에 도달할 수 있었다. 그러나 〈문화내용〉의 습득 또는 창출이라는 의미에서의 자기완성을 지향하는 〔현대의〕이른바 〈배운〉사람은 이렇게 할 수가 없다. 그는 〈삶에 지칠 수〉는 있지만, 그러나

---

39) 구약성서 창세기에 나오는 이스라엘 민족의 시조.

한 유기체적 순환의 완성이라는 의미에서 〈삶에 충족감〉을 느낄 수는 없다. 왜냐하면 그의 자기완성은, 문화적 재화들의 발전이 끝없이 진행되듯이, 원칙적으로는 끝없이 진행될 수 있기 때문이다. 그리고 문화적 재화와 자기완성목표가 분화되고 많아지면 많아질수록, 한 개인이 — 소극적 수용자로서든, 적극적 창조자로서든 — 자신의 유한한 생애동안 포괄할 수 있는 부분은 더욱더 적어진다. 따라서 이러한 외적 그리고 내적인 문화 코스모스 속에 편입되어 있는 한 다음과 같은 가능성은 더욱더 적어진다. 즉 한 개인이 전체 문화를 소화한다거나 또는 한 개인이 이 전체 문화 가운데 어떤 의미에서든 〈본질적인 것〉 — 이것을 결정할 수 있는 최종적인 기준도 없지만 — 을 소화할 수 있는 가능성은 더욱더 적어지는 것이다. 다시 말하여, 〈문화〉와 문화에 대한 지향이 한 개인에게 어떤 현세 내적 의미를 가질 수 있을 가능성은 더욱더 적어지는 것이다. 물론 개개인에게 〈문화〉란 그가 〈문화적 재화들〉 중 긁어모은 것의 **양**을 의미하는 것이 아니라 이 재화들 가운데서 그가 특정한 기준에 의해 **선별한** 재화들을 의미하는 것이기는 하다. 그러나 이렇게 선별된 문화가 바로 그 자신의 죽음의 〈우연한〉 시점과 함께 **의미 있는** 종말에 도달했으리라는 보장은 전혀 없는 것이다. 그리고 그가 심지어 삶으로부터 품위 있게 작별을 고한다고 하더라도 — 가령 〈이제 충분하다: 삶은 **내가 보기에** 살아볼 가치가 있는 모든 것을 다 나에게 제공해주었다(또는 : 삶은 나에게 모든 것을 거부했다)〉라고 결론지으면서 말이다 —

이러한 오만한 자세는 구원종교에게는 신이 명령한 삶의 행로와 운명에 대한 신성 모독적 경멸로 보일 수밖에 없었다. 그래서 어떤 구원종교도 〈자살〉을 긍정적으로 **승인하지** 않는다. 단지 철학자들만이 자살을 찬미할 뿐이다.

이렇게 볼 때, 모든 〈문화〉는 인간이 자연적 삶의 미리 정해진 순환에서 빠져 나오는 것을 의미하는 듯이 보였다. 바로 그렇기 때문에 문화는 한 걸음 한 걸음 더 나아가면 갈수록 더욱 더 철저히 무의미해질 운명을 지닌 듯이 보였으며, 문화적 재화들에 대한 헌신은 이 헌신이 하나의 신성한 과업, 즉 하나의 〈소명〉으로 되면 될수록, 더욱더 무가치하고 그 자체로 어디서나 모순에 차 있는 목표들에, 그리고 서로 적대적인 목표들에 봉사하는 무의미한 배회가 될 운명을 지니고 있는 것이었다.

불완전함과 불공정함의 장(場), 고통과 죄와 무상함의 장, 필연적으로 죄에 연루되어 있고, 발전하면 할수록 그리고 분화되면 될수록 더욱더 무의미해지는 문화의 장. 이 모든 관점에서 현세는, 순수하게 윤리적으로 보면 그리고 현세적 존재의 신적인 〈의미〉라는 종교적 계명의 눈으로 보면, 썩었고 가치를 상실한 것으로 간주될 수밖에 없었다. 이러한 가치상실은 합리적 요구와 현실 간의 갈등, 합리적 윤리와 일면 합리적이면서 다른 면에서는 또 비합리적인 가치들 간의 갈등의 결과이다. 이 갈등은 현세 내에 존재하는 개개 부분영역들의 고유한 특이성들이 분화-발전되어 나오면서 더욱더 첨예해지고 해결 불가능해 보였다. 상기한 가치상실에 대해 〈구원〉의 욕구는 다음과 같이 반응했다. 즉 세계의 〈의미〉에 대한 사고가 체계적이 되면 될수록, 세계 자체가 그 외적 조직에 있어 합리화되면 될수록 그리고 세계의 비합리적 내용들의 의식적 체험이 승화되면 될수록, 구원의 욕구는 더욱더 비현실적이 되고, 모든 틀 잡힌 삶에 더욱더 생소해지고, 이와 정확히 병행하여, 구원의 욕구는 종교의 가장 본연의 내용 그 자체가 되기 시작했던 것이다. 그런데 비단 세계를 탈주술화시킨 이론적 사고만이 아니라, 세계를 실천적-윤리적으로 합리화시키려는 종교적 윤리의 바로 이 합리화 시도가 위와 같은 결과를 낳았던 것이다.

그리고 끝으로, 이러한 긴장들에 직면하여 특별히 주지주의적 신비적 구원을 추구했던 운동 역시 비형제애의 세계지배의 제물이 되었다. 그도 그럴 것이, 아무나 이런 신비적 구원추구의 카리스마에 접근할 수 있는 것은 **아니었기 때문이다.** 다시 말하여, 신비적 구원추구는 그 의미상 최고도의 역량을 갖춘 자들의 귀족주의, 즉 종교적 구원귀족주의였다. 그리고 직업노동을 중심으로 합리적으로 조직된 문화 내에서 무차별적 형제애를 진흥시킬 수 있는 여지는 — 경제적으로 걱정이 없는 계층들의 세계를 벗어나면 — 거의 없었다. 즉 부다, 예수, 성 프란체스코의 생활방식을 실천한다는 것은 합리적 문화의 기술적 그리고 사회적 조건 하에서는 순전히 외적 조건 때문에라도 실패할 수밖에 없는 듯이 보였다.

5. 신정론의 세 가지 합리적 형태

그런데 과거에 등장했던 현세 거부적 구원윤리들은 위에서 엄격히 합리적으로 구성한 단계도식의 지극히 상이한 지점에서 각각 현세거부 운동을 시작하였다. 이 지점이 결정되는 과정에서 수많은 구체적 상황들 — 이 상황들을 규명하는 데는 이론적 결의론으로는 충분하지 않다 — 이 작용했지만 이외에도 **신정론**의 구조라는 합리적 요소가 이 과정에서 일정한 역할을 했다. 다시 말하여, 위에서 서술한, 〔삶의 제 질서간의〕 해소될 수 없는 긴장들 속에서 어떻게든 하나의 공통된 의미를 찾고자 하는 인간의 형이상학적 욕구는 신정론을 통해 이 긴장들에 대응했던 것이다. 서론에서 유일하게 일관성을 지닌 것으로 지적된 세 가지 유형의 신정론 중에서 특히 **이원론**이 상기한 형이상학적 욕구의 충족에 상당한 도움을 주었다.

물론, 영겁에서 시작했고 앞으로 또 영구히 존재할 빛과 어둠의 힘의 병존 및 대립, 즉 진리, 순결, 자비라는 빛의 힘과 거짓, 불순 그리고 사악함이라는 어둠의 힘의 대립론은 따지고 보면 정령들로 이루어진 주술적 다원주의를 그대로 체계화한 것일 뿐이다. 이 체계화는 선한 (유용한) 정령들과 악한 (해로운) 정령들을 구분하고 있으며 이것은 신과 악마 간의 대립의 전단계(前段階)들이다. 이런 구상을 가장 일관되게 실천한 예언자적 종교인 조로아스터교에서 이원론은 주술적 대립관계

276

인 순결과 불순에 직접적으로 접목하고 있는바, 이 대립관계 속으로 모든 덕목과 악덕이 수렴된다. 이원론은 단 하나만 존재하는 신〔유일신〕의 전능을 포기한다는 것을 의미했으며, 반신적(反神的) 힘의 존재로 인해 이제 신(神)도 한계를 가지게 되었음을 의미했다. 그러나 이러한 이원론은 오늘날의 신도들〔인도의 조로아스터교도〕에 의해 포기되었는바, 왜냐하면 이들은 신의 이러한 한계를 견디지 못했기 때문이다. 이들의 가장 일관된 종말론에서는 순결과 불순의 세계 ─ 이 두 가지의 혼합에서 취약한 경험세계가 탄생했다 ─ 는 흔히 두 개의 서로 관련이 없는 영역으로 갈라진 반면, 더 근대적인 종말희망은 순결과 자비의 신을 이기게 하는바, 이것은 기독교가 구세주를 악마에게 이기게 하는 것과 같다.

이원론의 이러한 덜 일관된 형태가 전 세계에 퍼져 있는 천당과 지옥에 대한 민중적 관념이다. 이 관념은 신의 산물인 악한 정신에 대한 신의 주권을 다시 회복시키며 이를 통해 신적인 전지전능을 구제했다고 믿는다. 그러나 이럴 경우 이 대중적 관념은, 좋든 싫든 간에, 솔직히 인정하든 은폐하든 간에 신적 사랑의 일정 부분을 희생하지 않을 수 없었다. 왜냐하면 만약 신의 전지(全知)를 고수한다면, 신이 근본적 악의 힘을 만들어 낸다는 것, 죄를 허용하는 것, 더구나 자신이 창조한 유한한 피조물의 유한한 죄에 대해 영원한 지옥의 벌을 내린다는 것 등은 신적인 사랑과 결단코 부합할 수 없는 것이기 때문이다. 그래서 유일한 일관된 길은 자비를 포기하는 것이다. 이 포기를, 내용적으로 볼 때 완벽한 일관성을 가지고 실천한 경우가 **구원예정설**신앙40) 이다. 그런데 〔구원에 대한〕 신의 의중을 인간의 잣대로 재는 것은 불가능함을 인정한다는 것은, 인간의 이해력으로 세계의 의미를 파악할 수 있다는 생각을 냉정하고 분명하게 포기한다는 것을 의미한다. 그리고 이 포기는 모든 이러한 종류의 문제에 종지부를 찍었다. 그러나 최고도의 대가층 이외에는 아무도 상기한 포기를 이 대가들만큼 일관되게 지속적으로 감내하지 못했다. 그 이유는 다름 아니라 이러한 포기는─ 이것은 〈액운〉의 비합리적 힘에 대한 믿음과는 다르다 ─ 저주받은 자들이 멸망에 이르도록 또는 악에 빠지도록 섭리적으로 결정되어 있다는 가정, 다시 말하여 어떻게든 합리적으로 결정되어 있다는 가정을 요구하며, 그럼에도 불구하고 동시에 이 저주받은 자들에게 〈벌〉을 내릴 것을, 즉 이들에게 윤리적 범주를 적용할 것을 요구하고 있기 때문이다.

나는 이 논문집의 첫 번째 논문41) 에서 구원예정설의 의미를 서술한 바 있다. 조로아스터교적 이원론은 후에 다룰 것이지만, 그러나 신도수가 적기 때문에 짧게 다룰 것이다. 페르시아의 최후의 심판 관념 및 악마론과 천사론이 후기 유대교에 끼친 영향은 역사적으로 괄목할 만한 의의를 가지고 있는데, 만약 이런 역사적 의의가 없었다면 조로아스터교의 이원론을 이

---

40) 앞의 주석에서 밝혔듯이, 구원을 받는 자와 멸망에 이르는 자는 영원한 옛날부터 신에 의해 결정되어 있다고 하는 칼뱅주의의 교리이다.

41) 〈신교윤리와 자본주의 정신〉을 의미한다.

논문집에서는 전혀 다루지 않았을 것이다.

그 일관성과 탁월한 형이상학적 업적으로 인해 각별히 돋보이는 세 번째 신정론 형태는 **인도의** 지식인 종교이다. 여기서 탁월한 형이상학적 업적이란 대가만이 갈 수 있는 자력에 의한 자기구원의 길과 누구나 갈 수 있는 구원의 길을 결합시키고 있다는 것, 지극히 엄격한 현세거부와 유기체적 사회윤리를 결합시키고 있다는 것, 최고의 구도(求道)로서의 명상과 현세내적 직업윤리를 결합시키고 있다는 것 등이다. 이제 이러한 인도의 종교를 살펴보자. 42)

---

42) 원문에서는 이 〈중간고찰〉로서 《종교사회학 논문집》 제 1권이 마무리되며, 제 2권에서 베버는 힌두교와 불교를 분석하고 있다.

종교사회학 논문집

서
언

| 원 제 |

Vorbemerkung

| 출 처 |

Gesammelte Aufsätze zur Religionssoziologie I,
제 7 판, 1978, J.C.B. Mohr, 1~16쪽

이 글은 베버가 사망(1920년 6월) 직전 해인 1919년 그의 종교사회학 논문집 전 3권 출판을 준비하면서 이에 대한 머리글로 집필한 것이다. 여기서 그는 자신의 수십 년에 걸친 종교사회학적 그리고 사회학적 연구 전반에 깔린 기본적 문제의식을 서술하고 있는바, 이런 의미에서 이 글은 그의 일종의 (본의 아닌) 학문적 '유언장'이라고 볼 수 있다.

어떤 여건들의 연쇄작용으로 하필이면 서구에서, 그리고 서구에서만, **보편적** 의의와 타당성을 지닌 문화현상들이 — 적어도 우리 서구인들은 대개 이 현상들이 보편타당하다고 상정한다 — 발전해 나왔을까? 근대 서구문화의 후예들은 불가피하게 그리고 당연히 이러한 문제설정 하에 보편사적 문제를 다루게 된다.

우리가 오늘날 〈타당하다〉고 인정하는 발전단계에 도달한 **과학**은 서구에만 존재한다. 다른 지역, 특히 인도, 중국, 바빌론, 이집트에도 경험적 지식, 세계문제 및 인생문제에 대한 사색이 있었으며, 지극히 심오한 철학적 그리고 신학적 삶의 예지도 있었고 — 비록 체계적 신학의 완숙한 발전은 헬레니즘의 영향을 받은 기독교에서만 이루어지기는 했지만 (이러한 체계적 신학의 맹아는 단지 이슬람교와 소수의 인도 종파에서만 발견할 수 있다) — , 고도로 승화된 지식과 관찰 등도 있었다. 그러나 바빌론의 천문학 및 다른 모든 천문학에 결여되어 있었던 것은 수학적 기초였는데 — 그리고 이 결여를 고려할 때 특히 바빌론의 점성술의 발전은 더욱더 놀라운 것이다 — , 그리스인들이 비로소 천문학에 바로 이런 수학적 기초를 마련해 주었던 것이다. 인도의 기하학에는 합리적 〈증명〉이 결여되어 있었는데, 이 〈증명〉 역시 그리스 정신의 산물이었으며, 그리스 정신은 또한 역학과 물리학을 처음으로 창출했다. 인도의 자연과학은 관찰의 차원에서는 매우 발전했지만 합리적 실험은 결여하고 있었는데, 합리적 실험은 서양 고대의 맹아에 이어

주로 르네상스 시대의 산물이다. 인도의 자연과학은 또한 근대의 실험장치도 결여하고 있었는바, 그래서 경험적-기술적으로는 고도로 발전한 인도의 의학은 생물학적, 특히 생화학적 기초를 가지지 못했다. 서구 이외의 어떤 문화권에서도 합리적 화학은 발전하지 않았다. 고도로 발전한 중국의 역사서술은 투키디데스 유의 실천적 행동지향성이 결여되어 있다. 마키아벨리의 선구자는 인도에 이미 있었다. 그러나 아시아의 모든 국가이론이 결여하고 있었던 것은 아리스토텔레스의 체계에 비견할 만한 체계 및 합리적 개념들이다. 합리적 법학의 경우, 비록 인도에 그 단초가 있었고 (미맘자-학파) 특히 중동에는 광범위한 법전편찬이 이루어졌으며 인도 및 다른 곳에도 법률서들이 있었지만, 로마법 및 로마법을 통해 단련된 서구법이 가진 것과 같은 엄격한 법률적 도식들과 사고형태는 서양 이외의 다른 곳에는 없었다. 또한 교회법 같은 법 형태는 서구만이 알고 있다.

예술에서도 사정은 비슷하다. 음악적 감각은 다른 민족들에서 오늘날의 우리 서양인보다 오히려 더 정교하게 발전했던 듯하다. 적어도 서양에 뒤지지는 않았다. 다양한 종류의 다성음악이 세계 각지에 퍼져 있었으며, 여러 가지 악기의 협주와 디스칸트 창법 역시 서양 이외의 다른 곳에도 있었다. 서양의 모든 합리적 음정 역시 다른 곳에서도 계산되었고 또 알려져 있었다. 그러나 합리적 화성음악 ― 가령 대위법과 화음화성법 ―, 화성적 삼도음정을 가진 세 가지 삼화음에 기초한 음소재의 구성, 르네상스 이래 음간적(音間的)이 아니라 합리적 방식으로 화성적 해석의 대상이 된 서양의 반음계법(半音階法)과 이명동음(異名同音), 현악사중주를 핵으로 하면서 관악기(管樂器)를 합주형태로 조직하고 있는 우리의 오케스트라, 통주저음(通奏低音), 우리의 기보법(記譜法: 이것이 비로소 근대 악곡의 작곡과 연습, 다시 말해서 근대 악곡의 전반적 지속성 자체를 가능하게 했다), 우리의 소나타, 교향곡, 오페라 — 비록 매우 다양한 타 문화권 음악에도 표제음악, 음화(音畵), 변음(變音), 반음(半音) 등이 표현수단으로서는 있었지만 — , 그리고 이런 모든 음악형식들의 수단인 우리의 기본악기들 — 즉 오르간, 피아노, 바이올린 — 등, 위에서 언급한 모든 것들은 단지 서구에만 있었다.

첨두(尖頭) 아치는 장식수단으로는 다른 곳에도, 가령 서양 고대 그리고 아시아에도 있었다. 그리고 오리엔트[1]에는 첨두 아치의 십자형(十字型) 돔까지 존재했다는 주장이 있다. 그러나 서구에서만 고딕식 돔을 압력분배 수단으로 활용했으며, 서구문명만이 임의의 공간을 아치형으로 축조하는 데 합리적으로 활용했으며, 그리고 무엇보다도 고딕식 돔의 합리적 활용을 서구 중세가 창출한 것과 같은 대형 기념 건축물의 건축

---

1) 베버는 '오리엔트'라는 용어를 주로 이란 · 메소포타미아 · 시리아 · 팔레스타인 · 아르메니아 · 소아시아 및 아라비아와 이집트를 포함한 지방을 가리키는 협의의 개념으로 사용하고 있으며 인도 및 중국 문화권은 대개 '아시아'로 지칭하고 있다.

원칙으로 삼으며 또한 조각과 회화를 결합하는 **양식**의 기초로 삼았던 문명은 서구 이외에는 없었다. 반구(半球) 천정 문제에 대해 서구가 발견한 것과 같은 해결책 역시 — 비록 이 해결책의 기술적 기초는 동방에서 빌려 오긴 했지만 — 다른 문명권에서는 없었으며, 또한 르네상스가 창출한 것과 같은 예술영역 전반의 〈고전적〉 합리화도 — 가령 회화에서 직선투시화법 및 공간원근화법의 합리적 사용을 통한 합리화 — 다른 문명권에는 없었다. 인쇄술의 산물은 중국에도 있었다. 그러나 인쇄된 저작물, 그리고 **단지** 인쇄만을 미리 염두에 두고 또한 인쇄만을 통해서 유지될 수 있었던 저작물, 특히 〈신문〉과 〈잡지〉는 서구 이외의 다른 곳에서는 생겨나지 않았다.

온갖 종류의 고등교육기관, 심지어 우리의 종합대학 또는 적어도 아카데미에 외견상 유사하게 보이는 그러한 고등교육기관들 역시 다른 곳에도 있었다(중국, 이슬람). 그러나 학문을 합리적이고 체계적으로 수행하는 전문 운영조직 내지 훈련된 **전문가층은**, 오늘날 이 전문가층이 가진 문화주도적 의의에 상응하는 그런 형태로는 단지 서구에서만 있었다. 특히 서구의 근대 국가와 근대 경제의 기둥인 전문**관료**는 다른 곳에는 없었다. 물론 다른 문명에도 이러한 전문관료의 맹아가 있긴 했지만, 어느 곳에서도 이 맹아가 사회질서를 위해 서구에서만큼 필수적이 된 적은 없었다. 물론 〈관료〉는 지극히 다양한 문화들에서 발견되는 매우 오래된 현상이며, 노동분업적으로 전문화된 관료까지도 그러하다. 그러나 우리의 생존 전반, 즉 우리 생활의 정치적, 기술적 그리고 경제적 기본조건들이 전문훈련을 받은 관료**조직**의 틀에서 절대 벗어날 수 없도록 매여 있는 상황, 즉 기술적, 상업적 그리고 무엇보다도 **법률적으로** 훈련받은 국가관료가 사회생활의 가장 중요한 일상적 기능의 담지자[2] 가 되어 있는 상황은 근대 서구가 경험하고 있는 바와 같은 그런 의미에서는 어떤 나라도, 또 어떤 시대도 알지 못했다. 정치적 그리고 사회적 단체들의 **신분적** 조직은 매우 널리 퍼져 있었다. 그러나 서구적 의미에서의 〈군주와 통치권〉이라는 형태의 신분**국가**만 해도 다른 곳에는 없었다. 더욱이 주기적으로 선출된 〈국민대표들〉 및 선동 정치가들(데마고그)로 구성된 의회, 그리고 의회에 대해 책임지는 〈각료〉 역할을 겸하는 정당 지도자들의 지배체제는 단지 서구만이 창출했다. 비록 〈정당〉, 즉 정권을 쟁취하고 정치권력에 영향을 끼치려는 목적을 가진 조직이라는 의미에서의 〈정당〉은 세계 어느 곳에서나 있었지만. 정치적 〈**공법기관**〉[3] 이라는 의미에서의 〈국가〉, 즉 합리적으로 제정된 〈헌법〉과 합리적으로 제정된 법체계를 가지고 있으며, 합리적 성문(成文) 규범인 〈법률〉에

---

2) Träger의 역어. 어떤 종교적-철학적 이념체계나 사회운동 또는 조직을 주도적으로 이끄는 계층을 뜻한다. 앞으로 보게 되겠지만, 베버의 사회학적 분석은 바로 이 담지자 계층, 즉 모든 사회현상 — 그것이 종교적-추상적 이념이든, 현실적 운동이든, 지배조직이든 상관없이 — 의 배후에 있는 구체적으로 행동하는 인간집단에 그 초점이 맞추어져 있다.

3) 〈Anstalt〉의 역어이다. 이 개념에 대해서는 〈세계종교의 경제윤리: 서론〉 역주 37 참조.

준거하여 **전문관료**가 수행하는 행정조직을 가진 〈국가〉는, 상기한 결정적 특성들이 이렇게 결합한 형태로는 (그리고 이 결합은 정치적 공법기관이라는 의미에서의 국가 개념에는 결정적으로 중요하다), 다른 곳에 있는 그 모든 맹아들에도 불구하고, 서구에만 있었다.

그리고 우리 근대인의 생활을 지배하는 가장 운명적인 힘인 **자본주의**의 경우도 마찬가지다.

〈영리충동〉, 〈이윤추구〉, 화폐이윤추구, 그것도 가능한 한 많은 화폐이윤추구는 그 자체로서는 자본주의와 전혀 관계가 없다. 이런 이윤추구는 웨이터에서 시작하여 의사, 마부, 예술가, 매춘부, 부패한 관료, 군인, 강도, 십자군 종군기사, 도박사, 걸인에 이르기까지, 다시 말해 '모든 종류의 그리고 모든 상황 아래서의 인간들'에게서 볼 수 있으며, 그리고 이런 이윤추구 가능성이 객관적으로 조금이나마 주어져 있었거나 주어져 있는 곳이라면 지구상의 모든 나라의 모든 시대에서 옛날이나 지금이나 볼 수 있는 현상이다. 〔자본주의는 이윤추구다라는〕 이러한 소박한 개념정의를 단연코 포기하는 것은 문화사 연구의 초보에 속하는 당연한 일이다. 무제한적 영리탐욕은 결코 자본주의와 동일하지 않으며, 자본주의의 〈정신〉과는 더더구나 거리가 멀다. 자본주의는 오히려 정반대로 이 비합리적 충동의 **절제**, 적어도 이 충동의 합리적 조절을 **의미할 수 있다.** 물론, 자본주의는 (상기한 무제한적 영리탐욕이 아니라 특정한 성격의) 이윤, 다시 말하여 지속적이고 합리적인 자본주

의적 경영을 통해 **재발생되는** 이윤, 즉 〈수익성〉에 대한 추구
와는 동일하다. 왜냐하면 자본주의는 그렇게 하지 않을 수 없
기 때문이다. 경제전체가 자본주의적으로 조직된 체제 하에서
는 수익획득 가능성을 행위의 준거로 삼지 않는 자본주의적 개
별 기업은 망할 수밖에 없는 것이다.

우선 흔히 하는 것보다 좀더 정확히 **개념정의를 내려보도록**
하자. 〈자본주의적〉 경제행위란 일단 **교환기회를** 활용해서
이윤획득을 기대하는 경제행위, 즉 (형식적으로) **평화로운** 이
윤기회에 기초한 경제행위이다. (형식상으로든, 실제상으로든)
강압적 영리행위는 그 자체의 특수한 법칙에 따르며, 그런 이
상 이러한 강압적 영리행위를 (궁극적으로는) 교환이윤기회에
준거하는 행동과 동일한 범주에 포함시키는 것은4) (물론 이렇

---

4) 원주: 이 점에서 그리고 다른 몇 가지 점에서 나는 우리의 존경하는 스
승인 **브렌타노**(Lujo Brentano)와도 견해를 달리 한다(나중에 인용할
그의 저서 참조). 이 차이는 우선 개념상의 차이이다. 그러나 더 나아
가 내용상으로도 차이가 있다. 내가 보기에는, 약탈이윤과 공장경영
을 통한 이윤과 같이 전혀 이질적인 두 현상을 동일한 범주로 취급하는
것은 적절하지 못하다. 더욱더 부적절한 것은, **화폐**이윤추구를 모두
— 다른 이윤획득 형태들과는 구분하여 — 〈자본주의 정신〉으로 간주
하는 것이다. 왜냐하면 〈자본주의 정신〉을 이런 식으로 규정한다면,
개념의 모든 엄밀성이 상실될 것이며, 또한 앞에서와 같이 공장경영을
통한 영리행위와 약탈영리행위를 동일한 범주로 취급하면, 무엇보다
도 서구 자본주의가 다른 형태들에 대해 가진 특수성을 규명할 수 있는
가능성이 상실되기 때문이다. **짐멜**(G. Simmel)도 그의 《화폐철학》
에서 〈화폐경제〉와 〈자본주의〉를 과도하게 동일시하고 있는바, 이것
은 객관적 서술에 해를 끼치고 있다. **좀바르트**(W. Sombart)의 저서
들, 특히 자본주의에 대한 그의 훌륭한 주저의 최신판을 보면, 그는 —

290

게 포함시키는 것을 금지시킬 수는 없지만) 적절하지 못하다. 자본주의적 영리가 추구되는 곳이면 어디서나 이 영리추구 행위는 자본**계산**에 준거한다. 다시 말하여, 자본주의적 영리추구 행위는 계획에 의거하여 물적 또는 인적 효용자산을 영리수단으로 투입하는 것이다. 즉, 자본주의적 영리추구 행위는 개별 기업의 화폐가치적 자산에서 **대차대조표**상으로 계상(計上)된 최종소득(또는 한 상설 기업체의 화폐가치적 자산에 대해 주기적으로 실시되는 대차대조표상의 평가액)이 기말 결산에서 〈자본〉을, 즉 교환을 통한 영업을 위해 사용된 물적 영업수단에 대한 대차대조표상의 평가액을 **상회하도록** 투입하는 행위(상설 기업의 경우 전자가 후자를 **계속적으로** 상회하도록 투입하는 행위)이다. 여기서 자본의 형태는 상관이 없다. 즉, 그것이 가령 현물로 여행 상인에게 판매를 위해 위탁된 상품이든—이 경우 최종소득은 다시금 현물형태로 매입된 다른 상품으로 구성되어 있을 수 있다—, 아니면 건물, 기계, 준비금, 원료, 반제품, 완제품 등의 재고, 채권 및 이와 상쇄될 수 있는 채무 등으로 구성된 공장이든 상관없다. 항상 결정적으로 중요한 것은, 화폐형태로 자본**계산**이 수행된다는 것이다. 그 계산방식이 가령 근대적 부기방식이든 아니면 아무리 원시적이고 피상적인 방식이든 그것은 상관없다. 이러한 화폐형태의 자본계산

적어도 나의 문제설정을 기준으로 볼 때는—세계 어디서나 작동했던 발전요소들을 강조하는 반면 서구 자본주의의 특수성, 즉 합리적인 노동조직이라는 **특수성**은 매우 소홀히 다루고 있다.

은 한 사업의 시작, 즉 초기 대차대조표 작성에서도 수행되며, 모든 개별 거래 이전의 견적에서도 수행되며, 적절성에 대한 통제와 검증, 즉 사후 계산에서도, 그리고 발생한 〈이윤〉이 얼마인지를 확인하기 위한 결산, 즉 결산 대차대조표 작성에서도 수행되는 것이다. 예를 들어서 한 위탁판매의 초기 대차대조표는 위탁된 재화(만약 이 재화가 이미 화폐형태를 가지고 있지 않다면)의 화폐가치, 즉 당사자들간에 **합의를 본** 화폐가치의 확인이 될 것이고, 이 위탁판매의 결산대차대조표는 마지막 단계의 손익분배의 기초가 되는 사정(査定) 평가일 것이다. 만약 위탁판매 사업가가 합리적이라고 전제한다면, 계산은 그의 모든 행동의 기초를 이룬다. 물론, 아주 정확한 계산과 감정이 전혀 수행되지 않고, 순수하게 추정적으로 또는 단순히 전통과 관습에 의거해 결산과정이 진행되는 현상은, 상황이 정확한 계산을 반드시 요구하지 않는 곳이면, 모든 형태의 자본주의적 사업에서 어디서나 발견할 수 있으며 이 점은 오늘날까지도 그러하다. 그러나 이것은 어디까지나 자본주의적 영업의 **합리성** 정도에 관련되는 문제일 뿐이다.

자본주의 개념을 위해 중요한 것은 단지, 화폐로 평가된 투입액과 화폐로 평가된 산출액의 비교 — 이 비교가 얼마나 원시적인 형태로 이루어지든 상관없이 — 를 **실제적** 기준으로 삼는 태도가 경제행위를 결정적으로 규정짓는다는 점이다. 우리가 경제관련 기록들을 추적할 수 있는 한, 이런 의미에서의 〈자본주의〉 및 〈자본주의적〉 사업은, 그리고 자본계산의 어느 정도의 합리화를 달성한 자본주의까지도, 지구상의 **모든** 문화국가들, 즉 중국, 인도, 바빌론, 이집트, 고대 지중해, 중세 그리고 근세에 이르기까지 어디서나 발견된다. 그것도 단순히 서로 전혀 연관성이 없는 개별 사업들만이 아니라, 지속적으로 새로운 자본주의적 개별 사업을 지향하고 또 지속적인 〈경영〉을 전적으로 지향하는 그러한 경제조직들도 발견된다. 비록, 특히 상업은 오랫동안 오늘날과 같은 지속경영의 성격이 아니라, 주로 개별 사업들의 연쇄라는 성격을 지니고 있었고, 매우 서서히 내적 (즉 〈업종별〉로 분화된) 연관성이 특히 **대**상인들의 행동을 규정하기 시작하기는 했지만 말이다. 아무튼, 자본주의적 사업과 자본주의적 기업가 역시, 그리고 단순히 일시적 기업가뿐 아니라 지속적 기업가 역시 매우 오래전부터 그리고 매우 보편적으로 퍼져 있었다.

그러나 서구는 그 성격, 형태, 발전방향 및 이로 인한 그 중요성의 정도에서 다른 곳에서는 전혀 존재하지 않았던 그런 자본주의를 창출했다. 지구상 어느 곳에서든 상인들, 즉 도매상인, 소매상인, 지역상인, 원거리 무역상인들이 있었다. 그리고 지구상 어느 곳에나 온갖 종류의 대금업이 있었으며, 지극히 다양한 기능 — 적어도 서구의 16세기경의 은행기능들과 대체로 유사한 기능 — 을 가진 은행들이 있었고, 해상대부, 위탁판매, 그리고 합자회사 형태의 사업과 상사회사들이 경영조직의 형태로도 널리 퍼져 있었다. 공공기관이 **화폐**로 재정을 충당하는 곳이면 어디서나 화폐공급자가 나타났다. 이것은 바빌론에서도, 그리스에서도, 중국에서도 그리고 로마에서도 그러했다. 특히 전쟁과 해적 활동에 드는 비용의 조달, 모든 종류의 물자조달 및 건설사업에 이런 화폐공급자가 존재했으며, 그는 대외 정치의 경우에는 식민지사업가로, 대농장 매입자 또는 (노예 아니면 직-간접적 강제 노동자를 이용하는) 대농장 경영자로 등장하였다. 또한 그는 영지 임차인, 관직 임차인 그리고 무엇보다도 조세 임차인으로 활동했으며, 정당 지도자의 선거비용 조달자로, 내전 목적의 용병비용 조달자로, 요컨대 화폐가치가 있는 온갖 종류의 기회에 〈투기업자〉로 활동했다. 이런 종류의 기업가상, 즉 자본주의적 **모험가들**은 세계 어느 곳에나 있었다. 그들의 이윤기회는 ― 무역과 신용-및 은행사업을 제외하면 ― 주로 순수하게 비합리적-투기적 성격이었거나 아니면 폭력을 통한 영리획득, 특히 진행 중인 전쟁에서의 약탈물 획득 또는 장기지속적-재정적 약탈(신민들의 수탈)에 근거했다.

평화시기의 창업자-자본주의, 대투기 자본주의, 식민지-자본주의 그리고 근대의 금융자본주의, 그리고 무엇보다도, 전형적인 **전쟁**지향적인 모든 자본주의는 현대 서구에서까지도 여전히 위에서 언급한 그런 성격을 가지고 있다. 그리고 일부 국제 대무역도 ― 일부에 불과하기는 하지만 ― 옛날과 다름없이 오늘날도 위에서 언급한 그런 성격의 자본주의에 근접하고 있다. 그러나 서구는 **근대**에 들어와서, 위에서 언급한 종류의 자본주의 이외에, 지구상 그 어느 곳에서도 발전한 바 없는 전혀 다른 유형의 자본주의를 발전시키게 되었는데, 이 유형의 특징은 (형식적으로) **자유로운 노동의 합리적-자본주의적 조직**이다. 다른 곳에서는 이런 성격의 자본주의의 전단계들만이 발견될 뿐이다. 심지어 **부자유** 노동마저도 단지 대농장과, 그리고 매우 제한적이기는 하지만 고대의 에르가스테리온[5]에서 일정한 합리성 단계에 도달했을 뿐이며, 부역농장 및 영지공장에서는, 그리고 노예노동 또는 농노노동에 기초한 근세 초기 장원영지의 가내공업에서는 이 합리성 단계가 오히려 더 낮았다. 그런데 자유노동의 경우, 서구 이외에서는 [자유노동을 채용하는] 원래적 의미에서의 〈가내공업〉마저도 그 흔적이 드물게 발견되고 있으며, 그리고 어디서나 볼 수 있는 일용직 노동자 고용 현상은 극소수의 예외 — 이 예외들은 매우 특수한 성격의 예외들, 적어도 근대의 기업조직과는 매우 다른 성격의 예외들 (특히 국가독점기업들에서 이런 예외가 발견된다) 이다 — 를 제외하면 어느 곳에서도 매뉴팩처로까지 발전하지는 못했으며, 하다못해 서구 중세에서 보는 바와 같은 합리적인 수공업-도제조직에도 이르지 못했다.

그러나 권력정치적 또는 비합리적 투기기회에 의거하는 것이 아니라 **상품시장**의 기회에 의거하는 합리적 기업조직이 서

---

5) 고대 그리스에서 노예가 작업을 하던 곳. 그리스어로 작업장을 뜻하는 말인데, 역사학에서는 '노예제의 작업장'이라는 뜻으로 쓰인다. BC 5~BC 4세기의 아테네에서는 수 명 내지 수십 명의 노예를 사용하여 공업생산을 행한 사실이 밝혀졌다.

구 자본주의가 가진 특수성의 전부가 아니다. 자본주의적 기업의 근대적 합리적 조직은 다음과 같은 중요한 두 가지 추가 발전요인이 없었다면 불가능했을 것이다. 첫 번째 요인은 **가계와 기업의 분리**로서, 이것은 오늘날의 경제생활을 전적으로 지배하고 있다. 두 번째 요인은, 이와 밀접히 연관된 요인인 합리적 **복식부기**이다. 생산 또는 판매하는 장소와 주거하는 장소가 서로 분리되어 있는 현상은 다른 곳에서도 발견된다(가령 중동의 바-자 및 다른 문명권의 에르가스테리온). 그리고 가계와는 분리된 경영회계 체제를 가진 자본주의적 조직도 동아시아와 중동 및 고대에서 발견된다. 그러나 영리기업의 근대적 독립화에 비하면 위에서 든 예들은 단초에 불과하다. 그 이유는, 다른 곳에서는 무엇보다도 이러한 근대적 독립성의 **내적** 수단, 즉 서구의 합리적 기업**복식부기** 및 기업자산과 개인자산 간의 **법적** 분리라는 내적 수단이 전적으로 결여되어 있거나 또는 단지 그 초기단계에 머물러 있었기 때문이다. 6) 서구 이외 다른

---

6) 원주: 물론 이 차이를 절대적인 것으로 보아서는 안 된다. 이미 고대 지중해, 고대 중동에서 정치적 성격의 자본주의(특히 조세임대차 자본주의)로부터 합리적인 **상설**기업들이 발전해 나왔으며, 이것은 아마 중국과 인도에서도 그랬던 것 같다. 이 기업들의 부기 ─ 이 부기들은 우리에게 지극히 단편적으로만 알려져 있지만 ─ 는 〈합리적〉 성격을 가졌던 것으로 추측된다. 또한 주로 정치적 동기 및 전쟁 목적을 가진 사업과 연관되어 태어난 근대 **은행**들의 발생사에서 정치적 성격의 〈모험〉-자본주의는 합리적 기업자본주의와 매우 밀착되어 있다. 이것은 '영국 은행'(Bank von England)의 경우에도 마찬가지다. 이를 잘 예시하는 것은 가령 전형적인 '프로모터'인 패터슨(Paterson)의 개성과 은행 중역회를 주도하고 있던 이사들 간의 차이로서, 이들은

곳에서의 발전경향은 오히려 영리기업들을 군주 또는 장원영주의 대가계의 한 부분으로 창설하는 것이었다. 이런 경향은, 이미 로드베르투스(Rodbertus)가 통찰한 바와 같이, 서구의 경우와 많은 외견상의 유사점을 가졌음에도 불구하고 서구와는 지극히 상이한, 아니 오히려 서구와는 정반대되는 발전경향이었다.

그러나 서구 자본주의의 이러한 특수성들은 종국적으로는 자본주의적 노동조직과의 연계를 통해서 비로소 오늘날과 같은 의의를 지니게 되었다. 우리가 흔히 〈상업화〉라고 부르는 과정, 즉 유가증권의 발전과 투기의 합리화 과정인 증권거래소의 발전 역시 노동조직과 연계되어 있다. 왜냐하면 자본주의적-합리적 노동조직 없이는 〈상업화〉로의 발전을 포함하여 위의 모든 것이 가능하지 않았거나, 또는 설사 가능했다고 하더라도, 오늘날과 같은 중요성을 지니게 되지는 못했을 것이기 때문이다. 이것은 특히 사회구조 및 사회구조와 연관된 근

곧 '그로-서 회관의 퓨리탄적 고리대금업자들'로 불리게 되었다. 또한 그 당시 '가장 건실한' 은행이었던 이 은행이 남해회사(South-Sea) 창립과 연관하여 저지른 정책상의 탈선 역시 상기한 밀착관계를 잘 보여준다. 다시 말하여, 상기한 차이는 절대적인 것이 아니라 지극히 유동적이다. 그러나 이 차이는 **존재한다**. 합리적 **노동조직**은 대(大) 프로모터들과 대금융자산가들이 창출한 것도 아니고 또한 ― 일반적으로 볼 때 그리고 몇 가지 예외를 차치하면 ― 금융자본주의 및 정치적 자본주의의 가장 전형적인 담지자인 유태인들이 창출한 것도 아니다. 합리적 노동조직을 창출한 사람들은 (유형으로서 볼 때) 전혀 다른 사람들이었다.

대 서구 특유의 모든 문제들에 해당된다. 왜냐하면 엄밀한 계산 — 그리고 이것은 다른 모든 것의 기초이다 — 은 자유노동의 토대 위에서만 가능하기 때문이다. 그리고 합리적 노동조직이 없는 한, 또한 없기 때문에, 근대 서구 이외의 지역에서는 합리적 **사회주의**도 발생하지 못했다. 물론, 다른 지역에도 도시경제, 도시 식량정책, 군주들의 중상주의와 복지정책, 배급제도, 통제경제, 보호주의 그리고 자유방임이론 (가령 중국) 등이 있었으며, 마찬가지로 매우 다양한 형태의 공산주의적 그리고 사회주의적 경제도 있었다. 가령 가족중심적, 종교적 또는 군사적 성격의 공산주의, 지극히 다양한 종류의 국가사회주의적(이집트), 독점 카르텔적 조직이나 소비자 조직까지도 있었다. 그렇지만 도시적 시장특권, 수공업조합, 상인조합, 그리고 도시와 농촌 간의 지극히 다양한 형태의 법적 구분이 곳곳에 한동안 존재했음에도 불구하고, 〈시민〉이라는 개념은 서양 이외에는 그 어느 곳에도 없었고, 또 〈부르주아지〉라는 개념 역시 근대 서구 이외의 다른 어떤 곳에도 없었다. 이와 마찬가지로, **계급**으로서의 〈프롤레타리아트〉 역시 서구 이외의 곳에는 없었으며 또 없을 수밖에 없었는데, 왜냐하면 **기업형태로 자유노동**을 합리적으로 조직한 곳이 없었기 때문이다. 채권자층과 채무자층, 토지 소유자와 무산자 또는 농노 내지 소작인, 상업적 이윤추구자와 소비자 또는 토지소유자 등 이런 계층들간의 〈계급투쟁〉은 다양한 조합을 이루면서 세계 어느 곳에서나 오래전부터 있었다. 그러나 이미 서구 중세의 전대인(前貸人)과 피전대인(被前貸人) 간의 투쟁만 해도 다른 곳에서는 단지 그 단초만 발견된다. 그리고 다른 곳에서는 전혀 발견할 수 없는 것은 대기업가와 자유 임금노동자 간의 근대적 대립이다. 그렇기 때문에 근대 사회주의가 알고 있는 그런 종류의 문제점은 다른 곳에는 있을 수가 없었다.

따라서 순수하게 경제적으로 볼 때, 보편 문화사에서 우리에게 가장 핵심적인 문제는 결국 그 형태만 바뀔 뿐 세계 어디서나 전개되어 온 자본주의적 활동, 즉 모험가 유형의 자본주의, 상업적 자본주의, 전쟁, 정치, 행정 및 행정적 이윤기회에 의거하는 자본주의 등과 같은 자본주의적 활동 그 자체가 **아니다**. 핵심적 문제는 오히려 **자유노동의 합리적 조직**을 가진 **부르주아적**[7] 기업 자본주의의 발생이다. 또는, 문화사적으로 표현하자면, 서구 **시민계층** 및 이 계층의 특이성의 발생이라는 문제이다. 그런데 시민계층의 발생은 물론 자본주의적 노동조직의 발생과 밀접한 연관관계에 있지만, 그러나 이것과 그대로 동일시할 수 있는 것은 아니다. 왜냐하면 신분적 의미에서의 〈시민〉은 서구 특유의 자본주의가 발전하기 이전에 이미 있었기 때문이다. 하지만 물론 신분적 의미의 〈시민〉도 **단지** 서구에만 있었다.

그런데 서구 특유의 근대 자본주의는 우선 **기술적** 가능성들의 발전에 의해서도 큰 영향을 받았다. 오늘날 서구 자본주의

---

7) buergerlich의 역어이다. 독일어에서 buergerlich의 다양한 의미에 대해서는 〈세계종교와 경제윤리: 서론〉 역주 10 참조.

의 합리성을 본질적으로 규정하고 있는 것은, 가장 중요한 기술적 요소들의 **계산가능성**이며, 이것이 엄밀한 계산의 기초이다. 그러나 이 말이 실지로 의미하는 바는, 서구 자본주의의 합리성은 서구 과학의 특이성을 통해, 특히 수학적 그리고 실험적으로 엄밀하고 합리적인 기초를 가진 자연과학을 통해 규정되었다는 것이다. 그러나 다른 한편으로 자연과학의 발전 및 자연과학에 기초한 기술의 발전은 다시금 자본주의적 기회들로부터 결정적 자극을 얻었고 또 얻고 있는바, 이 기회들은 다시금 과학과 기술의 경제적 활용가능성이 제공하는 상여금(프리미엄)에 접목되어 있는 것이다. 물론 서구 과학의 발생 그 자체가 그러한 자본주의적 기회에 의해 규정된 것은 아니다. 인도사람들도 위수(位數)에 의한 계산을 했으며, 대수학을 했으며, 이들은 또한 위수계산법을 발명했다. 그러나 위수계산법은 서구에서 발전하던 자본주의에 와서 비로소 **그 진가를 발휘하게** 되었고, 오히려 인도에서는 어떤 근대적 계산이나 결산방법도 창출하지 못했다. 수학과 역학의 발생 역시 자본주의적 이해관계에 의해 규정된 것은 아니었다. 그러나 과학적 인식의 **기술적** 활용 ― 이런 활용은 우리 대중의 생활체계를 위해서는 결정적으로 중요한 것이다 ― 은 서구에서 바로 이러한 기술적 활용에 부여되었던 경제적 프리미엄 때문에 가능해졌던 것이다. 그러나 이러한 경제적 프리미엄은 다시금 서구 **사회체계**의 특이성에서 유래한 것이다. 따라서 우리가 제기해야 할 문제는, 이 특이성의 **어떠한** 구성요소들에서 상기한 경제적 프리미엄이 유래하는가 하는 문제이다. 왜냐하면 모든 구성요소들이 똑같이 중요하지는 않았을 것임이 분명하기 때문이다.

의심의 여지없이 중요한 구성요소에 속하는 것으로는 **법체계** 및 행정의 합리적 구조를 들 수 있다. 왜냐하면 근대의 합리적 기업 자본주의는 계산가능한 기술적 노동수단뿐 아니라 형식적 규칙에 의거하는 계산가능한 법과 행정을 필요로 하기 때문이다. 이런 법과 행정 없이는 모험가-자본주의, 투기적 상인 자본주의, 그리고 온갖 종류의 정치적 자본주의는 가능할지 모르지만, 고정자본과 확실한 **계산**에 기초한 합리적 사경제적 기업은 불가능한 것이다. 그런데 **현재와 같은** 법기술적 그리고 형식주의적 완성도를 가진 그러한 법과 행정을 경제계에 제공해 준 곳은 **단지** 서구뿐이었다. 그럼 서구는 그런 법체계를 어디서 얻었는가 라고 묻지 않을 수 없다. 모든 연구가 보여주고 있듯이, 합리적 법에 대해 전문적 훈련을 받은 법률가 신분집단이 법 집행과 행정을 지배하도록 길을 터 주는 데는 다른 요인들과 함께 자본주의적 이해관계**도** 작용했다는 것은 분명한 사실이다. 그러나 결코 자본주의적 이해관계만이, 또 주로 이 이해관계가 이런 길을 튼 것은 아니다. 그리고 자본주의적 이해관계가 이런 법체계를 스스로 **창출한 것**은 아니다. 이 법체계의 창출에는 전혀 다른 세력들이 작용했다. 그런데 자본주의적 이해관계가 중국 또는 인도에서는 왜 같은 역할(즉 법률가 집단의 지배를 조장하는 역할)을 하지 않았는가? 왜 도대체 중국이나 인도에서는 과학, 예술, 국가 및 경제의 발전이 서구에 특유한 그러한 **합리화** 경로들로 들어서지 않았는가?

이런 질문을 던지는 이유는, 위에서 열거한 서구의 모든 특이성들은 결국 서구 문화가 가진 특수한 성격의 〈합리주의〉와 관련된 것이 분명하기 때문이다. 그런데 〈합리주의〉라는 개념은 지극히 다양한 의미를 지니고 있는바, 우리는 이 점을 앞으로 자주 확인하게 될 것이다. 경제, 기술, 학문활동, 교육, 전쟁, 법 집행과 행정 등의 영역에서 합리화 과정이 있는 것과 똑같이 예를 들어 신비적 명상의 〈합리화 과정〉도 있다. 다시 말하여, 다른 생활영역의 시각에서 볼 때는 각별히 〈비합리적인〉 행동인 신비적 명상이라는 행동에도 합리화 과정이 있는 것이다. 더 나아가 우리는 위에서 열거한 영역들 각각을 지극히 다양한 궁극적 관점과 목표 하에 〈합리화〉할 수 있으며, 어떤 한 관점에서 볼 때 〈합리적〉인 것이, 다른 관점에서 보면 〈비합리적〉일 수 있는 것이다. 따라서 합리화 과정은 다양한 생활영역에서 지극히 다양한 방식으로, 그리고 모든 문화권에서 진행되었다. 이런 합리화 과정들의 문화사적 차이를 특징짓는 것은 단지, **어떤** 영역들이 합리화되었으며 그리고 이 영역들이 어떤 방향으로 합리화되었는가 하는 점일 뿐이다. 따라서 우선 중요한 것은 다시금, 서구 합리주의, 그리고 이 중에서도 근대적 서구 합리주의의 독특한 **특이성**을 인식하고 그것의 발생을 설명하는 것이다. 모든 이러한 설명시도는 경제가 가진 근본적인 중요성에 걸맞게 무엇보다도 경제적 조건들

을 고려해야 한다. 그러나 그렇다고 그 역(逆)-인과관계를 무
시해서도 안 된다. 왜냐하면 경제적 합리주의는 단순히 합리
적 기술과 합리적 법에 의존할 뿐 아니라 그 발생과정에서는,
사람들이 특정한 종류의 실천합리적 **생활자세**[8]를 얼마나 견지
할 수 있는가, 그리고 이런 생활자세에 대한 성향을 얼마나 지
니고 있는가에도 달려 있기 때문이다. 이러한 능력과 성향이
심리적 억압을 통해 저지되는 곳에서는, **경제적으로** 합리적인
생활자세의 발전 역시 심각한 내적 저항에 부닥치게 되었다.
그런데 생활자세를 형성하는 가장 중요한 요소들은 과거의 경
우 어디서나 주술적 그리고 종교적 힘들 및 이 힘들에 대한 믿
음에 뿌리를 둔 윤리적 의무 관념들이었다. 이 책에 모아진 그
리고 보완된 논문들의 주제는 바로 이러한 **윤리적 의무 관념**들
이다.

　두 개의 조금 오래된 논문이 맨 앞에 실려 있다.[9] 이 두 논
문은, **하나의** 중요한 관점에서 상기한 우리 문제의 가장 파악
하기 어려운 측면에 좀더 가까이 접근하고자 시도하고 있다.
즉, 이 두 논문은 특정한 종교적 신앙의 내용이 어떻게 〈경제
적 신조〉, 〈에토스〉 및 경제양식의 발생에 영향을 끼치는가
하는 문제에 접근하고자 하는 것이다. 나는 위 논문들에서 이

---

8) Lebensfuehrung의 역어이다. Lebensfuehrung 개념에 대해서는 〈세
　계종교와 경제윤리: 서론〉 역주 4 참조.

9) 《종교사회학 논문집》 제 1권의 권두에 실린 〈신교윤리와 자본주의 정
　신〉(최초 발표: 1904/5) 및 〈신교종파와 자본주의 정신〉(최초 발표:
　1906)을 뜻한다.

문제를 두 가지 현상, 즉 근대적 경제-에토스라는 현상과 금욕적 개신교(프로테스탄티즘)의 합리적 윤리라는 현상 간의 연관관계를 예로 삼아 규명하고자 하였다. 다시 말하여, 나는 여기서 (종교와 경제 간의) 인과관계의 **한 측면만을** 추적하고자 하였다. 그에 반해 〈세계종교의 경제윤리〉에 관한 후속 논문들에서는 가장 중요한 문화종교들이 경제와는 어떤 관계를 맺고 있으며 또한 사회적 계층구조와 어떠한 관계를 맺고 있는가를 개괄하면서 (종교와 경제 간의) 인과관계의 **양 측면**을 추적하고 있다. 그러나 이 추적은 후에 분석할 서구의 발전과정과의 **비교** 관점을 발견하는 데 필수적인 정도만큼만 수행될 것이다. 왜냐하면 이렇게 할 때만 서구의 종교적 경제윤리의 구성요소들 가운데 다른 종교적 경제윤리들과 대비되는 특이한 요소들을 어느 정도나마 명료하게 인과적으로 **귀속시키는** 작업을 수행할 수 있을 것이기 때문이다. 다시 말하여, 여기 수록된 논문들은 총체적인 ― 그것이 아무리 압축된 형식이라 하더라도 ― 문화분석을 의도하고 있는 것이 아니다. 이 논문들은 오히려 각각의 문화권에서 서구의 문화발전과 **대립**되었고 또 현재도 대립되는 점들만을 매우 의도적으로 강조하고 있다. 즉, 이 논문들은 **이런** 대비 관점 하에서 서구의 발전을 서술하는 데 중요하게 여겨지는 요인들에 전적으로 주의를 집중하고 있다. 이외의 다른 방법은 이 논문의 목적에 비추어 볼 때 가능하지 않은 것으로 여겨졌다. 그러나 오해를 피하기 위해 이 논문들의 목적이 가진 이러한 제한성을 여기서 명백하게 지적하지 않을 수 없다.

그리고 적어도 사정을 잘 모르는 사람들에게는, 또 다른 한 관점에서 이 논문들의 의의를 과대평가하지 말도록 경고하지 않을 수 없다. 중국학 전문가, 인도학 전문가, 셈-전문학자, 이집트 전문가들이 이 논문들에서 객관적 사실의 차원에서는 전혀 새로운 것을 발견하지 못할 것은 당연하다. 나는 단지, 이들이 여기서 다루어진 사안의 **본질적 부분**에 대해 그것이 내용적으로 틀렸다고 평가할 수밖에 없는 부분이 있지 않기를 바랄 수 있을 뿐이다. 이 이상(理想)에 내가 적어도 한 비전문가가 할 수 있는 한도 내에서 얼마나 가까이 접근했는지 나로서는 알 수 없다. 한 가지 분명한 것은, 내가 자신의 업적이 가진 가치에 대해 겸손할 수밖에 없다는 점이다. 왜냐하면 나는 번역에 의존할 수밖에 없었고, 비석문, 기록문헌 또는 문학적 문헌의 사용방식과 평가방식에 관한 전문서적들을 참고할 수밖에 없었으며, 흔히 매우 큰 논란의 대상이 되고 있는 이 서적들의 가치를 나 자신 독자적으로 판단할 수 있는 위치에 있지 않기 때문이다. 거기다, 진본 〈일차문헌들〉(즉 비문들과 원본들)에 대해 현재 나와 있는 번역의 양은 (특히 중국의 경우) 중요한 기존 일차문헌들에 비해 어떤 부분은 아직 매우 적다는 점을 감안하면 필자는 더더구나 겸손해질 수밖에 없는 것이다. 이런 모든 이유에서 다음 논문들은 철저히 **잠정적** 성격을 지니고 있으며, 특히 아시아에 관한 부분이 그러하다. 10) 단지 전문가들만이 여기서 다루어진 문제들에 대해 최종적 판단을 내릴 수 있을 것이다. 그리고 내가 감히 이 논문들을 쓰게 된 유일한 이유는, 내가 여기서 추구하고 있는 특별한 목적과 내가 취하고 있는 특별한 관점들에서 쓰인 전문서적들이 아직 없기 (이것은 이해할 수 있는 일이다) 때문일 뿐이다. 궁극적으로 보면 모든 과학적 작업은 추월당하기 마련이지만, 그러나 이 논문들은 이러한 일반론적 의미에서보다는 훨씬 더 강한 정도와 뜻에서 곧 〈추월〉당할 운명을 지니고 있다. 이런 성격의 연구에서는 다른 전문분야들에 대한 (내가 이 논문들에서 하고 있는 바와 같은 그런) 비교론적 영역침입이, 비록 이것이 매우 많은 문제점을 가지고 있다고 하더라도, 불가피한 일이다. 그러나 이렇게 비교론적 영역침입을 할 경우 우리는 이 침입이 어느 정도 성과를 낼 지에 대해서는 아예 체념적 자세를 취하는 것이 옳을 것이다. 오늘날의 유행에 의하면, 또는 문필가들의 동경에 의하면, 우리는 전문가를 필요로 하지 않거나 아니면 전문가를 〈직관하는 자〉를 위해 일하는 하급노동자로 강등시킬 수 있다는 것이다. 거의 모든 학문에서 문외한들이 무언가 기여해왔고 이들은 흔히 매우 귀중한 관점들을 제공해 주기도 했다. 그러나 딜레탄티즘을 학문의 원칙으로 삼는다면 그것은 학문의 종말일 것이다. 〈직관〉을 원하는 자는, 극장에 갈지어다. 그에게는 오늘날 바로 이 (직관주의라는) 문제영역에 관해 문학적 형태로도 대량의 소재가 제공되고 있다.11) 그러나 철저한 경

_____

10) 원주: 아직 (잊어버리지 않고) 남아 있는 나의 히브리어 지식도 매우 불충분하다.

험적 연구를 지향하고 있는 이 논문들의 극도로 무미건조한 서술은 위에서 언급한 바와 같은 직관주의적 신조와는 완전히 배치된다. 그리고 — 나는 이 말을 추가하고자 한다 — 〈설교〉를 원하는 자는 부흥회에 갈지어다. 이 논문들은, 여기서 비교론적으로 다루어진 문화들간에 어떠한 **가치**관계가 존재하는지에 대해서는 일언반구도 언급하지 않고 있다. 인류운명의 진행과정이, 이 과정 중의 한 단면을 조망하는 자에게 감정을 요동치게 하며 그의 마음에 와 닿는다는 것은 사실이다. 그러나 그는 자신의 하잘 것 없는 사적 논평들은 혼자 간직하는 것이 좋을 것이다. 마치 우리가 바다와 대산맥을 대하면 그렇게 하듯이 말이다. 단, 만약 그가 예술적 형상화나 예언자적 요구를 제시해야 할 사명감을 느끼고 또 그렇게 할 재능이 있다면 사정은 다르다. 이런 경우를 제외한 다른 대부분의 경우에서는 〈직관〉을 자꾸 들먹이는 것은 단지 대상에 대한 거리감 상실 이외의 아무것도 아니며, 이러한 거리감 상실은 인간에 대한 거리감 상실과 다를 바 없는 것으로 보아야 할 것이다.

---

11) 원주: 그러나 가령 야스퍼스(K. Jaspers)의 시도나 〔그의 저서 《세계관의 심리학》(*Psychologie der Weltanschauungen*)〕 또 다른 한편으로는 크라게(Klage)의 시도〔그의 저서 《성격론》(*Charakterologie*)〕 및 유사한 연구들은 이런 부류의 저서에 속하지 않는다는 점은 굳이 내가 말할 필요가 없을 것이다. 이런 연구들은 내가 여기서 시도하고 있는 것과는 그 출발점의 성격이 다르다. 여기서는 이들에 대해 논평할 지면이 없다.

한 가지 설명이 필요한 사실은, 이 논문들이 추구하는 목표에 비해서는 **민족지적**(民族誌的)[12] 연구가 충분히 고려되지 못했다는 점이다. 오늘날 이 분야의 발전수준을 고려할 때 특히 아시아의 종교성[13]에 대한 진정으로 철저한 서술을 위해서는 민족지적 연구가 필수적으로 고려되어야 함에도 불구하고 이 논문들에서는 그렇게 하지 못했다. 이것은 단지 나의 작업능력에 한계가 있기 때문에만 그런 것은 아니다. 민족지적 연구를 충분히 활용하지 않은 주된 이유 그리고 독자들이 양해할 수 있을 것 같은 이유는, 이 논문들에서 무엇보다도 중요한 것은, 종교에 의해 형성된 윤리와 해당 지역의 〈문화지도층〉이었던 계층간의 상관관계이기 때문이다. 다시 말하여, **이 계층의 생활영위 양식이 행사했던 영향**이 우리의 주제인 것이다. 그런데 이 계층의 특성도 민족지적-민속학적 사실들과 대비시킬 때 비로소 진정으로 정확하게 포착될 수 있다는 것은 전적

---

12) ethnographisch의 역어. 민족지(民族誌, *ethnography*)란 현지조사에 바탕을 둔 여러 민족의 사회조직이나 생활양식을 기술하는 인류학(人類學)의 분야이다.

13) Religiösität의 역어. 19세기 말 이래 서구 문화과학계에서는 〈종교〉 개념을 보완하는 개념으로 〈종교성〉이라는 개념이 널리 쓰이게 되었다. 베버 역시 이 관행을 따르고 있다. 〈종교〉가 하나의 다소간 완성된 교리적 신앙체계와 조직화된 신앙공동체를 뜻한다면, 〈종교성〉은 이보다 훨씬 더 유연하고 포괄적인 개념으로서 교리나 조직의 완성도와는 무관하게 다양한 수준과 성격의 종교적 현상 일반을 표현하고 있다. 그러나 실제로는 본문에서 이 두 개념은 흔히 차별 없이 사용되고 있으며, 따라서 역자도 맥락에 따라 두 개념 중 적절한 것을 택해 번역했다.

으로 옳은 말이다. 따라서 이 논문들에는 민족지 학자가 당연히 지적할 수밖에 없는 결함이 있다는 것을 나는 분명히 인정하고 또 강조하고자 한다. 이 결함을 나는 후에 종교사회학의 체계적 서술과정에서 어느 정도 극복할 수 있기를 바란다. 그러나 지금 여기서 그런 시도를 하는 것은 제한된 목적을 가진 이 논문들의 틀을 벗어나는 것이 될 것이다. 이 논문집은 우리 서구 **문화**종교들에 대한 **비교** 관점들을 가능한 한도 내에서 밝혀내는 것으로 만족해야만 했다.

끝으로 우리 주제의 **인류학적** 측면도 언급하고자 한다. 우리가 — (외견상) 서로 독립적으로 발전하는 생활영위 영역들을 보더라도 — 서구에서, 그리고 **여기에서만**, 특정한 **종류**의 합리화 과정들이 전개되는 것을 재삼 확인하게 되면, 우리는 이 과정들에 **유전적** 특성들이 결정적 기초를 제공해주고 있다고 가정하기 십상이다. 나는 개인적으로 그리고 주관적으로는 생물학적 유전질의 중요성을 높이 평가하는 편이라는 점을 밝히고자 한다. 그러나 단지 나는, 인류학적 연구의 괄목할 만한 업적들에도 불구하고, 현재로서는 아직 이 **논문집에서** 분석된 발전과정에 유전질이 어느 정도 그리고 무엇보다도 어떤 방식으로 그리고 어떤 시점에서 관여되었는지를 정확히 포착하거나 아니면 순전히 추측으로나마 암시할 수 있는 어떤 가능성도 보지 못한다. 사회학적 그리고 역사학적 과업 중의 하나는 다름 아니라, 우선 운명과 환경에 대한 인간의 반응들을 통해 충분히 설명될 수 있는 그러한 영향과 인과연쇄고리들을 가능한

한 모두 규명해 내는 것이다. 그렇게 하고 나서, 그리고 더 나아가 몇몇 전망이 밝은 분야를 제외하면 아직 초기단계에 있는 비교 인종-신경학과 비교 인종심리학이 지금의 초기단계를 훨씬 넘어서서 발전했을 경우에, 비로소 우리는 **아마도** 상기 문제에 대해서도 만족할 만한 결과를 기대할 수 있을 것이다.[14) 그러나 현재로서는 이런 전제조건이 결여되어 있고 따라서 〈유전인자〉를 설명근거로 제시하는 것은 **오늘날** 우리가 아마도 도달할 수 있을 인식수준마저도 성급하게 포기하는 것이 될 것이며 또한 문제를 (아직까지는) 알려지지 않은 요인들로 전가하는 일이 될 것이다.

---

14) 원주: 몇 년 전에 한 탁월한 정신과 의사 역시 나와 같은 견해를 표명한 바 있다.